中国财经学术专著系列

# 基于集约利用视角的农村居民点用地优化配置研究

苏高华 著

中国财富出版社

**图书在版编目（CIP）数据**

基于集约利用视角的农村居民点用地优化配置研究/苏高华著．—北京：中国财富出版社，2015.12

（中国财经学术专著系列）

ISBN 978-7-5047-5994-8

Ⅰ.①基… Ⅱ.①苏… Ⅲ.①乡村居民点—土地利用—优化配置—研究—中国 Ⅳ.①F321.1

中国版本图书馆 CIP 数据核字（2015）第 305504 号

**策划编辑** 王淑珍　**责任编辑** 戴海林　黄正丽
**责任印制** 何崇杭　**责任校对** 梁　凡　**责任发行** 斯　琴

**出版发行** 中国财富出版社
**社　址** 北京市丰台区南四环西路 188 号 5 区 20 楼　**邮政编码** 100070
**电　话** 010-52227568（发行部）　010-52227588 转 307（总编室）
010-68589540（读者服务部）　010-52227588 转 305（质检部）
**网　址** http://www.cfpress.com.cn
**经　销** 新华书店
**印　刷** 北京京都六环印刷厂
**书　号** ISBN 978-7-5047-5994-8/F·2526
**开　本** 710mm×1000mm　1/16　**版　次** 2015 年 12 月第 1 版
**印　张** 13.25　**印　次** 2015 年 12 月第 1 次印刷
**字　数** 224 千字　**定　价** 48.00 元

本研究由国家社会科学基金项目（07BZZ015）
和北京市科委博士生论文资助专项（ZZ0834）资助。

谨以此书献给多年来支持、鼓励我的良师益友们！
献给我的父母！

# 序

资源的开发利用是人类社会经济活动的重要内容。土地问题是与人类相随而生的社会经济问题。土地利用具有社会历史性，人类对土地利用客观规律的认识有个过程，并且认识在逐步深化。土地资源供给的有限性对人类社会可持续发展提出了严峻现实挑战，土地利用的问题和矛盾日益加剧。作为建设用地的主体，农村居民点用地利用无序扩张及效率低下问题较为突出。

资源的有限性促使人类对社会发展战略及实施路径进行科学的调整优化。土地利用是一动态持续过程。在不同的历史时期、不同的生产方式下，人类对土地资源的管理具有明显的差异性。随着社会生产力的不断发展，人类对土地合理利用的内涵和外延也发生着相应的变化。面对中国人口众多、农村人口比例极高，而可有效利用的土地资源稀缺有限的总体国情及当今农村经济快速发展、城镇化过程稳健加快、社会转型积极推进等新态势，并考虑未来城乡融合发展土地资源需求与供给的矛盾日益突出，因此，针对农村居民点用地的合理利用问题更新发展理念，挖掘资源利用潜力，提高资源利用效率，开展节约集约利用的研究具有十分重要的理论和实际意义。目前，对农村居民点用地进行科学合理的干预使其集约优化配置虽已受到国内外的广泛关注，但仍缺乏系统性研究。

农村居民点集约用地研究涉及土地、环境、生态、经济、管理等多学科的理论和方法。本书作者在国家社会科学基金项目和北京市科委博士生论文资助专项的资助下，以农村居民点用地集约整合为目标，梳理农村居民点用地利用演进历史脉络，并结合实例较深入地分析了农村居民点用地利用格局形成的演变过程及驱动机理，构建了集约利用评价体系并进行了乡镇及样本村两尺度的实证模型评价，借鉴国内外经验及支撑理论，提出了宏观、中观、微观三维度集约用地模式，探讨了农村居民点集约用地整合过程，进行了典型集约模式案例设计分析，基于行为主体决策理论从制度、经济、技术、社会四个层面探讨了调控机制建设。这不仅有利于丰富和发展我国土地利用的理论与方法，而且对协调土地资源供需矛盾、统筹城乡土地资源利用、促进土地资源节约集约利用、加快农村转型及改革发展等具有较重要的实践意义。

本书是一本学术探讨性强，又密切结合我国发展实际的新作，对我国今后进一步开展土地利用的理论研究及实践活动均具有重要参考价值。

2015.10.16.

（中国科学院院士）

# 前　言

资源供给配置、需求实现及管理是当今世界范围内共同高度关注的重要发展议题。我国土地资源供求矛盾日益突出，成为影响可持续发展的重要因素，农村居民点用地利用无序扩张及效率低下是其重要体现之一。为了调节土地资源经济供给稀缺性与社会需求增长性之间的失衡，土地节约集约备受重视。农村居民点集约用地是我国农村土地合理利用的一个重要领域，对科学实施社会主义新农村建设、推进农村现代化的进程及城乡一体化融合都有着极为重要的现实意义，在一定程度上决定着农村转型和改革的成败，在国外也是一个全新的研究领域。

人类社会的发展伴随着资源的开发利用及保护过程，资源的分布及开发在一定程度上决定着经济发展空间格局的演进更替，甚至决定着一定区域人类活动的基本走向、发展战略的部署及实施效果。农村居民点用地利用具有时空维度的演进特性，是一个复杂的系统综合体寻求动态平衡的空间过程，同时也是一个受人类活动影响干预机制作用下的经济过程。同时，农村居民点利用管理是一个历史范畴，随着科学技术的进步和人类认识的深化，人类干预管理的内容、方向、级别等会随着社会需要进行调整，这方面也体现了用地管理的长期性、动态性和持续性。可持续发展意味着思路创新、路径创新、举措创新、效果创新。科学研究农村居民点用地利用过程、规律及驱动因素，洞悉空间格局及形态演变的形成机理及作用过程，探索经济、可行、符合人类需求的发展模式，能够为人类更好评判改造自然的成败得失，避免人类社会发展的盲目性，为人类能够科学高效经济地整合资源、维护生态系统稳定及促进社会良性发展提供决策依据。

目前，国内外政府、相关主管建设部门及众多学者等都高度关注农村居民点利用问题并进行了积极研究，如何对农村居民点用地进行科学合理的干预使其集约优化配置已逐渐成为当前关注的一大热点，但尚未建立起系统成型的理论和方法及技术体系，仍处在探索阶段。本研究在国内外相关研究实践和已有成果的基础上，综合采用理论、方法、室内研究与实地调查等研究手段，定性和定量相结合，借鉴土地、环境、生态、经济、管理等多学科理论和方法，以农村居民点用地集约整合为目标，尝试构建农村居民点集约用地的理论、方法及技术体系，以期为农村居民点用地合理、有效利用及健康发展提供参考。

受作者水平、研究时间及研究资料等多方面的限制，书中难免存在疏漏和不足，许多问题值得深入探讨，敬请专家、学者和读者批评指正。

**苏高华**

**2015 年 7 月**

# 目录

# 1 绪 论

人口、资源、环境问题历来是世界各国发展最为关注的问题。土地资源是经济社会发展的物质基础，土地供给作为政府调控土地市场和宏观经济发展的重要手段，在调控引导土地资源集约利用与统筹城乡发展中发挥着日益重要的作用[1]。改革开放以来，伴随着我国经济高速发展及其相伴的城市化和工业化过程，土地资源经济供给的稀缺性与其社会需求增长性之间失衡发展的态势日益显现[2]。土地资源的高效投入利用对 GDP（国内生产总值）增效的同时，其自然资源的优势地位已出现逆转，具体表现为供给由无约束向稀缺约束转变，过度投入与无效产出并存，对 GDP 贡献水分加大，且对环境、生态破坏日益严重，导致生产和供给的结构性过剩，造成资源的大量浪费，严重制约了我国国民经济可持续发展。土地资源伴随着稀缺性和不可再生性如何可持续有效配置使政府部门面临困境，特别是建设用地供给与需求之间的矛盾。传统的“末端治理”和以资源、环境为代价的高速经济发展已不适应未来的发展，必须探索新的发展战略[3]。奥莱利奥·佩切依指出，人类必须对“地球的有形资产和供养生命的能力精打细算”[4]。面对有限空间与快速发展的紧张矛盾，世界上许多经济发达国家重视建设用地调控[5, 6]，但对建设用地规模控制普遍存在一个担忧，即它可能会影响正常的经济增长[7, 8]。

目前，我国对城市建设用地供需情况给予充分关注并根据实际情况进行相应调整，但对农村建设用地供需情况重视程度明显不够，尤其在农村居民点无序扩展方面关注甚少。伴随着我国新型工业化快速推进和城市化飞速发展的同时，农村城镇化进程也日益加快，其经济增长方式同样面临着由粗放经济向集约经济的根本性转变。转变城乡隔离的“二元结构”，实现城乡融合一体化发展格局，已成为推进中国新农村建设和统筹城乡发展的长远目标[9, 10]。因此，在当前城镇化进程中，无论是从保护土地资源、促进社会主义新农村建设的角度，还是从统筹城乡协调发展、满足经济增长方式转变的需求角度，有效整合农村居民点用地，使其合理优化可持续配置无疑至关重要。

## 1.1 研究问题及意义

### 1.1.1 研究问题

为了调节土地资源经济供给的稀缺性以及社会需求增长性之间的失衡，有效引导土地供给，最大程度地发挥土地资源的效益，为社会经济发展提供用地保障，土地节约集约利用备受中央政府和主管建设部门重视。

1988 年《中华人民共和国土地管理法》颁布，提出“加强土地管理，十分珍惜、合理利用土地，切实保护耕地，控制建设用地总量”。《国务院关于深化改革严格土地管理的决定》（国发〔2004〕28 号）提出“强化节约和集约用地政策。建设用地要严格控制增量，积极盘活存量，把节约用地放在首位，重点在盘活存量上下功夫”。2005 年国土资源部《关于做好土地利用总体规划修编前期工作的意见》提出“研究如何促进节约和集约利用土地问题。按照以内涵挖潜为主，提高土地集约利用水平的原则，围绕保障宏观经济平稳运行和建立资源节约型社会的目标，从规模、结构和时序等方面，研究提出利用规划修编调控各业、各类用地的目标及政策建议”。《国务院关于做好建设节约型社会近期重点工作的通知》（国发〔2005〕21 号）中明确提出“节地、节能、节水、节材，强化节约和集约用地”。《国务院办公厅转发国土资源部关于做好土地利用总体规划修编前期工作意见的通知》（国发〔2005〕32 号）指出“要以严格保护耕地为前提，以严格控制建设用地为重点，以节约和集约利用土地为核心，开展规划实施评价、基础调查、资料收集、课题研究和政策建议的论证等规划修编前期工作，为进行土地利用总体规划的修编打好基础”。为了贯彻党的十六届五中全会关于建设社会主义新农村的精神，落实《国务院关于深化改革严格土地管理的决定》（国发〔2004〕28 号）关于城镇建设用地增加与农村建设用地减少相挂钩的要求，切实做好试点工作，扎实推进农村建设用地整理，促进节约集约用地和城乡统筹发展，2005 年，国土资源部出台了《关于规范城镇建设用地增加与农村建设用地减少相挂钩试点工作的意见》（国发〔2005〕207 号）。2006 年，国土资源部上报的《全国土地利用总体纲要》在国务院第 149 次常务会议上未获通过，国务院常务会议为此批评 500 万亩的建设用地指标“没有体现集约、节约的原则，控制太松散”。2007 年，第 17 个全国“土地日”的宣传主题是：“节约集约用地，坚守耕地红线。”节约集约用地，坚守耕地红线，必须大力推进节约集约用地。要按照“管住总量、严控增量、盘活存量、节约集约”的原则，充分利用闲置土地，提高土地利用效率，保障必要的建设用地。《国务院关于促进节约集约用地的通知》（国发〔2008〕3 号）提出“按照节约集约用地原则，审查调整各类相关规划和用地标准；充分利用现有建设用地，大力提高建设用地利用效率；充分发挥市场配置土地资源基础性作用，健全节约集约用地长效机制；强化农村土地管理，稳步推进农村集体建设用地节约集约利用；加强监督检查，全面落实节约集约用地责任”。

2014 年，国土资源部针对当前土地管理面临的新形势，充分借鉴和吸收地方成功经验，对土地节约集约利用的制度进行了归纳和提升，出台了《节约集约利用土地规定》（中华人民共和国国土资源部第 61 号令），规定要求进一步加强规划引导、进一步强调布局优化、强化标准控制作用、充分发挥市场配置作用、突出存量土地的盘活利用、完善监督考评新机制；提出城乡土地利用应体现布局优化的原则，引导工业向开发区集中、人口向城镇集中、住宅向社区集中，推动农村人口向中心村、中心镇集聚，产业向功能区集中，耕地向适度规模经营集中；鼓励线性基础设施并线规划和建设，集约布局、节约用地。2014 年，国土资源部针对我国经济发展进入新常态，处于经济增长换挡期、结构调整阵痛期、前期刺激政策消化期“三期叠加”的阶段特征，出台了《国土资源部关于推进土地节约集约利用的指导意见》（国土资发〔2014〕119 号）。意见指出：“虽然近年来各地采取措施推进土地节约集约利用，取得了积极进展，但是，土地粗放利用状况没有根本改变，建设用地低效闲置现象仍较普遍。需要遵循严控增量、盘活存量、优化结构、提高效率的总要求，按照建设用地总量得到严格控制、土地利用结构和布局不断优化、土地存量挖潜和综合整治取得明显进展、土地节约集约利用制度更加完善及机制更加健全的主要目标，全面做好定标准、建制度、重服务、强监管工作，大力推进节约集约用地，切实解决土地粗放利用和浪费问题，以土地利用方式转变促进经济发展方式转变，推动生态文明建设和新型城镇化”，具体要求“严格控制城乡建设用地规模，实行城乡建设用地总量控制制度，强化县市城乡建设用地规模刚性约束，遏制土地过度开发和建设用地低效利用。探索编制实施重点城市群土地利用总体规划和村土地利用规划，强化对城镇建设用地总规模的控制，合理引导乡村建设集中布局、集约用地；有序增加建设用地流量，主要用于促进存量建设用地的布局优化，推动建设用地在城镇和农村内部、城乡之间合理流动；优化建设用地布局，结合农村土地综合整治，因地制宜、量力而行，在具备条件的地方对农村建设用地按规划进行区位调整、产权置换，促进农民住宅向集镇、中心村集中。完善与区域发展战略相适应、与人口城镇化相匹配、与节约集约用地相挂钩的土地政策体系，促进区域、城乡用地布局优化；合理调整建设用地比例结构，与新型城镇化和新农村建设进程相适应，引导城镇建设用地结构调整，控制生产用地，保障生活用地，增加生态用地；优化农村建设用地结构，保障农业生产、农民生活必需的建设用地，支持农村基础设施建设和社会事业发展；促进城乡用地结构调整，合理增加城镇建设用地，加大农村空闲、闲置和低效用地整治；引导城乡提高土地利用强度，实现城镇整体节约集约、功能结构完整、利用疏密有致、建筑形态各具特点的土地利用新格局；因地制宜盘活农村建设用地。统筹运用土地整治、城乡建设用地增减挂钩等政策手段，整合涉地资金和项目，推进田、水、路、林、村综合整治，促进农村低效和空闲土地盘活利用，改善农村生产生活条件和农村人居环境。土地整治和增减挂钩要按照新农村建设、现代农业发展和农村人居环境改造的要求，尊重农民意愿，坚持因地制宜、分类指导、规划先行、循序渐进，保持乡村特色，防止大拆大建；要坚持政府统一组织和农民主体地位，增加工作的公开性和透明度，维护农民土地合法权益，确保农民自愿、农民参与、农民受益；组织开展土地整治技术集成与应用，在土地整理、土地复垦、土地开发和土地修复中，综合运用先进科学技术，推进农村土地整治和城市更新，修复损毁土地，保障土地可持续利用，提高节约集约用地水平等”。对此问题，中央领导曾多次做出指示，为土地节约集约利用提供了有力的支持与保障。

众所周知，乡村是中国重要的人类聚居地。农村居民点是集农村生活、农业生产和农村公益设施服务多功能为一体的综合用地形式，是农村社会的重要组成部分。农村居民点作为农村政治、文化和教育中心、人口生产和基本生活的多功能载体，与在其上附着的人口、产业及其社会经济等区位支持体系相互关联，形成巨系统而区别于其他用地类型，体现用地结构关联性、功能相互关系复杂性及相当的经济效益潜力，是一种重要的土地消费形式。农村居民点用地作为建设用地的重要组成部分，它的适度用地规模、利用方式不仅直接影响着农村发展的基本方向，对农村的可持续发展起着宏观控制作用，而且在极大程度上决定着城镇建设用地供给的来源指标以及耕地资源的警戒安全，对协调城乡土地利用起着引导作用。它的集约利用水平对建设用地的整体集约利用水平起着至关重要的作用。随着“新农村建设”政策的提出和实施，我国对农村居民点建设提出了相关系列要求。

研究表明：农村宅基地与区域经济发展水平密切相关，从经济发展的低级到高级阶段，农村宅基地在增加的建设用地中的比例由高逐渐降低[11]。但近年来，我国农村居民点扩展形势十分严峻，在农村日益城镇化、农村人口非农化的进程中，农村居民点用地规模非但没有减少，有些地区反而出现了快速增加的势头（见图1－1、图1－2）。

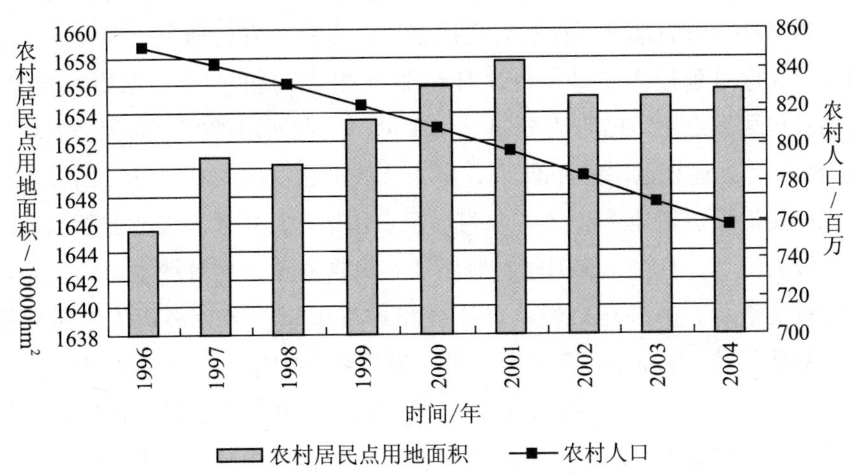


**图1－1　我国农村居民点用地规模及农村人口变化**

资料来源：人口数据来源于《中国统计年鉴》，农村居民点用地面积数据来源于国土资源部信息中心数据库．

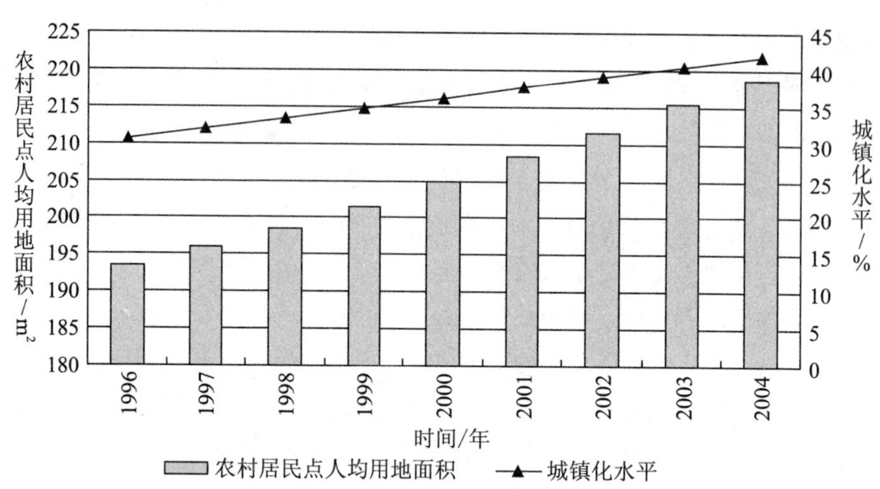


**图1－2　我国农村居民点人均用地规模及城镇化水平变化**

资料来源：人口数据来源于《中国统计年鉴》，农村居民点用地面积数据来源于国土资源部信息中心数据库，其他数据系根据来源数据计算所得.

我国地域广阔，农村居民点数量多、规模小、分布零散，同时其分布及特点存在巨大区域差异。长期以来，我国农村居民点用地处于无偿、无限期、无流动的管理模式下，并且受计划经济等的影响，我国许多农村居民点布局缺少或者部分不存在规划控制，许多地方农村居民点存在着用地粗放、无序蔓延侵占耕地、村庄环境脏乱差等问题[12－14]。据研究统计，我国农村居民点用地已高达 $16.4\times10^4\text{km}^2$，接近河南省的总面积，人均用地 $185\text{m}^2$，远远超过国家标准[15]，更为严峻的是我国农村居民点闲置用地面积已接近城镇用地总量[16]。农村居民点用地超标扩展不仅造成了土地资源的极大浪费，直接影响国家农地保护和粮食安全，而且严重影响了新农村建设的进程，另外还对经济、社会和景观生态等多方面产生了重要影响。对此问题，Sargeson 曾提出质疑，为什么在中国人口稠密的农业高产区农民粗放地使用原本稀缺的耕地来建造住宅？为什么曾经为确保国家食物安全而立法保护耕地的中国政府却难以控制农村建房的扩张态势[17]？作为可持续发展的建设空间和资源基础，耕地资源是受人类影响最深、最脆弱的生态系统类型，如何持续保证有限耕地资源的数量、地力以及环境保护与管理是世界范围内共同高度关注的重要议题之一。多年以来，我国耕地问题恶化的趋势不仅没有得到有效抑制，而且破坏的范围仍在扩大、程度仍在加剧。

土地节约集约利用是科学安排农村建设的重要举措。为正确指导村镇建设，自20世纪90年代以来，国家先后颁布了一系列村镇规划法规、技术标准以及乡村经济发展政策，初步建立了我国村镇规划的技术标准体系。例如，《村庄和集镇规划建设管理条例》（1993），《村镇规划标准》（GB 50188—1993），《建制镇规划建设管理办法》（1995），《中华人民共和国土地管理法》（1998），《中华人民共和国土地管理法实施条例》（1998），《中华人民共和国环境保护法》（1989），《村镇规划编制办法》（试行）（2000），《建设项目环境管理办法》等。另外，2003年建设部标注定额司拟对列入《工程建设标注体系（城乡规划、城镇建设、房屋建筑部分）》的14项村镇规划、建设的标准规划进行修订或编制，全面启动并加快村镇建设标准规范的编制工作。为切实加强农村宅基地管理，《国务院关于深化改革严格土地管理的决定》（国发〔2004〕28号）明确提出要“加强村镇建设用地管理，明确农村居民点的数量、布局和规模，改革和完善宅基地审批制度，加强农村宅基地管理”。为切实落实《国务院关于深化改革严格土地管理的决定》（国发〔2004〕28号），国土资源部《关于加强农村宅基地管理的意见》（国土资发〔2004〕234号）中明确提出要合理确定农村居民点的数量、布局、范围和用地规模。建设社会主义新农村是新的历史时期中央“三农”政策的深化和完善，是贯彻科学发展观的客观要求。对新农村建设，国家“十一五”规划“村镇空间规划与土地利用”做出了具体部署。即针对我国新农村建设中村镇空间规划、土地节约集约利用、产业集聚、村庄整治等方面的迫切需求，以区域村镇和土地为对象，重点开展农村居民点空间实态与土地利用的调查、信息获取、评价、预警、调控、规划、整治等一整套关键技术、标准、规程、导则的创新和集成研究，进而解决当前我国村镇建设与发展面临的空间规划缺失、发展无序，产业布局混乱、集聚效益低下，基础设施短缺、公共服务设施不配套，土地资源浪费严重、耕地保护形势严峻，土地污染退化、生态环境差等问题，为提升我国村镇发展综合功能与提高土地节约集约利用水平提供经济实用的技术支撑和产品。2006年，中央以“一号文件”《国务院关于推进社会主义新农村建设的若干意见》的形式，明确提出了全面推进社会主义新农村建设的八项建议，为“十一五”乃至更长时期的农业和农村工作指明了方向，也为今后一个时期“三农”问题的解决提出了突破口和着力点。针对党的十七届三中全会审议通过的《中共中央关于推进农村改革发展若干重大问题的决定》，《中共国土资源部党组关于认真学习贯彻党的十七届三中全会精神的通知》（国土资党发〔2008〕46 号）指出，严格宅基地管理并依法保障宅基地用益物权，抓紧修编完善乡级土地利用总体规划，按照统筹城乡建设用地和控制增量、合理布局、节约集约用地、保护耕地的总要求，合理确定农村居民点数量、布局、范围和用地规模，安排一定比例的土地利用年度计划指标用于农村居民住宅建设。结合土地资源条件，按照节约集约用地要求抓紧修订宅基地标准。认真落实一户一宅政策，进一步完善宅基地使用制度。探索制定宅基地退出机制的具体政策规定，提高宅基地利用效率。

可见，农村居民点用地合理利用问题是当前国际上的热点议题，也是影响我国经济社会可持续发展和社会稳定的重要议题，目前已经受到政府和有关部门的重视，但是关注程度明显不够。本研究作为农村居民点集约用地的基础性研究，基于系统论和节约集约利用的角度，拟采用宏观、中观和微观、定量和定性、理论研究和实地调研及实证研究相结合的方法，旨在利用农村居民点用地的发展走势，揭示我国城市化发展新形势下农村居民点用地集约利用问题的成因及其影响机理，并由此提出符合中国经济社会持续发展和全面建设小康社会的农村居民点集约利用模式以及相应的用地调控措施，为国家和地区制定相关政策提供科学、可操作的理论和技术支持。

### 1.1.2 研究意义

土地集约利用是贯彻科学发展观、积极推进资源节约型社会的内在要求；是缓解地区工业化、城市化加速发展时期土地资源矛盾的必然选择；是实现宏观调控、促进经济结构调整和增长方式转变的重要手段；是提高规划科学性、改进规划操作性的重要方面[18]。本研究的目标是为农村居民点用地的合理利用提出有效的集约利用策略，使其为社区公众和管理机构所接受，并为农村社会转型提供科学依据。在建设和谐新农村的新形势下，从节约集约利用的视角来研究农村居民点用地问题，既是土地管理参与国家宏观调控的需要，也是社会主义新农村建设的需要，对缩小城乡差距、解决“三农”问题、建设社会主义和谐社会都具有重大的理论和现实意义。其主要体现在以下几个方面：

（1）有效缓解城镇化进程中的土地资源供需矛盾。对农村居民点用地的节约集约与优化配置，不仅关系到区域发展的速度和水平，还由于其在区域经济中的核心位置和示范作用进而直接影响到广大农村对土地资源的可持续利用。通过加强农村的土地管理工作，进行农村用地的调整，不仅可以减少城镇化过程中“两栖”占地现象，成为建设用地指标增长和耕地增加的主要来源，而且可使农村居民点的土地利用状况得到根本改善，这对改善农民居住环境，提高农民生活质量，促进农村城市化进程都有着重要的现实意义。

（2）为农村可持续发展及转型方向提供有效指南。开展农村居民点节约集约利用，有利于发挥乡村的优势，摆脱传统的乡村观和产业发展的束缚，重新塑造乡村功能、构建产业发展新模式，提高各种稀缺生产要素的使用效率，缓解资源环境对我国国民经济可持续增长的“瓶颈”制约，是推动乡村可持续发展的重要途径。

（3）有利于统筹城乡协调发展，促进资源高效利用。可持续发展是科学发展观的基本原则。坚持可持续发展，就要在发展中正确处理城乡经济发展与人口、资源、环境的关系。农村居民点节约集约利用有利于形成“农村支撑城市、城市促进农村”的城乡发展互动机制，促进城乡资源的合理流动和有效配置，最终实现资源要素在城乡空间范围内优化配置。因此，农村居民点节约集约利用是统筹城乡协调发展、实现全面建设小康社会的重要举措。

（4）促进资源产业经济学科建设，加强与其他学科有机融合。由于资源产业经济学科是一门全新的学科，涉及土地资源方面研究历史短，而传统的土地资源管理学科侧重于城市土地、农用地的研究，对农村居民点用地研究薄弱，且研究深度和广度均不足。土地资源产业管理是按照产业组织的方式，通过有效投入进行保护、恢复、再生、更新、增值和积累土地资源的过程。土地资源产业管理不仅是土地资源自然再生产的过程，而且是土地资源经济再生产的过程。因此，本研究的开展可以丰富学科的研究内容，促进学科建设。

## 1.2 国内外研究现状及发展评析

### 1.2.1 相关概念释义

1. 农村与乡村

“农”的本义是耕种，后引申为农业、农民；“乡”的本义是用酒食款待别人，后假借为行政区通名，亦泛指城镇以外的区域，如乡村、四乡、下乡等；“村”的本义是村庄，是农村居民点的通名，后引申为乡村、乡下、农村。现在的“村”不仅是农村居民点的统称，也是农村基层群众性自治组织的通名，前者习惯上称为自然村，后者称为建制村。另外，现在的“村”还泛指人口聚居的地方，常被当作城镇居住区或者片区的通名使用[19]。

一般认为，“农村”与“乡村”为同义词，可以相互通用。传统意义上的农村是与农业产业紧密联系在一起的，是指以农业生产为主体的地域，从事农业生产的人就是农民，以农业生产为主的劳动人民聚居的场所就是农村聚落[20]。故《现代地理学辞典》将农村界定为从事农业生产和农民聚居的地方，把乡村经济和农业相等同[21]。《现代汉语词典》定义与此基本相同，认为农村是指以从事农业生产为主的人聚居的地方[22]。上述定义均是把农业产业作为农村赖以存在、发展的前提。从界定农村的角度分析，这一定义的内涵和外延都缺乏严密性。20 世纪 80 年代以来，随着社会生产力的不断发展和城市化的不断推进，传统农村特征逐渐演变，原先以农业为主的农村产业结构和经济格局已经被打破。因此，再用“农村”来界定具有一定的难度和不确定性，而“乡村”是一个空间地域系统，与作为一个产业部门的农业有本质的差异[20]。浦善新认为[19]：农村又称乡村，是相对于城镇而言的，指居民以农业为经济活动基本内容、人口分布较城镇分散的地方，是中国现代化建设最广阔、最深厚的土壤。但这里的农业是指包括林业、畜牧业、渔业在内的大农业，因此从严格意义上讲，将其称为乡村更贴切、更科学。农村有广义、狭义之分，广义的农村指城镇以外的所有区域；狭义的农村即对应城镇的村庄，为了便于区分，一般将前者称为农村地区（Rural Area）（见图1－3），后者称为农村居民点（Rural Settlement）。以“乡村”一词来取代传统的“农村”，较能显示出地广人稀地区的多元产业、环境、社会与文化之综合性生活圈概念，亦更贴近现今的发展现状[23]。

**图1－3 典型的乡村地区**

资料来源：张晋石．乡村景观在风景园林规划与设计中的意义［D］．博士学位论文，2006.

乡村具有区别于城市地域的诸多特征，伴随着城市化的演进，乡村的功能日益呈现新的时代特征，是复杂而又模糊的概念。乡村作为一个有机整体，它是包含着生态、经济、社会等多方面内容的极其复杂的巨系统，而且在每一个侧面又包含着各种不同的层次和诸多的因素。因此，不同学科对“乡村”内涵的理解和划分标准不尽相同，目前仍然缺乏一个足以说明乡村的总体性、本质性的概念。界定乡村的困难在于乡村整体发展的动态性演变、乡村各组成要素的不整合性、乡村与城市之间的相对性，以及由于这三大特性形成的城乡连续体[20]。然而，尽管不同学科对“乡村”内涵理解的角度、深度和广度不一样，但有一点是一致的，就是通过乡村与城市的相对性去正确地理解与把握乡村的本质。陈威认为乡村是相对于城市化地区（Urbanization Area）而言的，指非城市化地区，严格地讲是指城镇（包括直辖市、建制市和建制镇）规划区（Planning Area）以外的地区，是一个空间地域和社会的综合体。“乡村”与“农村”类似，同样有广义和狭义之分，广义的“乡村”是指除城镇规划区以外的一切地域；狭义的“乡村”是指城镇规划区以外的人类聚居的地区，不包括没有人类活动或人类活动较少的荒野或无人区。“乡村”是一个历史的、动态的概念，需要不断地修正[24]。

一般来讲，农村用地包括农用地（耕地、园地、林地、草地）和非农用地（农村居民点、独立工矿、水利设施用地等）[16]（见图1－4）。本研究中所指的是狭义的农村，是农村地区建设用地的主要组成部分。

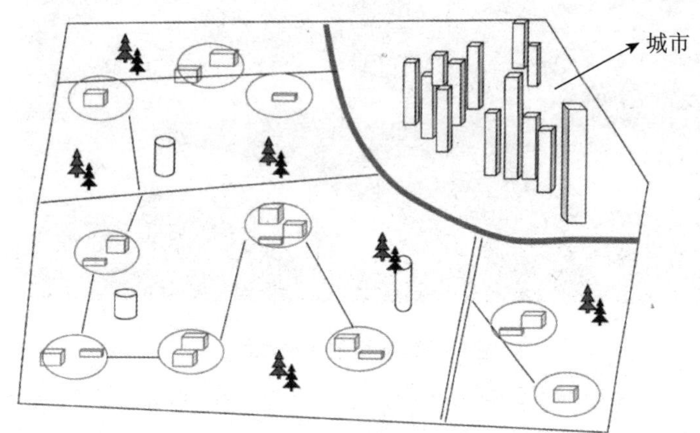


**图1－4　农村用地示意**

资料来源：国土资源部信息中心．中国国土资源安全状况分析报告2004—2005［M］．北京：中国大地出版社．

2. 居民点

居民点（Settlement）又称“聚落”，指根据生产和生活的需要，居民集聚定居的地点，是人类各种形式的聚居地的总称[19]。“聚落”一词，在《史记·五帝本纪》中已经出现：“一年而所居成聚，二年成邑，三年成都。”注曰：“聚，谓村落也。”《汉书·沟洫志》则云：“或久无害，稍筑室宅，遂成聚落。”[25]聚落包括房屋建筑、街道或聚落内部的道路、广场、公园、运动场等人们活动和休息的场所，供居民洗涤饮用的池塘、河沟、井泉，以及聚落内的空闲地、蔬菜地、果园、林地等组成部分[26]。农村聚落，是与城市相对而言的，是指除了城市以外位于农村地区的所有居民点，包括村庄和集镇[25]。近代聚落泛指一切居民点，居民点与聚落通用。居民点通常是固定的，但也有极少数是流动性的。居民点由各种建筑物、构筑物、道路、绿地、水源地等物质要素组成，其规模越大，物质要素构成越复杂。居民点萌发于旧石器时代中期，形成于新石器时代。在原始社会向奴隶社会过渡时期，出现了居民不直接依靠农业谋生的城镇型居民点。但从奴隶社会直到封建社会，乡村聚落一直是居民点的主要形式。进入资本主义社会以后，随着工业化、城镇化步伐的加快，城镇居民点成为主导人类社会生活的中心。与此相对应，乡村居民点失去了优势地位，逐渐成为居民点体系中低层级的组成部分。从居民点的发展历程看，从原始的小村落（Hamlet）到村庄（Village）至集镇（Market Town），再发展到小城镇（Town）、城市（City），直至现代大都市（Metropolis）。现代社会的居民点根据主要经济活动方向可以分为农村居民点和城镇居民点两类，另有介于两者之间的集镇、“城市化村”“城中村”等过渡性居民点[19]。

3. 农村居民点

农村居民点[19]即居民以农业为经济活动基本内容的聚居地。人类早期的居民点都是农村居民点，采猎时代的原始居民点流动性比较大，随着农业和畜牧业的分离，以农业为主要生计的氏族定居下来，开始出现真正的农村居民点。我国已经发掘的最早村落遗址属新石器时代前期，如浙江省的河姆渡遗址、陕西省的半坡村遗址等。受经济活动以及自然环境、历史传统、风俗习惯、民族文化等因素的影响，农村居民点有不同的居住形式和形成特征。固定的农村居民点按平面形态可分为散漫型和团聚型两类。散漫型，即散布着孤立农舍的散村（点状村落）；团聚型，包括集合成条状的路村、街村，以及环状的环村、块状的团村等，统称集村。农村居民点的规模，小的只有少许农户，甚至是独门独户的“独家村”，大的达数千人，个别中心村可达上万甚至数万人。农村居民点依据职能分工、地理位置、规模大小，可以分为中心村和基层村。中心村即乡（民族乡、镇）域村镇体系规划中，设有不仅为本村服务同时为周围村落居民服务的公共设施的村庄，一般是村民委员会所在地，有的地方几个建制村才有一个中心村，中心村多数是大型村庄或者特大型村庄；基层村即中心村以外的村庄，是农村最基本的居民点，有的有简单的生活福利设施，有的则没有任何生活福利设施。农村居民点一般由农舍、牲畜棚圈、仓库场院、道路、水渠、宅旁绿地，以及特定环境和专业化生产条件下特有的附属设施组成。小的村落一般无服务职能，中心村落则有小商店、小医疗诊所（卫生室）、文化活动（图书）室、邮局、学校等生活服务和文化设施，可发挥最低层级的中心地职能。

聚落分类通常是从特定的需要出发，选择其中的一项或几项特征为基础，拟定适当的指标，大多是根据职能或形态进行分类。根据赵荣等的研究并加以调整，总结乡村聚落形态分类特征情况如下表所示[27]。

**乡村聚落形态分类特征**

| 乡村类型 | 形态类型 | 形成场所 | 格局特点 | 干预机制 | 典型代表 |
|---|---|---|---|---|---|
| 一般类型 | 密集型 | 人口密集的旱作农业地区 | 一般整体大而紧凑，但个体住房排列无条理 | 完全缺乏指导 | 中国、印度 |
| | 分散型 | 农业历史悠久，地形条件不好地区 | 排列松散，独家村 | 自然形成 | 地形崎岖、耕地面积不大且分散的山区 |
| | | 农业历史悠久，特殊生产地区 | 排列松散，独家村 | 干预影响强 | 美国、加拿大、澳大利亚、丹麦、瑞典等 |
| | 半聚集型 | 山区小村及新开发地区早期 | 排列松散，新开发地区后期随人口增长向密集型发展 | 部分干预 | 法国、加拿大魁北克省、美国路易斯安那州 |
| | 活动型 | 草原半干旱地区、牧区和少数山区 | 帐篷式，茅草棚 | 自然形成 | 受季节或生产、生活条件变化影响大地区，文化欠发达少数民族地区 |

续 表

| 乡村类型 | 形态类型 | 形成场所 | 格局特点 | 干预机制 | 典型代表 |
|---|---|---|---|---|---|
| 特殊类型 | 美国单户型 | 美国中西部和大草原地区 | 分散单户聚落 | 土地私有制 | 美国 |
| | 集体农场型 | 土地面积广、人口密度低，大量农民迁移从事从业生产的地区 | 较大的农场 | 土地公有制，政府组织，详细规划 | 前苏联、东欧国家和以色列，中国东北、新疆、甘肃、云南等 |
| | 经营性农场 | | 生活服务设施较差，农场经营性较强，居民社会组织程度较低 | 非自然形成 | |
| | 工业乡村 | 农业生产条件好，农业生产率高，有富余劳动力的地区 | 社区性质，缺乏空间集聚 | 缺乏指导 | 中国 |

4. 村镇体系与农村居民点

乡村聚落的层次是按照聚落在乡村地域中的地位和职能进行划分的。目前，乡村聚落结构体系自上而下由基层村（自然村）、中心村（行政村）、一般集镇和中心镇四个层次构成（见图1－5）。村镇体系是在村镇建设的实践基础上获得的。村镇体系是指一定区域内，由不同的层次的村庄与村庄、村庄与城镇之间的相互影响、相互作用和彼此联系而构成的相对完整的系统[28]。村镇居民点的体系结构，就是村镇居民点的等级、层次、性质、规模、空间组合及其相互关系等，是乡（镇）域规划的核心与重点。它是集镇、村庄规划与建设的重要依据[29]。农村居民点，包括集镇和规模大小不等的村庄，表面上看起来是分散、独立的个体，实际上是在一定区域内，以集镇为中心，吸引附近的大小村庄组成了一个群体网络组织[28]。

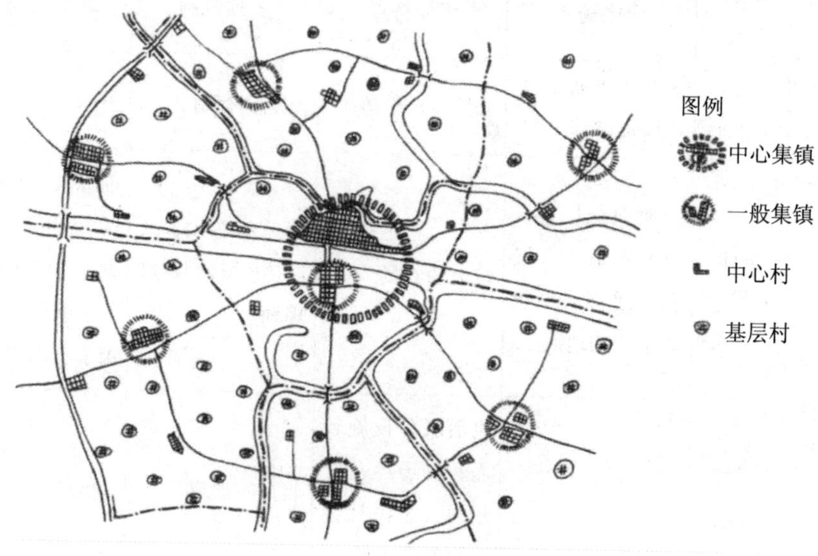


**图 1 – 5　村镇群体示意**

资料来源：金兆森，张晖．村镇规划［M］．南京：东南大学出版社，1999.

5. 农村居民点蔓延

农村居民点蔓延与国外所指农村蔓延（见图 1 – 6）等同[16]。国外所谓农村蔓延，事实上主要是指类似 20 世纪 70 年代美国出现的所谓“逆城市化”现象，是城市分散化发展的继续，是郊区越过大都市区的界限向更为广泛的地区的延伸，是大都市区空间规模的进一步膨胀，归根结底，是城市有机体的进一步膨胀。Tom Daniels 将农村蔓延定义为城镇外住宅的低密度分散扩展和城市外沿交通道路带状发展的商业带。David M. Theobald 将农村蔓延粗略等同于城市外农村住宅用地的发展。农村蔓延通常包括以下几种形式：①居民点在村庄和郊区外围呈“摊大饼”状，低密度、分散发展；②沿着村庄和郊区干线公路条带状延伸的商业带或住宅区；③沿海或沿水系布局的别墅住宅或商业带；④低山丘陵地区分散分布的高档别墅住宅。

**图1－6 乡村住宅建设吞噬了原有的农场**

资料来源：张晋石．乡村景观在风景园林规划与设计中的意义［D］．博士学位论文，2006.

6. 农村居民点用地优化配置

土地资源和其他资源特别是稀缺资源的配置问题，是近现代经济学、资源经济学和土地经济学的主要研究课题之一。所谓土地资源配置，亦称土地资源分配、布局和对土地资源的选择（Land Resource Distribution，Allocation and Choice）。土地资源优化配置，从整体上说，是指其开发利用能满足自然生态和社会经济多种需要，以期实现资源系统的最大功能和综合效益，促进人与自然协调发展和经济社会的全面可持续发展。这应是全人类永远追求的资源优化配置，亦指可持续发展的资源配置的最优模式[30]。

长期以来，土地利用配置问题颇受众多学者的关注，学者们从不同的研究角度和深度对“土地利用配置”赋予丰富的阐释。区位经济学理论认为土地利用配置是在地租的影响下进行安排布局，这些理论包括德国古典经济学家杜能研究农业区位地租、20 世纪韦伯研究工业布局所应用的理论，还包括克里斯泰勒的中心地理论、廖什的区位经济学、胡佛的经济区位论等[31]；所谓土地利用配置，Benabdallah S. 和 Wright J. R. 认为是为了达到一定的生态经济最优目标，依据土地的特性和土地系统原理，依靠一定的科学技术和管理手段，在空间尺度上，对区域有限的土地资源利用结构和方向，多层次进行安排、设计、组合和布局，以提高土地利用效率和效益，维持土地生态系统的相对平衡，实现土地资源的可持续利用[32]；周诚认为土地配置既是一个过程，也可以认为是一种状态，是一个由点、线、面、网构成的多层次、多类别、多部门、多项目交织的网络结构[33]；就其过程而言，Tomlin 和 Johnston 认为土地配置实质是一个通过确定一整套土地布局的技巧和活动，来达到一定特殊目的的过程，或被认为是针对适合于特定的土地利用目标的多种土地利用类型的合理选择[34]。上述诸定义虽然在表述上有差异，但对土地配置的理解都包含着一些相似的观点[31]。总的来说，土地利用最终是要实现经济效益目标、社会效益目标和生态经济效益目标的协调统一，但并非是一种目标间的均衡或同时获得几种目标的最大化，而是只能选择一种主导性目标，这种主导性目标要视具体地区、层次和配置的目的而做出明确的选择。总之，一个完整意义的土地配置应包括土地利用的区域宏观配置、地区（部门）配置和地点（宗地）配置[35]。

土地利用配置的研究是人类从对土地破坏性的利用到集约性利用的观念转变的飞跃[31]。土地资源配置的问题，是针对土地资源经济供给的稀缺性以及土地利用过程中的不合理性而提出来的。土地资源配置是一种过程和手段，目的在于把一定的土地利用方式和土地的适宜性、社会经济性进行匹配，形成合理的土地利用结构，以最大限度提高土地的综合效益。优化是相对于土地不合理利用存在的问题而提出的期望目标[36-44]。在土地资源有限供给的前提下，如何在时空上有效地把土地资源合理地分配到各种用途，并与其他资源达到合理组合，以使这些资源生产出更多为社会所需的产品和提供更多的服务，又不会导致生态环境质量下降。为完成这些任务和目标，土地利用优化配置是一种重要手段[35]。

根据土地资源优化配置的内涵，本研究认为农村居民点用地优化配置的内涵是：基于可持续发展理论，在一定的社会经济和技术条件下，针对农村居民点用地供给的稀缺性以及利用过程的不合理性，根据土地利用总体规划，按照“管住总量、严控增量、盘活存量、节约集约”的原则，依据农村居民点用地的特性，依靠先进的科学技术和管理手段，因地制宜，根据合理规划的乡村增长极，在时间和空间尺度上，对区域农村居民点用地数量、布局、范围和用地规模，多层次进行安排、设计、组合，形成合理的用地结构和方向，构建统筹城乡发展、用地相对集中、基础设施完善、生态环境优美、精神文化生活丰富、产业布局合理、经济收入提高、社会保障体系健全的和谐农村人居环境，达到社会效益、经济效益、生态效益协调统一的可持续用地配置模式。实现农村居民点用地优化配置，要以合理的用地规模、用地结构和最佳的土地空间组织与布局作保障。

7. 农村居民点集约用地

土地集约利用研究源于农业土地集约利用研究。“土地集约利用”的概念最早来自于李嘉图（David Ricardo）等古典经济学家在地租理论中对农业用地的研究，他认为农地集约利用是指在一定面积土地上，集中投入较多的生产资料和劳动、使用先进的技术和管理方法，以求在较小面积土地上获取高额收入的一种农业经营方式，可分为资金密集型、劳动密集型和技术密集型等[45-49]。

对于土地集约利用的内涵，土地经济学家理查德·T. 伊利（Richard T. Ely）在《土地经济学原理》中指出：“对现在使用的地面上增加劳力和资本，这个方法叫作土地利用的集约”[50]；雷利·巴洛维在《土地资源经济学》中指出：“当应用到土地利用时，集约度是指生产过程中与单位面积结合的资本和劳动的相对量。人们把在单位土地上使用高比例的资本和劳动投入的土地利用类型称作集约利用。相对所使用的资本和劳动量来说，那些使用大面积土地的企业经营叫作粗放利用”[51]。

目前，国内理论界对土地集约利用内涵的理解各有侧重。《土地大辞典》中对“土地集约经营”的解释是：“土地集约经营是粗放经营的对称，是指在科学技术进步的基础上，在单位面积土地上集中投入物化劳动和活劳动，以提高单位面积土地产品产量和负荷能力的经营方式……在建筑业中，集约经营是通过对单位土地面积多投入活劳动和物化劳动，以提高土地利用率，增加建筑层数，提高土地经济功能和负荷能力”[52]；《房地产法辞典》对国有土地集约程度分析为：“单位面积城市土地上的投资和使用状况。衡量城市集约程度土地指标有资金集约度，即单位面积城市土地上的土地投资额，表现为土地上的土地投资占土地面积之比；技术集约度，即土地之上建筑物或设施在施工中和落成后所应用的先进技术程度；

人口集约度，即单位面积城市土地上的人口数量，通常用人口密度表示”[53]；毕德宝认为土地集约度是“指单位土地面积上所投资本和劳动的数量。……非农用地的效益可分为两类：用于住宅建设的是所建房屋的面积；用于工业、商业和交通运输的在于所获经营利润。前一类是实物性的，后一类是价值性的，但两者集约经营的共同点是力争获得单位土地面积上的最大收益”[54]；宋春华认为土地集约经营程度是“指单位面积土地投入的人力、财力和物力的状况。单位面积上的人、财、物力投入水平高，则集约经营的水平就高，反之亦然”[55]；王华春等则认为土地集约利用应该体现在“五个提高”，即土地投入的提高、国有土地结构和布局优化的提高、土地产出率的提高、土地利用率的提高、土地利用强度的提高[56]；研究认为，集约利用土地的科学内涵不在于寻找最高的土地利用强度，而应寻找最优集约度或最佳集约度，使土地利用的经济效益与环境效益、社会效益相统一[57]；针对土地集约利用，曹建海主张引入土地有效利用的概念，原因在于土地利用效率在经济学中有一定的计量标准，达不到或者超过这个标准，都会导致土地利用效率的损失[58]。肖梦从土地利用成效角度阐述城市土地集约利用应包括土地产出的高效化、土地布局和土地结构的合理化、土地利用效益的综合化三个层次[59]。

综观国内外有关研究，国内外学者对土地集约利用内涵的理解基本达成一致[18]：①土地集约利用的前提是土地的合理利用，即布局合理、结构优化，是宏观与微观相统一的过程；②土地集约利用的途径是增加单位土地投入，改善经营管理，提高土地利用效率；③土地集约利用的目标是使土地利用达到良好的经济、社会和环境效应；④从时序特征上看，土地集约利用是一个动态优化过程。因此，可以将土地集约利用界定为：在兼顾环境效益和社会效益的前提下，通过增加劳动、资本、技术等投入，促进土地利用的微观和宏观经济效益持续提升的土地开发利用模式，其实质是提高土地资源的配置效率。

目前，理论界对建设用地集约利用的概念还有所争议。但一般认为其内涵主要包括：土地利用结构合理；土地布局紧凑，利用充分；土地利用功能分区与综合有机结合；土地产出实现“经济效益、社会效益、生态效益”的最优化[60]。

作为农村建设用地的主体，本研究认为农村居民点集约用地的内涵是：农村居民点集约用地是一个与特定时期、特定区域密切相关的动态的、相对的概念，它是针对农村居民点用地供给的稀缺性以及利用过程的不合理性而提出的。它是指在一定区域经济社会技术条件下，以优化用地配置和实现区域可持续发展为前提，依靠一定的科学技术和管理手段，因地制宜，通过增加单位面积土地的非土地要素的投入、优化存量土地利用结构以及开展土地整理复垦等多种手段，从宏观上对农村居民点规模、布局进行调整，从微观上对农村居民点利用内部结构、布局调整的土地利用优化模式配置。通过农村居民点集约利用，挖掘乡村建设的经济价值，逐步实现农村居民点用地优化配置，使其比例协调、结构合理、布局紧凑、高效利用，营造美好的乡村生活环境、生产环境和生态环境，满足微观自身发展和宏观区域整体发展，保证城镇用地增加和农村建设用地减少之间的平衡，最终达到“经济效益、社会效益、生态效益”的协调统一和综合效益最优化。基于上述内涵，农村居民点集约用地系统可用图 1 –7 阐释。农村居民点用地利用是一个具有历史范畴的概念，它总是处于“平衡—不平衡—平衡”的矛盾运动之中，必须通过集约用地重建农村居民点用地空间结构，达到新的功能——结构平衡。

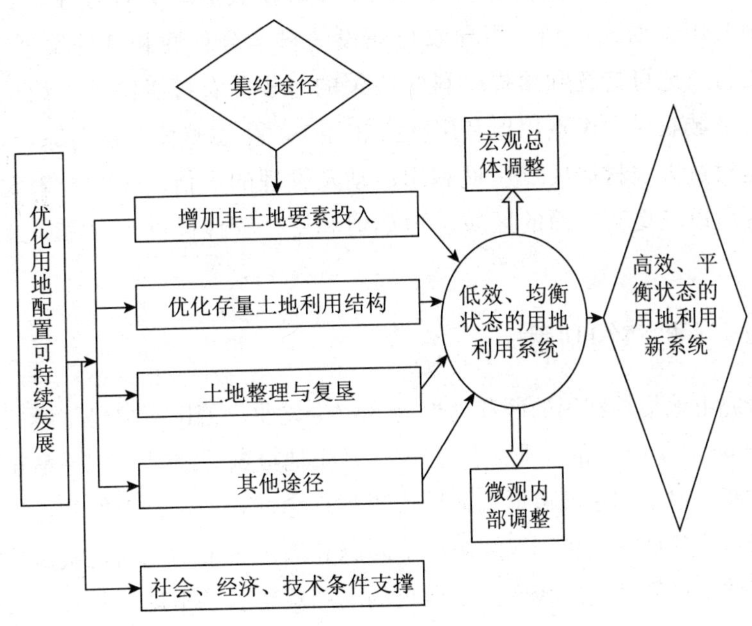


**图 1 –7　农村居民点集约用地系统**

总之，农村居民点集约用地从农村可持续发展的目标出发，科学合理地组织安排农村居民点用地规模、结构和布局，调控农村生产活动，是一项涉及自然、经济和社会巨系统的复杂系统工程。同时，不同发展阶段，农村居民点集约用地的程度、形式及类型是有所区别的，它具有随着社会发展而动态发展的最佳集约度内容。

8. 农村居民点集约用地评价

土地集约用地评价是通过设计一整套土地集约利用评价的指标体系，对指标体系中各项指标的衡量和分析，探索不同背景或情景条件下集约用地的判别标准（绝对标准或相对标准），根据评价对象实际情况采取适当的评价方法及模型对土地的集约利用水平进行测度，并提出具体针对性建议或措施的过程。

农村居民点集约用地评价是以可持续发展理论为指导，依据农村居民点用地的特点，在满足农村发展规模、使农村获得最大规模效益和集聚效益的基础上，针对研究对象，采用定性或定量的表达方式对农村居民点的集约程度进行空间分级，依据一定的标准来判定农村居民点用地规模、利用结构的合理性和利用效率的高低，挖掘农村居民点用地利用布局、用地结构等不合理的成因、机制和潜在数量。从而为有效实施农村土地利用规划或计划，指导农村建设的科学合理性和良性发展方向，实现农村土地可持续利用提供科学决策的过程。农村居民点集约用地评价是对区域农村居民点用地利用社会、经济、生态整体效益的综合评价，它既是对过去农村居民点用地利用活动及管理的评估，又对未来农村居民点用地以及更高层面的区域土地如何利用、管理提供指导方向及可选路径。

### 1.2.2 土地集约利用

研究土地集约利用的萌芽理论为区位论先驱、德国古典经济学家杜能（J. H. Von Thunen）的农业区位论[61]以及土地报酬递减理论[50]。从早期的强调功能、追求理想城市形态的城市规划理念，到近代欧美的新古典主义式的城市改建计划，再到以解决城市问题和满足城市功能的新城市规划这一系列城市规划理念的转变为土地集约利用奠定了基本理论基础，其中新城市规划以霍华德（E. Howard）的田园城市论[62]、勒・柯布西埃（Le

Coubusier）的集中城市理论、伊利尔·沙里宁（Eliel. Saarinen）的有机疏散理论[63]和赖特的广亩城市论、景观生态理论等有关城市规划和土地利用配置理论为代表。随着社会生态学、城市地理学的融入以及可持续发展理念的推崇，城市规划的思想理念产生了深刻的变化，可持续的土地资源管理被世界各国提升到国家战略高度。随之而来的是一些对传统城市土地利用模式的反思而得出的新城市规划理念和新城市土地利用思想：如美国规划学界提出的"精明增长""紧凑式""内填式发展"等城市土地利用思想[64, 65]，其最终目的是抑制城市的无序蔓延，提高土地使用效率，实现土地资源的合理利用和保护[66]。

目前，国外土地集约利用相关理论和技术研究的主要内容是城市土地利用潜力的定性挖掘，而对城市土地资源集约利用合理度的系统性理论研究及定量评价几乎为空白[47]，与土地集约利用相关的理论和技术研究主要表现在土地资源可持续利用与优化方面。如土地利用模式理论、土地系统分析与评价理论、综合研究模型理论等[66]。具体内容包括：①土地利用模式理论体系：在"孤立国"（杜能）、"工业区位论"（韦伯）、"中心地理论"（克里斯塔勒）等理论的指导下，产生了众多土地利用模式，如全球土地利用的极地模式（雷东·巴哈德·景德尔）、城市土地利用的同心圆模式（E. W. Burgess）、扇形模式（H. Hoyt）、多核模式（C. D. Harris）等。这些模式的产生对土地利用模式设计提供了重要的理论指导；②土地系统分析与评价理论体系：斯托利指数分等（STR）和康乃尔评价系统（Cornell System）（美国）、《农地评价条例》（法国）、土地指数分等（德国）、土地评价系统（美国），到《土地评价纲要》（联合国粮农组织 FAO）、土地持续利用评价等，这些研究代表着土地评价从产生并趋向成熟的过程，但目前尚未形成公众满意的指标体系和评价方法[67]；③综合研究模型理论体系：土地持续利用变化过程、机理和环境影响的重要模型。典型模型如 IMAGE1 模型、CLUE 模型、IMPEL 模型、LU/GEC－1 模型等。

国内土地集约利用研究主要集中于土地集约利用定量评价以及土地集约利用途径及其区域实践方面。目前，我国主要开展包括评价内容、评价方法、指标体系构建和技术应用在内的土地集约利用定量宏观评价研究，但主要是针对城市土地集约利用定量评价进行的，并且没有形成全国统一的评价标准和指标体系[66]。如：王业侨结合新一轮土地利用总体规划修编工作，采用资料综合分析法和实证分析法提出节约和集约用地评价方法，建立了节约和集约用地评价指标体系[68]；王国恩等对城镇土地集约利用概念进行了界定，从经济效益目标、社会效益目标、生态环境效益目标和动态目标四个方面，建立城镇土地利用集约度的评价指标体系，定量确定城镇土地利用集约水平，探索运用多指标综合评价城镇土地利用集约度的方法[69]；姜仁荣等结合我国经济社会发展阶段性特征，界定了区域土地资源集约利用的概念，提出了评价思路，并从其概念出发逐层派生出评价指标体系[70]；雷国平等在研究城镇土地集约利用潜力宏观评价、城镇土地利用潜力分析的基础上，构建了城镇土地资源集约利用潜力宏观评价指标体系以及城镇土地集约利用潜力模型[71]；王双美等总结了 GIS 和 RS 技术的土地集约与节约利用研究，根据城市土地利用现实情况及其发展趋势，研究土地集约利用潜力评价信息系统[72]；黄裕捷等采用主成分分析综合评价模型选取土地生产率、土地利用程度、土地投入强度和土地利用集约度四个分项指标对农业土地利用集约度进行了定量研究[73]。

在研究土地集约利用定量评价的同时，我国目前不同区域尺度的土地集约利用途径实践十分丰富[45, 69, 74-87]。从宏观角度看，我国土地集约利用途径主要体现在基于城市化发展规律、基于市场调节机制、基于政府宏观调控机制和基于公众参与机制四个方面[74]。从实践角度看，有关学者针对城镇和农村土地利用存在的问题和实现土地集约利用的途径进行了针对性的探讨[79-87]。如王慎刚等从国家尺度上对国家城镇化集约用地的内涵及影响因素进行了界定，认为从国家（地区）层面研究城镇化集约用地，不同于单个城市，更不同于单宗土地的集约利用，其影响因素发生根本变化。同时指出我国应借鉴世界城镇化发展的基本经验，重视不均衡发展规律的应用，在提高城镇总体发展效率的基础上，为推进城镇化集约用地创造基本的政策平台[87]。

综观国内外土地集约利用的研究进展，由于对土地资源利用和保护所关注的重点不同，国内外土地集约利用研究所采取的思路、方法以及取得的成果都存在差别。国外研究主要侧重于揭示土地集约利用的时空变异规律及成因，国内研究普遍强调通过系统的多指标综合评价来了解土地资源利用现状和潜力[18]。土地集约利用经历了从追求无限高度节约到适度节约，衡量指标从一维经济效益指标扩展到经济、社会、生态多维指标体系的过程。目前，我国土地集约利用在研究角度、研究内容、研究尺度、研究方法等方面存在问题亟待解决[66]。

### 1.2.3 土地资源优化配置

作为区域可持续发展的重要途径和手段，土地利用优化配置在国内外备受关注。世界各国土地资源优化配置的研究最早追溯到本国土地制度的建立以及相继开展的土地制度改革。

随着资本主义经济的发展，土地资源优化配置的理论、技术和方法得到了较快发展。但是，直到20世纪70年代，随着人口、资源、环境和发展问题的日益凸显，世界各国的土地利用优化配置研究才真正进入实质性阶段。目前国外土地利用优化配置研究具有范围广泛、重视研究深度、技术手段先进等特点。但是对区域土地利用的整体性、层次性以及土地利用优化配置动因机制研究等仍存在不足之处[35]，研究领域主要包括：①城市化、农业的发展与土地利用结构优化配置的机理研究，如Bhadra对城市化、农业发展与土地优化配置的机理研究[88]；土地利用结构优化研究是在土地规划和土地评价理论的基础上相继展开的。《土地利用规划》指南（FAO）、《可持续土地利用规划》专著（H. N. Vanlier）倡导“土地最佳利用”的理念[89]。在土地评价的基础上，Mc Harg基于土地适宜性评价构建了土地资源优化配置模型，该方法的核心是构建区域土地生态适宜性图件，为合理分配土地资源提供信息依据[90]；Wood等人根据FAO评价体系建立了LECS系统，用于农业土地利用配置管理；David分析了土地评价理论框架体系，指出进行土地评价并进而建立合理的土地利用规划方案是解决土地利用问题的一部分措施[91]。虽然David曾分析了土地评价过程的逻辑关系，但没有给出对整个优化过程的描述。土地利用结构优化是土地利用优化配置的核心，它涉及诸多因素，如经济发展、地区开发、自然环境等，其优化目标具有多样性，而这些目标的利益是相互制约的，各目标的重要性不同，需要进行协调性的综合优化，传统的单目标线性优化早已不能满足决策者的需要，而生态环境的恶化也迫使决策管理者寻找更优的方法替代单目标线性优化方法。目前，目标规划模型（GP 模型）、系统动力学模型、土地利用空间格局优化模型和多目标优化模型常用于替代单目标线性优化模型进行土地利用结构的优化。GP 模型可为不同资源生产部门提供有效的资源优化配置模式，尤其是对具有复杂组分关系的土地利用系统。但由于受到规划工作者的知识水平、思维方式等的影响，在处理多个不同优先等级目标的问题上较难把握。Yongyuan Yin 等人基于 GP 模型建立了 ILAS 系统，应用于哥伦比亚 peace 河流域的湿地规划[93]，指出传统追求经济利益最大化的发展模式已经不能满足多目标的发展趋势，摒弃旧有模式，建立新的方式是发展的本质，实施多目标优化方法成为实现土地资源可持续利用的有效途径。多目标决策分析应用于土地研究最早源于加拿大土地利用评价多目标分析方法研究。此后，多目标分析被用于解决空间土地利用规划问题，在土地利用结构优化过程中得到广泛的应用[94-100]。FAO 与 IIASA 机构在 AEZ 优化方法的基础上耦合多目标决策分析技术（MCDA），并且成功应用于 Kenya 的土地利用规划研究中[101]；②不同用地类别的土地配置研究，如 Kotze 对南非湿地土地管理决策支持系统的研究[102]、Minor 对废弃地分布的研究[103]、Goodchild 对英国居住地分布的研究[104]以及 Campbell 应用线性规划模型和 GIS 技术对农作物用地优化配置的研究[105]；③土地利用政策及其对土地利用结构优化的作用研究，如 Kishindo 对土地使用政策及其对土地利用配置的作用的研究[106]。

国内自 20 世纪 80 年代后期至 90 年代以来，土地利用结构优化逐步成为土地利用规划的核心内容，土地利用优化决策的研究相继展开，并取得了显著成效[107]。研究内容主要包括：①市场经济体制下的土地资源优化配置研究以及城市土地配置的市场化途径、地租调节机制、目标模式、竞租原理的研究，如刘彦随、倪绍祥对土地优化配置目标模式的研究[108]；②区域土地资源优化配置及其模型研究。刘荣霞等认为[92]，区域内的土地利用结构优化建立在土地适宜性评价基础之上。土地评价是进行区域土地利用结构优化的先决条件，并为优化提供必要的土地适宜性信息支持。对于给定的研究区域，实施土地利用结构优化可行性的前提在于遵循一套合理的逻辑体系。对于具体研究模型理论和实践，其内容丰富，朱连奇对德化县的农业用地优化模型研究[109]；刘彦随对以沿海地区进行的土地利用配置模式的研究[110]；张素兰对四川地区的土地利用优化配置方案[111]；康慕谊等应用线性规划模型对陕西关中地区土地资源优化配置的研究[112]；刘觉民等以湖南省为例，对解决人地矛盾和保护耕地的积极作用、不断加速土地资源的优化配置及集约利用，合理确定城镇用地规模、全面考虑土地资源的优化配置等战略问题进行了全面探讨[113]；陈宁等以浙江永康市为例，研究了当前我国农村工业化过程中土地资源优化配置问题，并指出了解决问题的有效途径[114]；在具体土地资源优化配置理论方面，李兰海等应用灰色系统和最优化控制理论构建的资源配置动态优化控制模型在土地利用结构优化方面开创了先河[115]；宇振荣等应用系统思想和生物学原理，提出了以“土地—食物—人口”这一耦合运行发展过程研究为中心，以建立合理的土地利用系统为目标的农区土地配置模型框架[116]；张光宇等基于可拓扑学理论对土地资源优化配置和合理利用进行了探讨，建立了土地资源优化配置的物元模型[117-119]。在研究中，多目标规划方法等一系列新方法在土地利用结构优化中得到了广泛的应用[120-124]。刘艳芳等首次将生态绿当量的概念应用于土地利用结构的生态优化，并提出不同地区生态标准不同的思想[123]；井波等借助生态位理论，运用土地利用经济生态位模型，对济南市1996—2004年土地利用类型间相互作用的强度进行了定量研究[125]；于苏俊等采用遗传算法并结合多目标模糊优选理论处理多目标土地利用结构优化问题[126, 127]；宋戈等以哈尔滨市城乡接合部道外区民主乡为例，剖析了土地利用结构形成的机理和土地利用结构现状存在问题，运用线性规划模型，以SPSS和LINGO软件为计算手段，对其土地利用结构进行优化，并提出了相关对策和建议[128]；吕春艳等从研究和应用的角度评析了现有土地资源优化配置模型存在的不足，探讨了今后的发展趋势[129]。

综观国内外土地资源优化配置研究，主要包括土地资源优化配置的理论、方法、优化配置模式等方面的研究。长期以来，国内外土地利用配置研究多关注土地利用数量结构及土地面积的优化，而空间格局的优化往往是土地利用结构优化配置中的薄弱环节。区域土地利用优化配置，不仅要求宏观土地利用数量结构的优化，也要保证土地利用结构空间布局趋于优化[130-133]。土地利用结构不同于传统意义上的土地结构，它是指国民经济各行业及其内部各部门用地面积的对比及其空间匹配关系。

它反映了一个地区土地利用的合理性程度及其生产结构特点，区域土地利用只有建立合理的结构，才能保持一定的土地利用系统的良性循环，从而使得区域土地使用生态经济效益最大化[134]。而所谓土地利用结构优化配置，就是为了达到一定的生态经济最优目标，依据土地资源的自身特性和土地适宜性评价，对区域内土地资源的各种利用类型进行更加合理的数量安排和空间布局，以提高土地利用效率和效益，维持土地生态系统的相对平衡，实现土地资源的可持续利用[135]。基于空间格局分析的土地利用结构优化模型，从目前已有的研究看主要是把景观格局整体优化作为模型的核心，其中以 Haber 建立的土地利用分异战略 DLU（Differentiated Land Use）和 Forman 的融入生态学理论的格局优化理论研究为主要代表[136-138]。另外，国内外在土地资源优化配置决策理论体系也有探索，Xing 等应用 GIS（地理信息系统）和多目标规划来预测土地利用中引起争地矛盾的原因并给出解决策略[139]；Sharifi 等构建了基于 GIS 和综合规划的农场土地配置决策支持系统[140]。

### 1.2.4 农村居民点用地配置

1. 国外研究

农村居民点用地配置，作为农村空间发展理论的核心内容，在国内外备受关注。其中，国外不少学者对农村居民点用地进行了广泛的研究，尤其是针对城乡接合部的研究。

（1）农村居民点用地的变化研究。例如 Marlow Vesterby、Kenneth S. Krupa 对比城市建设用地，分析了 1980—1997 年美国农村居民点用地持续增长的特点以及导致农村居民点用地增长的因素[141]；Anna L. Haines 研究了管理农村居民点用地发展的最低规模、购买发展权、转移发展权和划定保护区四个常用措施，并针对每个措施的运行及其优缺点进行了评析，认为划定保护区是最理想的管理农村居民点用地扩张的措施[142]；Andrew J. Hansen 等阐述了美国农村土地利用变化的速率、变化的驱动力等[143]；Mirko Pak 和 Valentina Brecko、Carmen C. F. 和 Elena G. I. 将农村居民点用地的变化放在城镇化的视角下进行研究，分析了农村人口非农化、城镇人口的迁移对远离城镇的村庄和靠近城镇的村庄的土地利用的影响，以及农村人口的非农化、农业产业结构的调整、居民生活方式的改变、农村功能的变化对农村居民点用地产生的影响[144,145]。

（2）农村居民点空间格局研究。西方对农村居民点空间格局的研究始于19世纪40年代，研究内容涉及农村居民点的形式、特征及其与地理环境的关系等，J. G. Kohl对都市、城镇、农村居民点等不同类型聚落进行了比较研究，剖析了聚落分布状况与土地的关系，并重点论述了地形差异对村落区位的意义；F. Ratzel详细研究了日尔曼民族诸国的农村居民点（包括农庄、山区农村居民点、集镇等）[146]；M. Lugeon分析了农村居民点位置与地形、日照等因素环境的关系；20世纪30年代中叶，克里斯泰勒对德国南部乡村居民点的市场中心和服务范围进行实证研究，为乡村中心建设、乡镇空间体系规划等提供了理论基础[147]；J. Brunhes较为全面系统地研究了农村居民点和环境之间的关系，认为农村居民点形式反映了整个区域的自然条件，同时其形状和位置又视局部地理环境而定[25]；Albert Demangeon探讨了法国农村的居住形式与农业职能之间的关系，区分了农村聚落的类型，将村落类型划分为长型、块型、星型、趋向分散阶段的四种村庄类型，分析了不同村落类型的形成与自然、社会、人口、农业等条件之间的关系[148]。第二次世界大战后，农村居民点空间格局的研究大大减少。研究内容主要侧重于农村居民点的形成、发展、类型等[25,149]。

（3）城乡边缘带居民点演进情况的研究。如：B. K. Roberts基于自然环境、村落规模、文化背景和人们的景观感知差异阐述村落的演变历程[150]；Fred Dahms认为，“Arena Society”提到的地方多样性与“Urban Field”提及的区域经济的相互作用造就了研究区域多伦多周边小城镇外围的居民点演进[151]；Sylvain Paquette等以加拿大Quebec为例，揭示了乡村居民点住宅演变的复杂关系以及研究区域在不同景观背景下的居民住宅模式和当地景观变化[152]。

（4）保护景观和生态环境以及保护耕地等方面的研究。如：加拿大学者Jerry Johnson等应用土地利用预测模型预测了研究区——Three Forks在不同时期的土地利用细胞数在是否有CRP（商业租赁计划）政策支持下的变化。研究认为，在CRP支持下的数目明显要少于无CRP支持下的数目[153]；W. Fleming等以新墨西哥州的La Cienega为例，采用调查法和访谈法对当地村民对TDR（发展权的转移）的态度进行调查，结果表明3/4的被访者非常赞同这个计划[154]。

（5）“鬼城（Dying Villages）”复苏现象。Fredric A. Dahms 采用历史分析法以单个乡村——Wroxeter 为例进行了研究，研究认为实践中不乏个别的乡村社区步入从萧条到人口聚集与经济发展的道路[155]。

（6）发展中国家的研究。Musisi Nkambwe 以博茨瓦纳为研究对象，利用 GIS 和 IDRISI 技术对城乡边缘带村庄无组织扩张的现象进行了监控研究，提出公共土地要逐步实行商品化，改变以前自由的无偿的土地分配体制[156]；Fred Lerise 以坦桑尼亚为研究对象，对其土地约束失效机制进行了成因探讨。认为其中一个重要原因就是当地的规划与其农村实际情况不符合[157]；A. Gobin 等以尼日利亚为例，应用参与资源的影像与二进制模型相结合的综合办法对农村土地所有权的空间状况进行探索，提出政府应注意公有土地私有化现象，要相应调整相关土地利用法令[158]。

2. 国内研究

农村居民点用地是建设用地的重要组成部分，对于我国的科学发展至关重要。长期以来我国学者对农村居民点进行了大量研究，主要体现在以下几方面。

（1）农村居民点用地存在问题及对策研究[159-167]。如：徐红以济南市为例，剖析了农村居民点用地现状及存在问题，从提高土地利用程度等方面提出了节约用地的措施，指出合理的经济措施是解决农村居民点用地流转的新途径[162]。当前有关空心村的研究越来越受到研究者重视，薛力通过对江苏省的调查，认为苏南、苏中、苏北处于不同的空心化阶段，指出非农化的发展、规划与管理的落后、原有村庄的格局以及低效的土地产出是空心村产生的主要原因[168]；程连生等考察了太原盆地的空心村，运用农村聚落地理的理论划分村庄的空心化等级，认为低建筑成本、低移动成本、低土地成本是主要原因[169]；王成新等通过在山东的调研，认为村落向心力与离心力失衡、经济发展迅速和观念意识落后、新房建设加速和规划管理薄弱是村落空心化的内在机制[170]。

（2）农村居民点用地整理、评价以及驱动力等研究。叶艳妹等分析了我国农村居民点用地整理的资源潜力，提出了农村居民点用地整理的运作模式和政策[171]；陈美球等通过对农村居民点用地现状及其对乡村城镇化的影响分析，提出开展农村居民点用地整理，优化用地配置，是实现我国乡村城镇化的客观要求，并进一步探讨了我国开展农村居民点用地整理的主要对策[172]；张保华等基于我国农村居民点用地的现状与问题对农村居民点土地整理的必要性、可行性、原则、模式等方面进行了探讨[173]；刘咏莲等采用层次聚类法与多因素综合评定法，对江苏省各县（市、区）农村居民点整理潜力区进行综合评价[174]；高燕等根据全国农村居民点用地整理实践经验，界定了村庄类型，分析了农村居民点用地整理的影响因素，总结了农村居民点用地整理的模式，并对不同地区适宜的不同模式进行了探讨[175-177]；杨庆媛等针对西南丘陵山地区农村居民点，提出农林综合开发和新村建设两种整理模式，并对重庆市渝北区新春村新村建设的运作和效益进行了实证分析[178]；张长春等提出了基于农村城镇化绝对水平指数和相对水平指数方法的农村居民点城镇化建设的持续性评价[179]；刘筱非等以西南丘陵山区（渝北区）为例进行居民点整理潜力测算研究，认为农村居民点整理潜力可综合人均建设用地标准、闲置宅基地抽样调查与城镇体系规划 3 种方法，通过对各方案赋权重值得出潜力[180]；陈红宇等以城市化为研究视角对广州市农村居民点用地现状和变化进行了分析，研究发现其农村居民点用地变化滞后于经济发展和城市化，指出当前对策主要是依托城市化对农村居民点进行土地整理规划使其用地变化向规模减少、集约利用方向发展[181]；张安录等在剖析了北京市顺义区的居民点分布现状及其存在的重要问题，探讨居民点整理的必要性，并着重从城市化进程、农业现代化水平、产业结构、城镇用地扩展特点等方面系统论述研究区开展居民点整理的现实社会经济推动力，认为地貌、人均耕地、城市化、农村经济发展等是重要的推动力[182]；刘雪等分析了江津市农村居民点空间分布、土地利用特点，并结合区域自然条件、城镇村发展规划及生态退耕项目，针对不同农村居民点提出相应的土地整理模式[183]；吴小红具体探讨了农村居民点整理的资金筹集模式[184]；林爱文等针对目前农村居民点用地整理适宜性评价的多指标性问题，借鉴土地适宜性评价的模糊综合评判方法，提出了一种新的递阶模糊评价方法，并以武汉市黄陂区的部分乡镇为例进行了实证研究，并指出模型存在一定的局限性[185]；宋伟等在农村居民点用地适宜性评价的基础上，估算了天津市农村居民点在自然限制性条件下的整理潜力，研究认为：在时序上，随着社会经济的发展和城市化水平的提高，研究区农村人口逐渐减少，整理潜力逐渐增大。在空间上，天津市北部、东南部整理增加耕地潜力较大，研究区东部、中西部整理增加耕地潜力较小[186]；朱玉碧等以重庆市各区、县为农村居民点整理潜力评价单元，选用农村人均超标用地面积、新增耕地系数和农村居民点闲置等评价指标，采用特尔菲法确定评价指标的权重，并以三个评价指标的综合总分值为依据，对重庆市农村居民点整理潜力进行等级划分[187]；丁恩俊等结合近年来我国农村居民点整理研究现状，针对其中的农村居民点整理潜力及其测算方法这一技术问题进行了简要综述，并就存在的问题及未来的发展趋势进行了探讨[188]。定性反映和定量测度农村居民点整理挖掘利用潜力的大小，可以为土地整理专项规划、农村居民点整理项目设计等提供科学依据。张正峰等在分析农村居民点整理潜力内涵及其来源的基础上，将其分为自然和现实转化两类潜力，其中自然潜力评价指标从农村居民点整理扩展可利用空间、改善农村生存条件两方面选取，现实转化潜力评价指标则从区位、社会经济发展状况、农村建房周期、后备资源状况等方面选取，同时在界定各指标内涵的基础上采用适宜的方法实现了指标的定量化[189]；孙钰霞认为自然潜力还包括生产条件改善的潜力，包括土地增值在内的综合潜力[190]；肖蓓蓓对影响潜力实现的农民行为因素进行了调查[191]；邵晓梅等以浙江省慈溪市周巷镇三江口村为例，采用综合评分法和 4 级评价标准对其农村居民点土地集约利用水平进行评价，研究认为：研究区保留下来的建筑在土地集约利用上已有所提高；我国同等规模的小城镇农村居民点集约利用潜力还很大，尤其在南方经济发达和土地供需矛盾较大地区更应注意挖潜；但在未来社会主义新农村建设中，农村居民点的拆除及合村并点需注重质量，同时对于整理出的农村居民点用地可组织复垦，注重提高其农业综合生产能力[192]；林坚等综合自然、社会、经济和土地利用等因素，采用综合分析法、空间分析法与文献资料法，分析北京市合理的农村居民点用地整理潜力，针对研究区提出了分区、分模式、分设标准研究农村居民点整理的模式和方案、实施农村居民点用地整理潜力的备选方案和推荐方案，并提出了推进农村居民点用地整理的政策建议。研究认为：农村居民点用地整理是一项系统工程，对其潜力的估计不能单纯套用人均建设用地标准等指标进行，而应密切结合区域的自然地理条件、社会经济发展、土地利用及规划布局等因素，采用“三分法”

（分区、分模式、分设标准）分析来进行，并针对研究结果提出了相关建议[193]；姜广辉等以北京山区为研究区域，基于GIS以及相关数理统计软件，使用Logistic回归模型从空间角度深入分析了农村居民点变化的内部和外部驱动力。研究表明：农村居民点变化是在原有居民点的分布基础上，以一定的自然、区位等内部驱动因子为背景，受社会经济等外部驱动因子的综合影响而发生。可以认为农村居民点变化是一个由其自然资源条件、区位可达性及社会经济基础条件综合影响下的区位择优过程，应依据不同区域驱动因子的不同发展态势，探寻不同的农村居民点整理模式，加强新农村建设过程中农村居民点用地的管理[194]；方斌等通过深入调查找出了农居点用地存在的缺陷，并通过典型案例比较分析，阐述目前农村居民点整理发展的主要模式、未来农居点整理的理想模式及各种模式发展的可能性及实用领域，同时提出了未来农居点整理的发展方向和对策措施[195]；宫攀利用财务内部收益率、财务净现值、投资回收期指标对农村居民点整理成本与预期净收益进行财务评价，利用影子价格计算的间接经济价值进行国民经济评价，同时将一系列社会与生态效益指标纳入综合效益评价体系[196]；农村居民点整理的动力机制在于整理主体对整理成本和收益的比较，农村宅基地整理体现更多的是社会收益，只能由地方政府推动[197]，但农村居民点整理受多方面的影响，村民思想观念的转变及经济水平的提高、政府对农民的补偿和基础设施投入是影响农村居民点整理的重要因素[198]；同时农村居民点整理涉及房屋拆迁补偿、基础设施配套建设、土地开发整理复垦等巨额费用[199]。宅基地流转为农村居民点整理腾出空间，应该适度推进宅基地流转。农村宅基地的流转主要是因买卖、出租房屋所引起的[200]，目前宅基地流转市场日趋发达，宅基地管理应采取疏导方式而非强堵手段[201]。但农村宅基地整理的用地交易目前很不理想，宅基地的产权界定不清、“一户一宅”、严禁城镇居民在农村购置宅基地等给管理和流转造成很大困难[202, 203]。应该恢复宅基地私有性质或者是把宅基地的物权给农民[204]。

（3）农村居民点空间格局研究。国内对农村居民点空间格局研究始于20世纪30年代，严钦尚、朱炳海、刘恩兰分别对不同地区农村居民点的分布位置、与自然条件及耕地关系等进行了相关研究调查；陈述彭辩证分析了地形、交通、土地利用与居住密度的关系；金其铭对我国村落的房屋型式、聚落位置、聚落形式、聚落规模、聚落分类进行了系统研究，将我国的村落按地域划分为11个聚落区，并且分析了不同类型聚落区的特征[25]。近年来，农村居民点空间格局研究已经由描述性研究向演变性研究发展，各种定量方法、新技术被应用到研究中。尹怀庭等利用GIS方法研究了陕西省农村居民点的形成、发展的空间类型、成因等[205]；汤国安等综合应用GIS缓冲区分析、多层面的复合分析等空间分析方法，揭示了陕北榆林地区乡村聚落的空间分布受自然条件与人为因素影响的基本特征[206]；田光进等利用TM遥感图像判读的中国土地利用矢量图提取全国农村居民点信息，对农村居民点的规模、规模分布规律、空间分布规律及省际空间差异进行了分析研究[12]；田光进等利用20世纪90年代中国1∶10万土地利用动态变化数据，利用单元自动机和人工神经网络模型对中国农村居民点用地进行了区划，在此基础上，研究了20世纪90年代中国农村居民点用地动态变化时空格局。研究表明，农村居民点用地受区域位置、经济发展和国家土地利用政策的影响[207]；蔡为民等以1985年、1995年土地利用类型专题图和2003年TM影像作为信息源，结合野外实地调查，应用景观生态学理论和定量分析方法，对黄河三角洲近20年来农村居民点的景观格局进行了研究，研究认为：近20年来农村居民点景观格局发生了很大的变化，总的趋势是农村居民点在规模、数量、占用土地面积上是增加的，在空间分布上则呈现集中、密集的趋势，在形状上没有很大的变化，但呈现出形状的不规则发展状态；农村居民点景观格局表现出一定的空间差异，如农村居民点的规模、数量、分布的密集程度、占用土地多少等，在农业自然条件较好、开发历史悠久的南部山前倾斜平原区均大于农业自然条件较差、开发历史短暂的现代黄河三角洲地区；农村居民点景观格局最初与农业自然条件、开发历史密切相关，在其后的变化过程中，较多的受到经济发展、国家政策、人类活动城市发展等的影响[208]；陈晓军等以北京市房山区为例，采用渐变尺度的空间结构度量方法对平原地区建设用地的空间格局进行了定量化测度分析，结果表明：研究区居民点及工矿用地的分布与公路存在较强的空间相关关系，城镇、农村居民点、独立工矿用地对于“公路交通网”聚集分布的影响程度具有一定的差异，其中城镇和农村居民点用地对公路聚集分布的影响程度明显高于独立工矿用地；在“城市放射交通干线”的影响范围内，居民点及工矿用地的分布与“放射交通干线”具有空间相关性，“放射交通干线”对居民点及工矿用地的分布具有一定的“轴向”聚集和辐射效应[209]；张源等以云南省丽江市部分地区为例，在GIS支持下，通过构建多因素空间概率面的方式，综合运用地形和光谱特征信息，实现山区居民地遥感信息的提取[210]；姜广辉等应用GIS空间分析以及景观指数的定量分析方法开展社会经济转型条件下农村居民点内在演化规律的研究，以北京山区为研究区域，分析研究了山区不同地域层次上农村居民点分布及其变化与该区自然环境、生产环境和社会经济三方面环境要素间的相互关系，研究认为：研究区农村居民点分布格局受坡度、高程、农用地以及城镇和交通道路等自然环境、生产环境和社会经济环境的综合影响，但其分布变化则与农用地距城镇的距离和交通条件紧密相关，最后还对农村居民点分布的变化趋势进行了分析[211]；胡志斌等以岷江上游居民点为研究对象，在GIS的支持下，对居民点空间格局以及影响因子进行了较为深入的研究，研究认为：研究区大散居、小聚居的农村居民点特征显著；居民点分布主要集中在河流与道路的两侧，属于典型的高山峡谷地带居民点分布类型；居民点离散特征不显著；居民点分布与海拔存在一种非线性关系[212]；姜广辉等结合GIS技术，使用景观生态学的研究方法，对不同区位条件下农村居民点用地内部结构特征演变的区位特点进行分析，进而揭示了农村居民点用地内部结构的地域分异规律，研究发现：农村居民点用地内部结构特征具有区域差异性，在新农村建设过程中，应将农村居民点用地结构的调整纳入到城市空间结构调整内容之中，要从社会经济发展的实际情况出发统筹城乡发展，着力于合理安排城乡产业用地布局，并体现土地集约利用的方向，同时，还应根据区域特点的不同采取不同村镇规模控制标准，提出各自农村居民点用地的调整模式与途径[213]；龙花楼等利用长江沿线样带的TM数据，证实了农村宅基地扩展和转型的理论假设，即随着社会经济的发展，农村宅基地在增加的建设用地总量中所占比例将逐渐降低，最后趋于一个固定值[11, 214, 215]。

（4）农村居民点布局规划研究。张同铸等从便于领导、管理生产和改善居民物质文化生活条件角度提出了改善某些不合理分散居民点的途径[216]；曹大贵以南京市郊冶山镇为例，探讨农村居民点合并规划的方法与步骤[217, 218]；有关学者指出农村居民点整理规划包括中心村规划与空心村改造，应该结合新农村建设进行村庄整治[168, 219]；赵之枫指出，随着我国城市化进入加速时期，传统分散的村庄结构已经不能适应农村的发展需要，村庄结构正在经历由单一走向复杂、由复杂走向分化、分化走向多元的变异及重组，村庄集聚是村庄结构重组的重要途径，文中还提出了村庄微观改造规划设计与农村宏观整体规划设计相结合的规划理念[220]；研究认为应从规划设计入手改造空心村[221]，同时应注重信息收集技术、决策技术、拆迁改造技术、土地整理复垦技术、生态重建技术等[176]，另外，规划应适度考虑原有社会机理、邻里关系、人际交往形式、居住形式[199]；吕学昌指出，近年来在经济发达地区出现的农村居民点的整合与重构，是促使农民生活方式向城市居民转化的关键，以农业产业化经营为推动力，调整农村产业结构，增加非农产业的就业岗位等均被视为推动农村居民点重构的重要手段，另外，确定发展中心村的战略也是居民点重构的必由之路，是实现农村城镇化的重要途径；赵若炎以城乡交接带农村过渡、混杂、互动、系统的区位特性为切入点，从住宅和聚落两方面归纳出城乡交接带的农村聚落转型趋势；陈斌鑫选择住宅、小型邻里和邻里三种类型，将调查区域分成行政村域范围、单位聚落范围和居住单元范围三个不同尺度等级进行研究；王雪涓以金华市婺城区为例，探讨了村庄布局规划的主要步骤[222]。随着研究深入，综合分析诸多空间、非空间因素，数学规划、GIS 方法等重要研究方法逐渐应用于农村居民点空间布局规划[223-230]；王恒山等将 GIS 与常规 DSS（决策支持系统）的系统集成，利用0－1 目标规划和知识推理两种方法制定了农村居民点搬迁合并方案，建立了农村居民点布局决策支持系统[227-229]；王跃等以苏州城郊 390 个村镇为例，利用遥感和 GIS 技术提取空间分布特征参数，主要包括村镇面积、面积等级、密度以及村镇之间距离，通过统计分析，探讨了研究区村镇分布的主要影响因素和基本表现规律，分析了进行苏州郊区村镇布局调整的可能性与意义，提出了一种进行村镇布局调整的决策方法，从地理科学角度为苏州地区耕地保护和城乡统筹科学发展提供技术支持[230]。

总之，政府和各主流学者们对农村居民点节约集约利用都十分关注。政府主要关注宏观上的政策制定，学术界更多地关注农村居民点用地的整理潜力计算等理论研究，也有的学者关注农村居民点的布局问题，少数学者关注农村居民点的规模问题，期间也有新方法、新技术的应用。这些研究得出的部分结论对农村居民点集约利用土地均在不同程度上起到了积极的作用。综观目前的成果可以发现，农村居民点整理已引起众多学者的关注，在项目、规划编制等方面有了比较成熟的结论，但区域布局和配置角度的研究比较薄弱；农村居民点演变及内在机制的研究已经颇受关注，从方法和技术层面来考察居民点用地变化的研究较多，但目前对于我国不同区域农村居民点变化规律的研究较少，对成因的探讨也以定性为主[231]；农村居民点用地集约利用方面的研究不足，已有的研究也大多集中在理论阐述，实施的可操作性有待提高等。

## 1.3 研究内容、研究方法和技术路线

### 1.3.1 研究内容

以一般农村居民点和研究区域农村居民点为例，揭示农村居民点用地时空演变特征，探寻农村居民点集约用地问题、成因及其影响机理；构建科学的农村居民点集约利用评价指标体系，开展农村居民点集约用地评价研究。在此基础上，结合相关研究理论，提出农村居民点集约用地模式以及相应的调控对策，为农村居民点建设提供理论基础，为现有农村居民点的改造指明方向，从而为我国村镇规划集约用地实践提供科学理论依据。

1. 农村居民点用地演变机理

采用历史分析法、文献研究法与对比分析法三者结合的研究方法，在对我国一般农村居民点用地格局演变及其影响因素进行梳理的基础上，结合当前城镇化进程中的研究区域农村居民点用地演变特征及其驱动机制进行具体分析，揭示农村居民点用地演变机理。

2. 农村居民点集约用地评价

以农村居民点演变规律和相关研究为基础，根据农村居民点集约用地的评价目标，构建科学的、全面的、系统的农村居民点集约用地评价指标

体系，在一般土地集约利用评价方法相关研究的基础上提炼出农村居民点集约用地评价方法与模型，并将理论与实践相结合，对具体研究实例进行不同尺度的集约利用分析评价。

3. 农村居民点集约用地模式

当前有关农村居民点集约利用模式的研究不够系统化，比较笼统。本研究界定了农村居民点集约用地模式的内涵，分析农村居民点集约用地的标准，并结合国内外相关研究，提出典型的农村居民点集约用地模式。应用区域产业经济发展理论、中心地理论、核心—边缘理论、居住区规划理论、生态学理论等基础理论体系提出相应的集约用地模式，并将理论模式运用于研究案例，指出农村居民点集约利用的方向。

4. 农村居民点集约用地调控机制

根据农村居民点集约用地调控的目标与方法，借鉴行为决策理论，从农村居民点用地利用行为主体视角分析、探讨农村居民点集约调控运作机制，并从制度、经济、技术等方面提出切实可行的农村居民点集约用地实施与保障措施。

### 1.3.2 研究方法和技术路线

从系统论和集约利用的角度，采用宏观、中观和微观相结合的方法。宏观侧重空间布局、政策及机制研究，中观侧重城乡一体和统筹研究，微观侧重集约利用模式归纳与设计。同时在信息技术等支持下，兼顾社会调查，定量和定性相结合，选择典型地区进行实地调研和实证研究，并结合室内理论总结，探索我国城市化发展新形势下农村居民点用地集约利用问题及其调控措施。

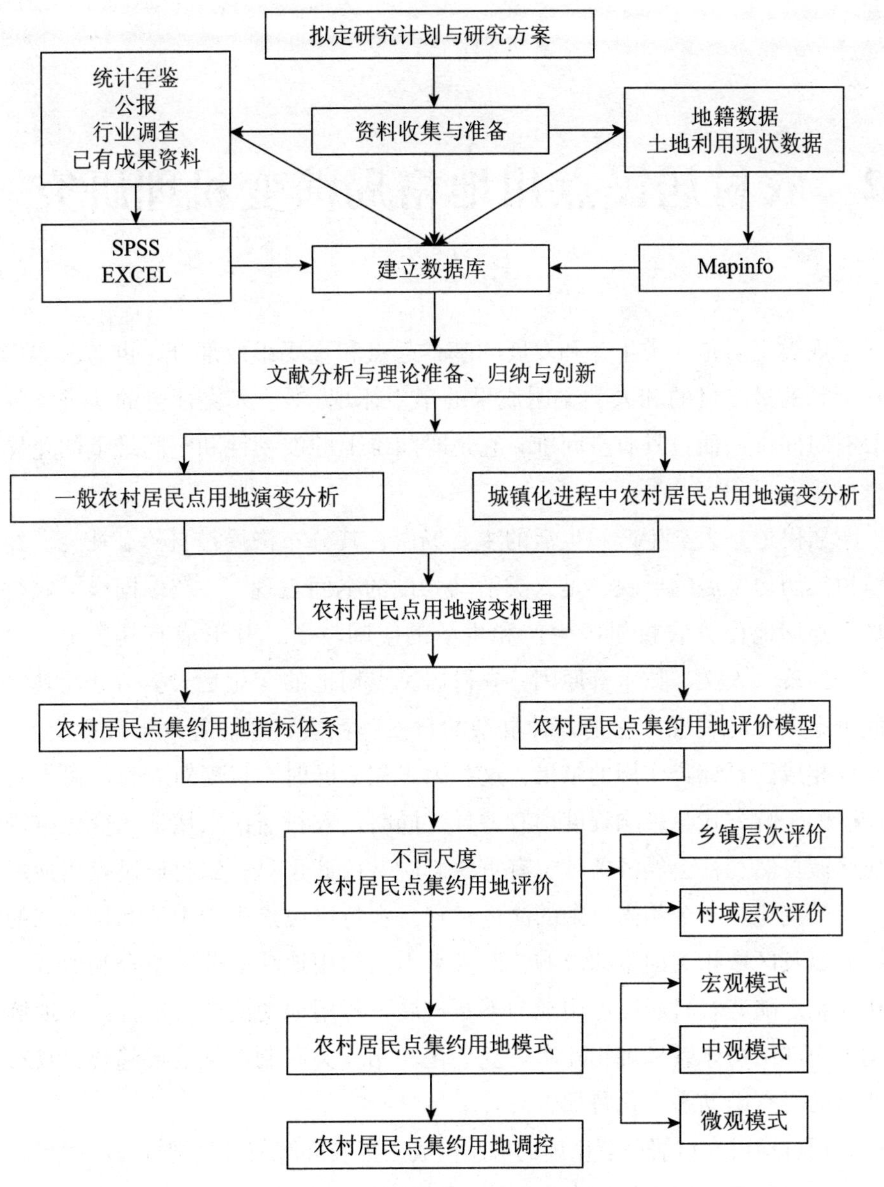


**图 1－8　研究技术路线流程图**

# 2 农村居民点用地格局演变机理研究

人类聚居是人类生存和发展的基本起点和重要组成部分，也是人类生产活动的最终目的和人类文明成果的集中体现[232]。人类社会的演进不仅具有时间维，而且具有空间维，它是时间维上的波动性和空间维上的差异性的耦合过程[233]。

居民地是人类生产和生活的主要场所，其分布格局是自然、社会、经济以及历史发展的反映，是人类活动强度的空间表现[234-236]。同样，农村居民点用地作为农村居民生产和生活的空间场所，其形成有其历史、自然、经济、人文、技术等原因，农村居民点用地的变化是人类活动及其空间分布差异的表现。它是各种复杂的自然、社会、经济等众多彼此交互、相辅相成因素综合作用的结果，这些因素在不同时空尺度对农村居民点所产生的影响方式与影响程度均有差异。同时，农村居民点用地的变化格局对区域自然和社会经济条件也有重要影响。由此可见，农村居民点用地形成及其变化是一个相当复杂的演进过程。农村居民点由于土地利用形态的差异以及区域相关因素的影响，形成了不同的用地功能分区组合和地域结构体系。随着农村居民点用地的不断扩展，各用地功能分区组合以及地域用地内部结构体系呈现相互影响复杂化和相互关联制约性发展趋势，具有明显的时空维动态变化特征。

通过探讨农村居民点用地的形态构成，正确理解与准确把握农村居民点演变的动态规律，研究农村居民点格局与区域影响因素之间的相互关系，可以揭示农村居民点用地的区域差异性和用地比例合理性，预测农村居民点用地的发展方向和趋势，实现科学合理组织农村居民点区域人类活动与优化农村居民点用地配置有机结合，促进农村区域整体系统协调发展。但近年来对农村居民点用地扩展的研究相对颇少[156, 157, 182, 207, 208, 213, 237]，而且侧重于对其整体用地状况的研究[12, 174, 238-242]。在这种背景下，对农村居民点扩展演变机制的研究至关重要。本章以一般农村居民点和典型农村居民点为例，对农村居民点用地演变机制进行分析研究，旨在为改善农村居民点的土地利用状况、促进农村城镇化的进程提供参考依据。

## 2.1 一般农村居民点用地格局演变过程分析

土地，历来是人类赖以生存和发展的重要物质基础。自从人类开始种植与定居，便开始了土地利用的历史[243]。居民点的形成与发展是社会生产力发展到一定历史阶段的产物和结果。农村居民点作为农村人地关系的表现核心，其形态、规模以及分布在历史变迁中经历了若干重大转折，反映了农村居民点与周围社会经济、自然环境的相互作用和人地互动的足迹。中国农村由小农经济社会向现代工业社会的过渡与农村产业的发展和城市化的加速，促使了人们生产方式、生活方式和就业方式的变化，也带动了农村居民点空间结构及乡村面貌的迅速更替和发展[181, 244-246]。

### 2.1.1 我国农村居民点用地格局演变及其发展

资源与环境问题使人类重视自身的聚居环境问题，聚居背景、聚居活动和聚居建设是构成人类聚居环境的三要素。乡村聚居环境是人类聚居环境的重要组成部分，其主要研究内容包括乡村的聚居背景、聚居活动和聚居建设的变迁和问题[247]。乡村聚落空间结构是指在特定生产力水平下，人类认识自然、利用自然的活动及其分布的综合反映，是乡村经济社会文化过程综合作用的结果，在不同社会经济发展时段和区域背景中，它的形成过程及形态各具特色。乡村聚落空间结构在其驱动机制（见图2-1）作用下，以集中和分散为基本运动形式，乡村聚落空间形态按阶段顺次推进，不同层次形态呈现复合螺旋发展状态（见图2-2），构成其空间结构演化的基本模式，在其演化过程中，乡村居民心理上对空间的需求与村庄立地自然环境条件的耦合决定了村庄用地布局的组织形式[248]。由此可见，农村居民点空间格局的演变研究是乡村聚居环境的重要核心内容。农村居民点用地空间格局的演变结果体现了农村环境条件自身和城镇与农村之间多种因素对其综合作用的过程。

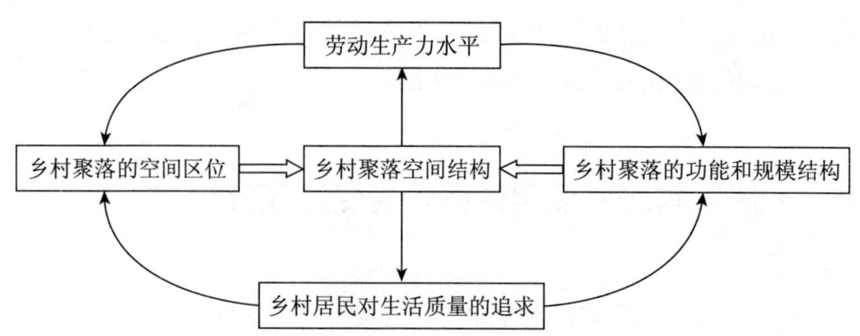


**图 2－1　乡村聚落空间结构变化的动力因素**

资料来源：范少言．乡村聚落空间结构的演变机制［J］．西北大学学报（自然科学版），1994.

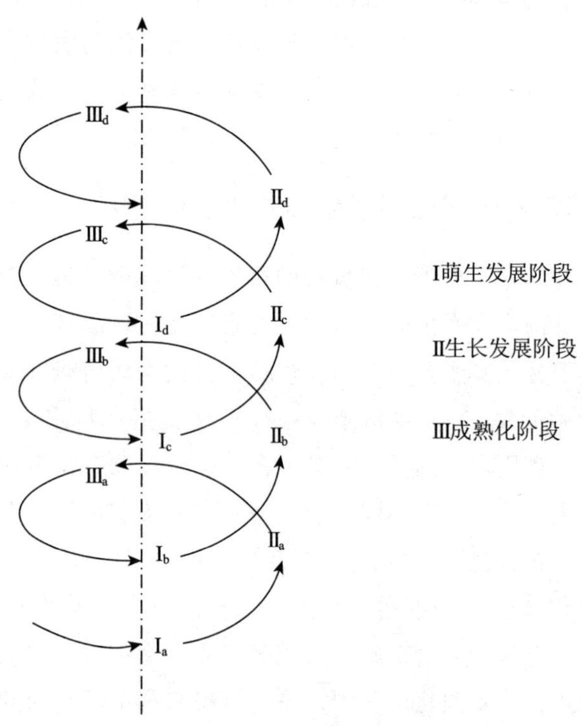


**图 2－2　乡村聚落空间结构演化动态模式**

资料来源：范少言．乡村聚落空间结构的演变机制［J］．西北大学学报（自然科学版），1994.

1. 传统农村居民点

作为人类最早出现的聚落单位，村落的空间演化过程清晰地对应着农业文明演进的轨迹[249]。原始社会人类过着依附于自然的采集经济生活。人类产生之初的旧石器时代是人类聚居萌芽和发展的重要历史阶段，当时生产力水平极度低下，人的生存状态完全由生态系统的内在法则支配，人类居住生活场所以巢居和穴居为主，尚不能形成类似于村落的永久性居民点；新石器时代，生产工具等的发明使人类生活方式由依靠天然食物的采集狩猎阶段向利用农业技术开发农业资源的原始农业阶段转变，为人类定居提供了广泛的可能性和必要性，从而出现了真正意义上的原始聚落——以农业生产为主的固定村落。我国的黄河中下游、埃及的尼罗河下游、西亚的两河流域都是农业发展较早的地区，这些地区的农村居民点出现得也最早（见图2-3）。

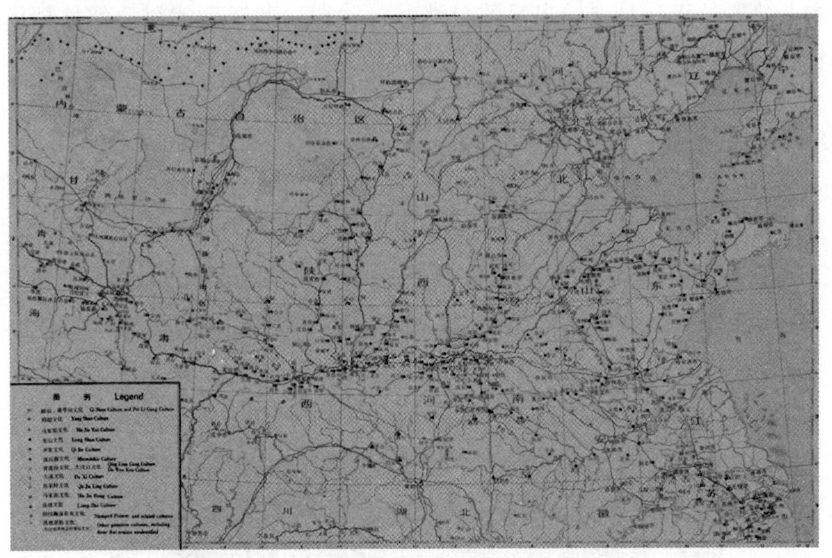


**图2-3 新石器时代黄河流域农村聚落遗址分布**

资料来源：黄河流域原始社会晚期遗址图（新石器时代），中国历史地图集（光盘）[M].北京：中国地质出版社.

考古资料表明，有些新石器时代遗址出现了窟室和房子的遗迹。若干处早期的房子共同组成萌芽状态的村落，并逐渐发展成为定型的具有圆形形态结构特征和明显用地功能分区特征（见图2－4、图2－5）的原始村落[249]。研究表明[250]：约6000年以前的西安半坡村氏族公社聚落规模相当大，每个聚落都是氏族或胞族的居住地，内部包括居住区、制陶工厂和公共墓葬区三部分。居住区40余座房基紧排在一起，大的房屋有60～150m²，中等的有30～40m²，小的有12～20m²，房屋中央有一个火塘，供取暖、煮饭、照明使用。因此，原始的乡村聚落并非单独的居住地，而是由生活、生产等各种用地配套建置在一起。这种配套建置的原始乡村聚落，孕育着规划思想的萌芽[24]。在农牧业较发达的地方，散布着许多母系氏族公社的村落，尤其是中心区域，其村落规模与分布密度已相当大；随着以氏族公社为单位的原始共产主义经济实体逐步瓦解成为以家庭或以家族为单位的私有经济形式，形成由原始农业阶段具有中心感的村落圆形结构形态（见图2－4、图2－5）逐步向传统农业阶段以方形单元簇集为特征（见图2－6）的村落形态演变，更加适应了村落规模的不断增长。但传统农业阶段处于一种自给自足的自然经济阶段，此时期的村落整体规模较小且布局分散，村落形态具有封闭、内向（见图2－7）的特征。

**图2－4　西安半坡村复原图**

资料来源：http：//lh3. ggpht. com/_ wQhtv3g7hG4/RrTGG3AvOYI/AAAAAAAADpk/Hjv20SMK68g/RIMG1583. JPG

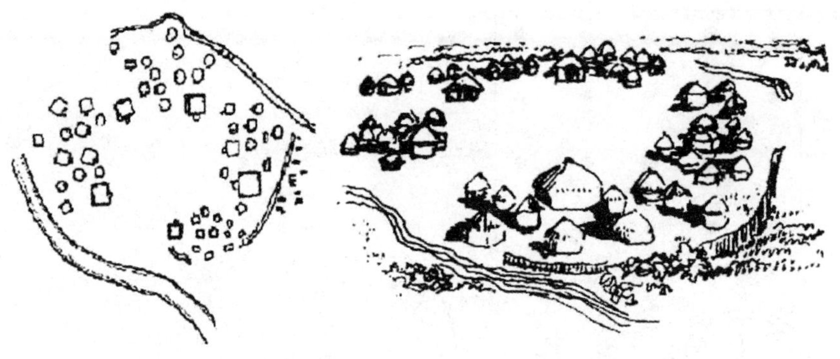

**图 2 –5 临潼姜寨平面示意**

资料来源：沈福煦，中国古代建筑文化史［M］. 上海：上海古籍出版社，2001.

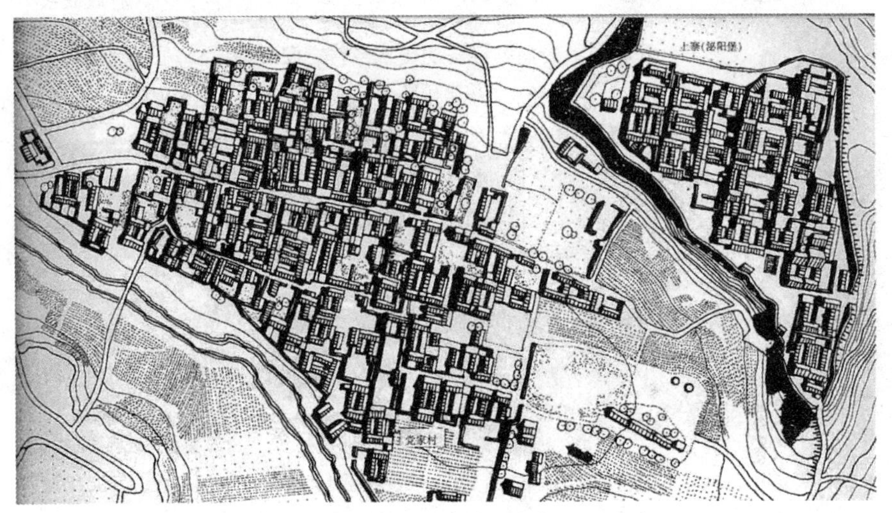


**图 2 –6 党家村平面图**

资料来源：周若祁，张光．韩城村寨与党家村民居［M］. 西安：陕西科学技术出版社，1999.

随着人类生产力的提高，生产方式的改进，原来的居民点发生了分化，区分出了城市与农村。有关研究揭示了我国农村聚落历代区域分布情况（见图 2 –8）。城市兴起后，我国农村产业发展在以农牧渔业为主导的环境下，农村聚落具有村落规模大小不一的时代特征，既有个别住户的孤村，也有数百人口的大村。封建社会时期，中国大村多以大地主宅地为中心，四邻住着佃户或者帮工。村落中阶级对比明显，表现在居住房屋类

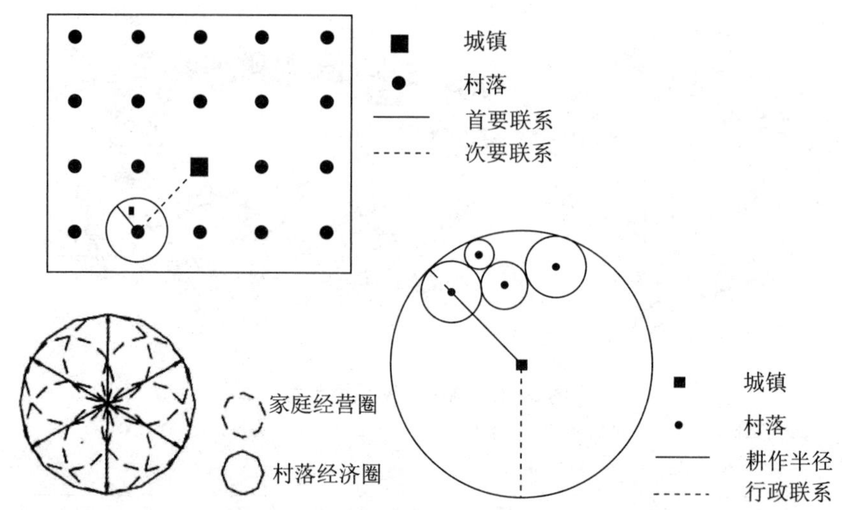


**图 2-7 内向型经济的传统乡村空间结构**

资料来源：张小林．乡村空间系统及其演变研究［D］．南京：南京大学，1997.

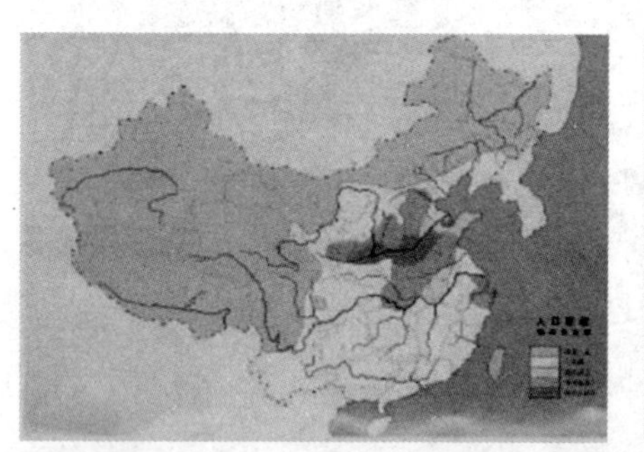

(a)战国聚落和人口分布图(公元前340年前后)

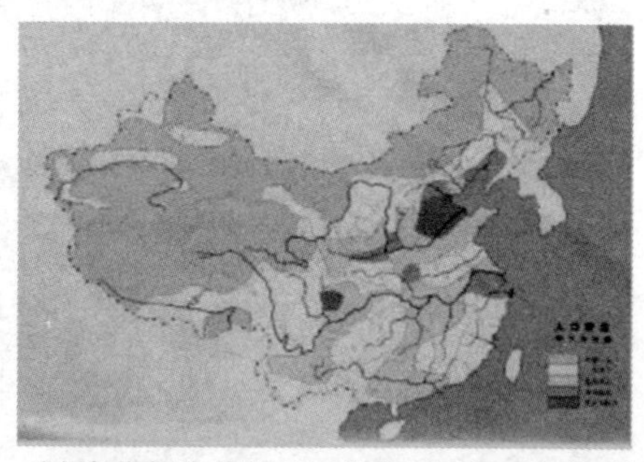

(b)南北朝聚落和人口分布(公元500年前后)

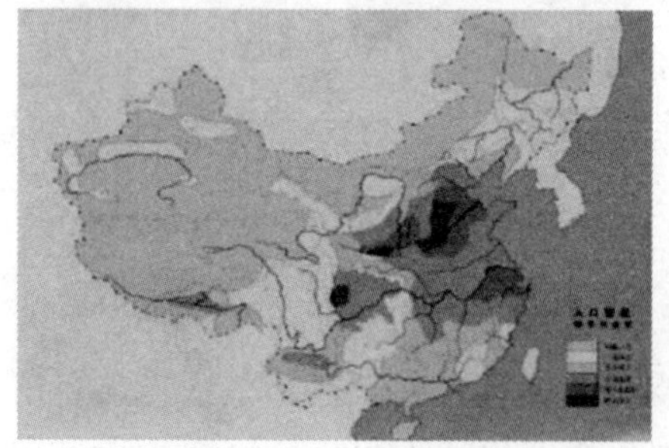

(c)唐代聚落和人口分布图(公元755年)

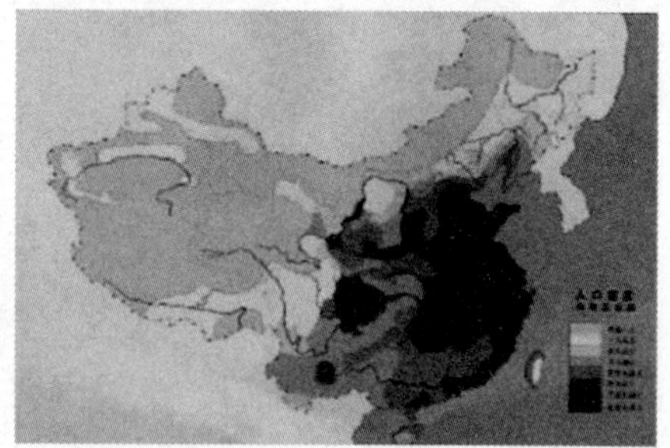

(d)清代聚落和人口分布图(公元1566年)

**图 2-8 农村聚落历代区域分布示意**

资料来源：路遇，滕泽之．中国人口通史［M］．济南：山东人民出版社，2001.

型、附属街道类型、居住人均规模方面[250]。随着农业文明向工业文明的逐步演进，在发达的手工业生产和乡村市镇背景下形成的传统聚落走向衰败[249]。瞻淇的现状研究表明：民国后乡村贵族和士绅势力衰败后，村落内部扩建的住宅分布比较自由、形成的街巷和坦（广场）形状不甚规则，这揭示出村落已缺少统一的规划（见图2-9）[251]。

**图2-9 民国后期趋向于无序发展的瞻淇村落**

资料来源：东南大学建筑系．瞻淇［M］．南京：东南大学出版社，1996.

人居环境的形成、创造与发展深受不同地域自然因素和不同国家、地区社会条件的影响，从而形成不同的居住文化[252]。总的说来，中国从有文字记载历史以来，直到解放前，在漫长的三四千年间，聚落的发展与变化是比较缓慢的，许多村落和集镇城市，可以说几千年来没有什么变化，但其建筑艺术、聚落规模和密度还是有差异的[26]。乡村聚落的发展是历史的、动态的，有一个定居、发展、改造和定型的过程。在其演进历史进程中，乡村聚落的形态由散村向带形聚落向团状乡村聚落转变（见图2-10）。

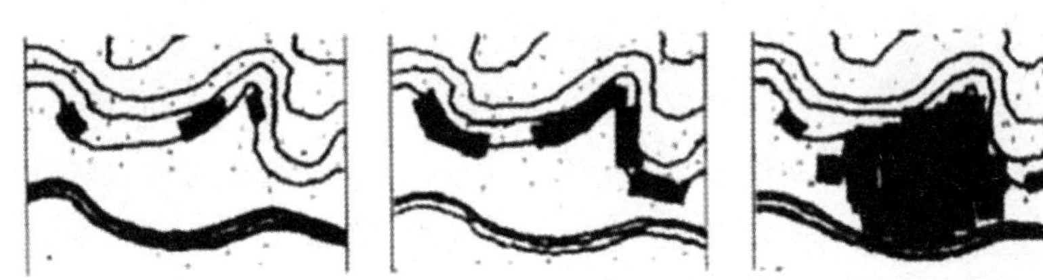

**图2-10 乡村聚落演变示意**

资料来源：梁雪．传统村镇实体环境设计［M］．天津：天津科学技术出版社，2001.

从乡村聚落形态的演化过程看，上述过程实际上是一种无序到有序，由自然状态慢慢过渡到有意识的规划状态[24]。传统聚落环境空间结构是由中心——以“点”形态构建空间核心、方向——以“线”形态构建空间走向和结构脉络、领域——以“面”形态构建具有边界的封闭形态为活动空间（即几何元素中的点、线、面）三元素，以几何形的坐标系统和几何结构方法构建的空间体系。我国传统聚落分布广而且居住环境空间形态多异，常见的空间形态有集中型［见图2－11（a）］、组团型［见图2－11（b）］、带型［见图2－11（c）］、放射型［见图2－11（d）］、灵活型［见图2－11（e）］、象征型［见图2－11（f）］[252]。

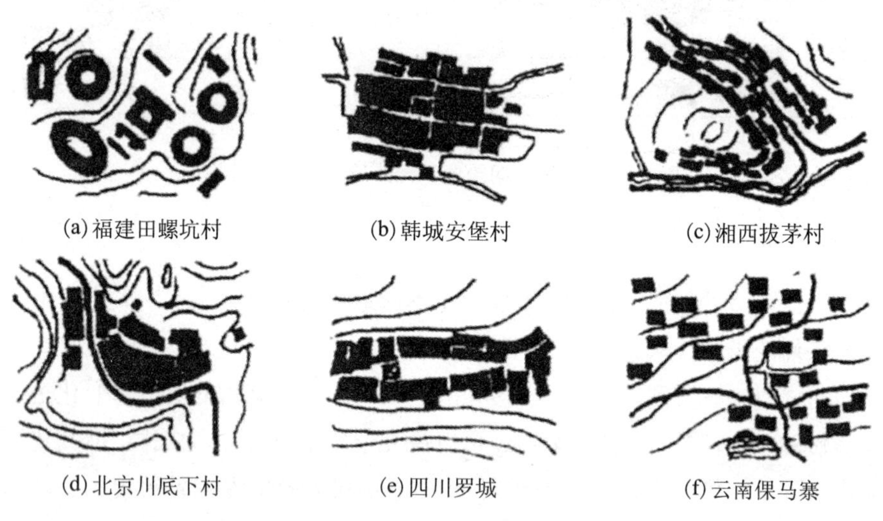


**图2－11　村落聚落形态的类型**

资料来源：业祖润．中国传统聚落环境空间结构研究［J］．北京建筑工程学院学报，2001.

2. 近代农村居民点

新中国成立初期，中国依然处于传统农业社会。基于工业化的目的，国家从政治、经济、文化等领域全面介入乡村生活，实现了乡村社会的重新建构，缔造出新的秩序均衡。乡村演化的自组织机制让位于对国家意识的绝对服从，系统演化表现出被动变迁的特征。聚落空间作为承载系统演化的载体，聚落内、外部形态及建筑形态各个层面不可避免受到了一定程度的影响。新中国成立后人口政策导致农村人口规模激增的现实压力对改善居住条件提出了客观要求，但受经济发展水平的影响（代表性指标包括低水平的农民收入增长、普遍低下的农村家庭经济水平、明显贫困的消费结构），村落外部形态拓展受到明显制约，传统的居住形态并无多大的改变，人口增多与居住条件恶化的矛盾只能通过住宅内部改建和少量扩建来解决（见图2－12）[249]。广大乡村农民住的大部分仍是旧房老屋，居住条件改变不大。

**图2－12　1949—1978年桑园蒲村落形态拓展的四种主要方式**

资料来源：李立．乡村聚落：形态、类型与演变：以江南地区为例［M］．南京：东南大学出版社，2007.

20世纪60年代以后，随着农村经济状况的逐步好转，改善居住条件被村民提到了议事日程，有不少农户开始了翻建新居。但直至1978年年底中共十一届三中全会召开之前，乡村居住形式变化都不大，其形式大致为草房、瓦房、石板房、平顶房等[253]。在此期间，伴随着全国农村土地改革运动、兴修水利和救灾活动、农业合作化运动的开展，乡村建设也逐步开展起来，各项事业进入了有组织、有规划的发展阶段，农村居民点建设也有了新的发展。1957年中共中央公布的《1956—1967年全国农村发展纲要（修正草案）》提出："随着合作社生产的发展和社员收入的增加，农业合作社应当根据需要和可能，鼓励和协助社员在自愿、互助、节约开支和节省用地的原则下，有准备地、有计划地分期分批地修缮和新建家庭住宅，改善社员的居住条件。”据此要求，农村居民点建设的示范工作相继展开。但受严重的“左”倾思想的影响，人民公社时期的乡村建设出现了严重错误，农村人民公社居民点的规划、住宅和公共福利设施的设计、建造以及公社工业企业的建设盲目发展，出现了“描绘共产主义蓝图”的人民公社理想规划（见图2－13）。随着1964年“农业学大寨”活动的开展，全国兴起广泛推广（包括新村建设）大寨经验。但在“左”倾错误思想的影响下，盲目机械地推行大寨新村建设的规划格局，全国范围内出现了兵营式的“排排房”。当然，在“农业学大寨”时期，个别地方突破大寨经验束缚自建共住，一些社员自筹资金、材料，根据需要建造独门独户住宅，但这些好的做法在当时都受到了不良批判。从1953—1963年的10年大寨期间，全国大多数农民居住条件没有多少改善，总之，该历史时期中国村镇建设基本上跟着政治走，缺乏科学、合理的规划[28]。乡村聚落的营建虽然表面上仍旧维持就地发展的格局，表现为地道的传统特征的延续，但聚落发展其实已经背离了其传统时代的发展轨迹，村落特色消失，徘徊于传统与现代之间[249]。

**图2－13　人民公社的理想规划图景**

资料来源：张乐天．人民公社备忘录［J］．华夏人文地理，2002.

改革开放前我国农村建房增长非常缓慢[215]。一方面，农户经济状况的差异决定了农民改善居住条件需要经历一个缓慢的渐进过程，表现为住房营建上的时序差异[249]。需要提及的是，尽管我国在自然资源条件及人力资源方面存在显著的区域差异[254, 255]，但那时处于传统计划经济体制下的区域农村经济发展水平差异性并不明显，较低的经济收入在一定程度上使农民想改善自身住房条件的愿望实现的可能性几乎为零[215]；另一方面，"左"倾思想、住宅产权归属问题以及类似"四世同堂"的传统观念以及其他诸如"资本主义自发倾向""修建资产阶级的安乐窝"等不良社会风气也限制了农村住房的发展[28, 215]。

3. 现代农村居民点

1978 年以来，我国由传统社会向现代社会加速转型。土地制度的变迁和国家对待乡村问题意识形态的转变深刻影响了乡村系统的各个领域，乡村在多个方面都表现出新的特征[249]，根据工作重点，我国的农村建设分为 1979—1986 年的农房建设（引导逐步富裕起来的农民有序建房，遏制农民建房乱占耕地）、1987—1993 年的村镇建设（乡镇企业异军突起，农村建设范围扩大，管理逐步规范化）及 1994—2005 年的小城镇建设（农村管理制度化，城镇化发展要求）三个发展阶段[28]，村落形态表现出新的特征，乡村住房也发生了新的变化（见图 2 – 14、图 2 – 15、图 2 – 16、图 2 – 17）。

随着市场经济的引入，农民收入的显著提高，人们的思想观念、价值取向和行为模式也发生了改变，具备了改善住房条件的现实可能性。同时，农村人口增长、户型结构及相关经济活动的变化刺激了农村住房的增长[17]。据有关研究统计[256]，1978—1984 年这 6 年间，全国农村新建住房占地 $3.47 \times 10^5 hm^2$，超过新中国成立前 30 年乡村建房的总和。从 1979 年以来，每年全国约有 5% 农户建房，全国农房建筑每年占地为 5 万 ~6 万公顷。期间，农村宅基地选址有从山上向山下推移，由行路不便区域向交通要道逼近，由偏僻地域向城镇郊区集中的趋向（见图 2 – 18）；家庭居住条件具有家庭规模小型化、多院落、新旧房屋更替周期短期化的特点[215]；房屋由草木结构向砖瓦结构再向钢筋水泥结构发展，由低矮阴暗的平房向高大明亮的楼房发展，农村居住条件改善，居住空间扩大；居民点由集中向分散发展，单家独院日益增多；农民在市郊购房、城镇建房的数量日渐增多；一些富村或乡镇企业对一些弱村穷村进行兼并；室内家具由传统式向新式、现代组合式发展；一场不甚起眼但又与居住形式密切相关的“厕所革命”在广大乡村悄然兴起[253]。从1982年起，中国村镇建设从单一的农房建设进入到各个村庄和集镇进行综合规划、综合建设的新阶段[257]。

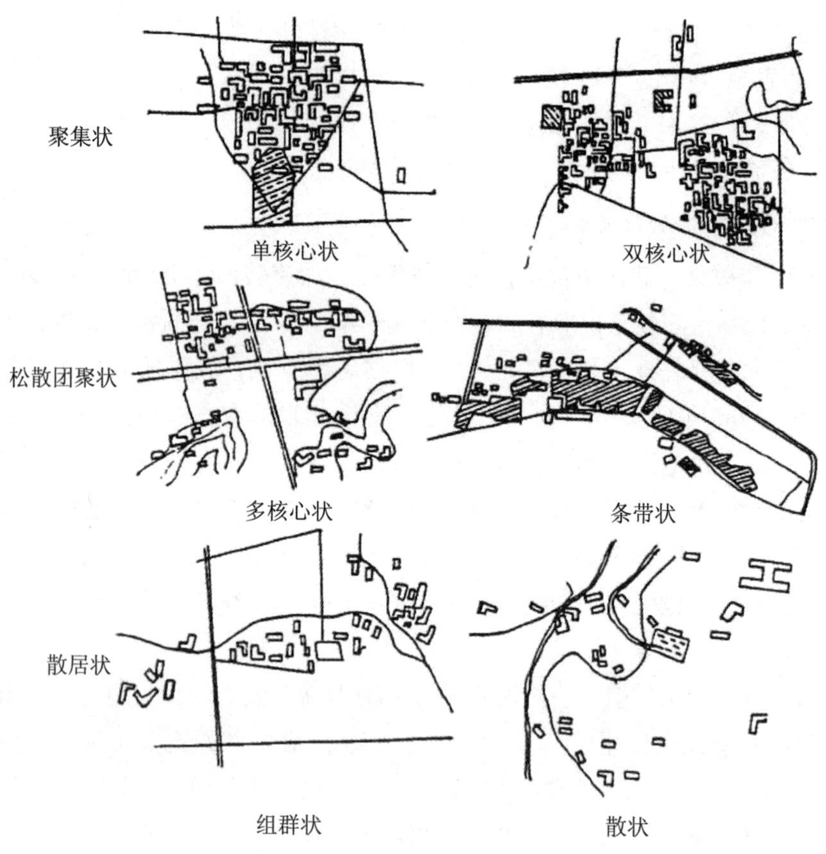


**图2－14　陕南村庄平面类型**

资料来源：李瑛，陈宗兴．陕南乡村聚落体系的空间分析［J］．人文地理，1994.

空心村

新农村建设试点

小城镇的马路经济

农村建房潮

某富裕农村的兵营式建设

民间原生而稚嫩的乡土情怀

村镇聚落的美学困惑

某移民建镇安置点

某农村的“就地”城镇化

**图 2－15 村镇聚落的空间重构形态**

资料来源：郁枫．空间重构与社会转型——对中部地区五镇变迁的调查与探析［D］．北京：清华大学，2006.

**图 2－16 中部地区典型的农业聚落“大分散、小聚居”格局（河南省）**

资料来源：google earth.

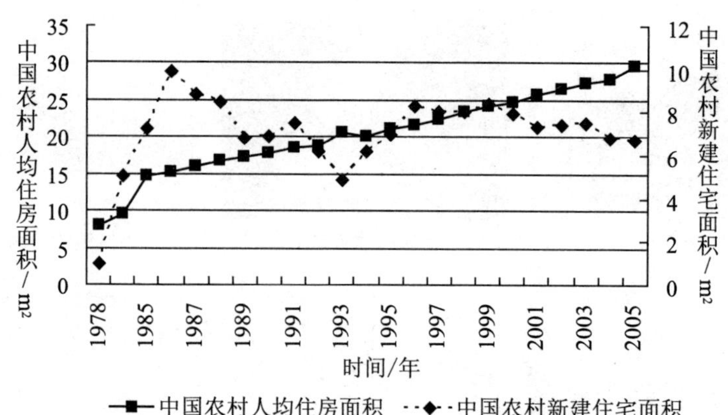


**图 2-17　中国历年农村住房变化情况**

资料来源：中国农村统计年鉴。

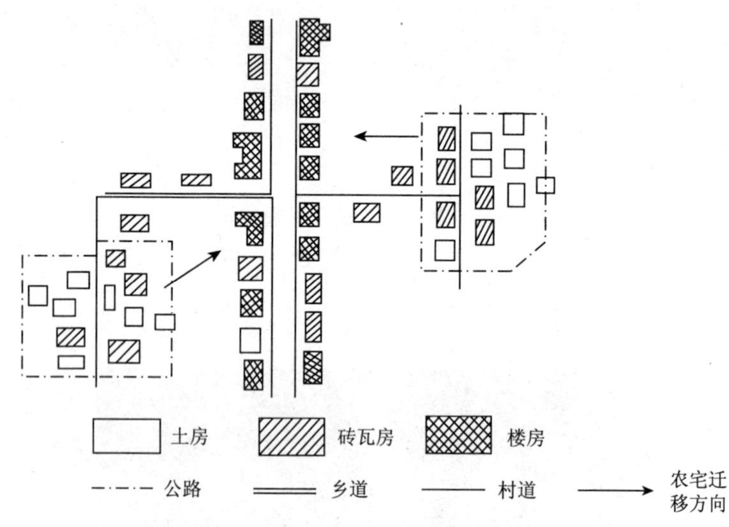


**图 2-18　农宅区位变迁示意**

资料来源：李瑛，陈宗兴．陕南乡村聚落体系的空间分析［J］．人文地理，1994.

当前，社会经济的发展带来村镇建设的高潮，但我国广大乡村建设尚未摆脱自然演进的模式，巨大的投入并未带来良好的居住环境，村镇重复建设、无序扩张、千篇一律的现象极为普遍[24]。同时由于政府对农村建房缺乏必要的监督和指导，农民建房的自主性导致了农村聚落的无序发展（见图 2-19）[220]。村镇建设的自然演进改变了乡村聚落形态，村落建设和村落形态的变迁使区域景观格局在不同阶段都呈现出新的多元特征。我国村镇数量呈总体下降趋势，但农村居民点用地规模变化仍呈低速增长趋势，区域变化差异显著（见图 2-20）[60]。农村建房扩张容易导致耕地的流失[258, 259]。出于保护耕地的目的，各省针对农村建房都制定并出台了有关限制标准，但发展过快的趋势仍未能得到有效控制[214]。目前我国许多省份都不同程度地存在“空心村”、闲置宅基地、空置住宅和“一户多宅”现象（见图 2-21）。

**图 2-19　快速改变的村落形态**

资料来源：李立. 乡村聚落：形态、类型与演变：以江南地区为例［M］. 南京：东南大学出版社，2007.

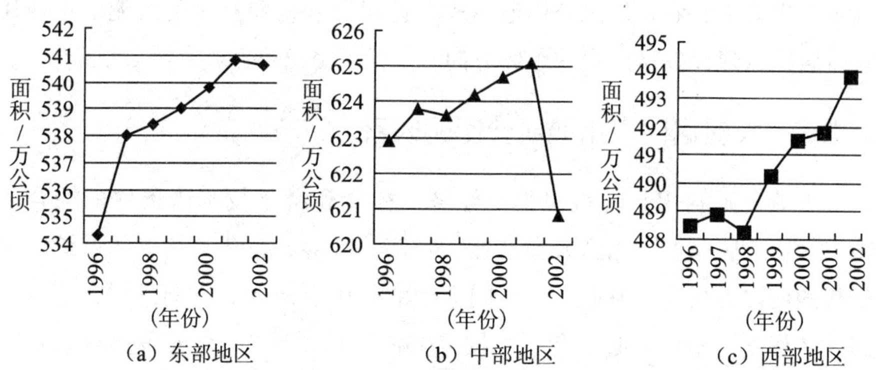


（a）东部地区　（b）中部地区　（c）西部地区

**图 2-20　我国不同年份不同区域农村居民点用地规模**

资料来源：国土资源部 1996—2002 年土地利用变更调查数据.

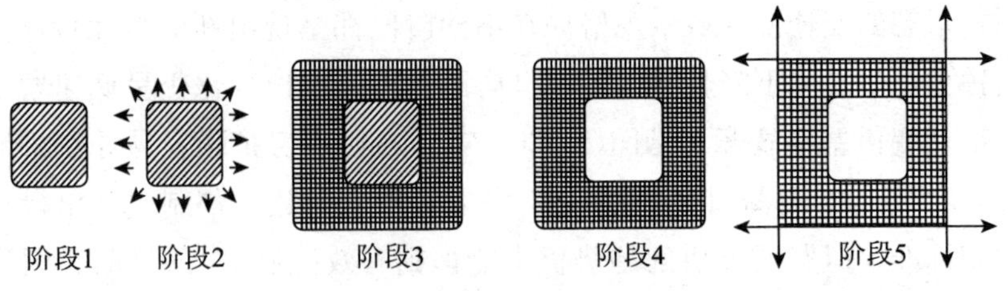


**图 2-21　空心村形成机理**

资料来源：范红轮．继承与发展——快速城市化地区“空心村”现象及其可持续发展对策[J]．福建建筑高等专科学校学报，2001.

农村居民点是复杂运动的矛盾体，农村居民点用地演变的过程就是在有序与无序之间寻求平衡的一种复杂动力学过程。我国农业大国的基本特点决定了乡村地区是中华民族的主要聚居地。即使城市化水平不断提高，乡村仍然是我国重要的人类聚居地。目前，我国正处于近代乡村向现代乡村转变的过渡阶段，现代社会经济和政策体制的发展与转型对乡村建设产生了前所未有的冲击，深刻地影响和改变着我国乡村空间格局。乡村建设快速发展，规模和尺度不断扩大，但村镇建设繁荣的同时人类往往忽略了其对人类聚居环境带来的负面效应，没有得到应有的认识和足够的重视。显然，原有的农村居民点用地粗放利用模式已经完全不适应形势的发展要求，如何真正有效地协调农村居民点区域发展、解决资源紧张、提高人居环境质量是当务之急。注重农村居民点发展与乡村环境的和谐统一，依据农村居民点用地发展、演变的历史文脉，农村居民点空间布局因地制宜地逐步适当集中，农村居民点用地模式由无序发展走向有序集约无疑是现代农村居民点建设发展演变的总体方向。

### 2.1.2　农村居民点用地演变影响因素

土地资源利用是区域自然、经济、社会和科学技术诸条件的综合表现[243, 260]。居民点演化是人类自然、经济、社会、文化、技术的沉淀。在最初的居民点村庄的基础上，不同类型的居民点向什么方向发展，能发展到什么程度，是许多必然和偶然因素共同促成的[261]。组成聚落空间形态的空间要素演化规律的实质是一种复杂的人类政治、经济、社会、文化活动在历史发展过程中交织作用的物化，是在特定功能的建设环境下，人类各种活动和自然因素相互作用的综合反映，是技术能力与功能要求在空间形态的具体表现[262]。

农村居民点的用地演变特征及其规律通过农村居民点的空间分布和形态特征来体现。农村居民点作为农村人地关系的表现核心，其空间分布及其变化特征主要受内部驱动力和外部驱动力的综合影响，具体包括区域自然环境、生产环境和社会经济文化环境三种环境因素的影响[241, 263]。外部驱动力是土地利用转化的诱因，它的改变是引发农村居民点变化的原动力，在此基础上，农村居民点发生变化与否、变化的方向则取决于农村居民点内部限制因子[194]。一般来说，自然环境诸因素是变化较小的，而生产环境和社会文化环境则随着生产力的发展在不断变动，它们是引起农村聚落演变的主要因素[25]。在所有影响因素中，生产力是最主要的因素，它的发展水平决定着乡村聚落的发展规模和空间结构，同时自然环境对乡村聚落的影响程度也往往受制于生产力发展水平。随着生产力发展水平的提高，乡村聚落逐渐形成和发展，历经了从原始聚居到分散的乡村聚落再到固定的乡村聚落的发展阶段；同时，由于生产力发展水平的差异，乡村聚落表现出明显的空间差异，相同或相似的自然环境中，乡村聚落会有不同的发展水平和聚落形式。乡村聚落作为自然、社会因素共同作用下的产物，存在着显著的区域差异，表现出不同的区域特征，而这种差异往往体现在聚落的规模大小、聚落中房屋的形式和结构、聚落的民族习惯、文化传统、经济发展水平及生产方式等多个方面[264]。

1. 自然影响因素

聚落形态涉及人类适应、改造自然的全过程，其空间特征更是直接受到地形、气候、水文、资源等自然因素的影响（见图 2－22、图 2－23）。早期的人类居民点大多顺应自然地理环境构建而成，如《齐民要术》中指出："顺天时，量地利，则用力少而成功多"[249]。自然环境作为建筑的空间载体及人们的生存空间，往往影响着住区建筑形式、住区规划设计和人们的居住心理和行为[147]。优越的自然条件是居民点产生并发展的必要前提。作为人类赖以生存的自然环境条件（如地质地貌、气候水文、土壤植被等）以及自然资源（如耕地资源、矿产资源、动植物资源等）的丰饶度、组合形式以及基础设施状况，都将促进或制约居民点的产生与发展[265, 266]。在传统农业社会中，乡村聚落的空间结构形成与发展与该区土地资源状况有着极密切的关系，而土地资源状况又决定于该区自然地理要素的分布（图2-24）[205]。一般来说，自然因子是一个根本的制约性因子，其对土地利用变化的影响是个缓慢积累的过程[194]。我国地域辽阔，自然条件的差异决定了我国农村居民点在分布形式、分布规模上呈现出较大的差异[215]。

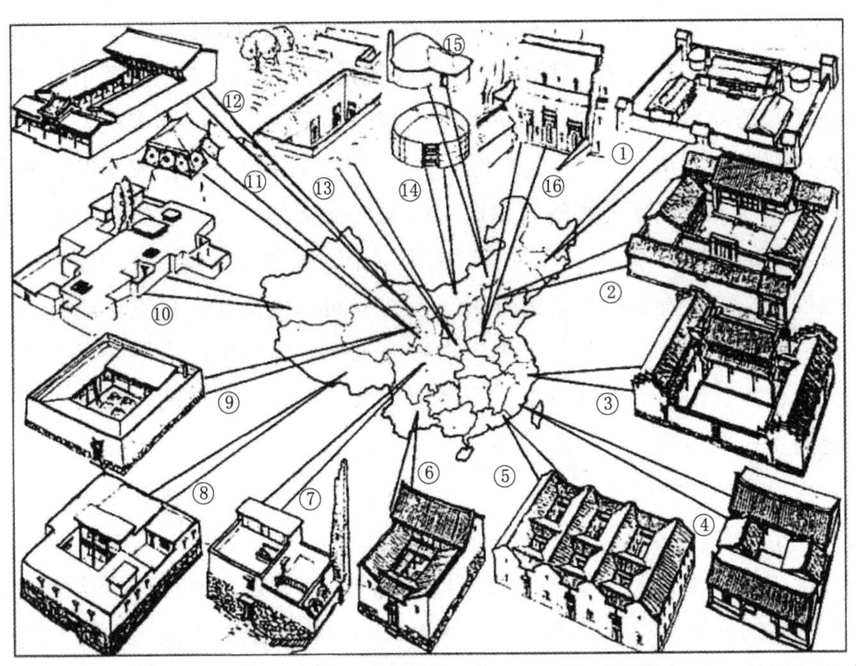

**图2-22　我国不同的气候及自然环境区域产生了不同的聚居空间类型**

资料来源：刘致平．中国居住建筑简史［M］．北京：中国建筑工业出版社，1990.

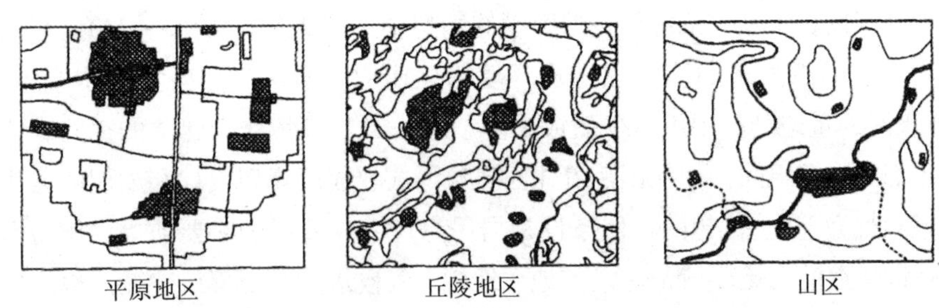


**图2-23　不同地貌类型区农村居民点分布比较**

资料来源：杨庆媛，田永中，王朝科，周滔，刘筱非．西南丘陵山地区农村居民点土地整理模式——以重庆渝北区为例［J］．地理研究，2004.

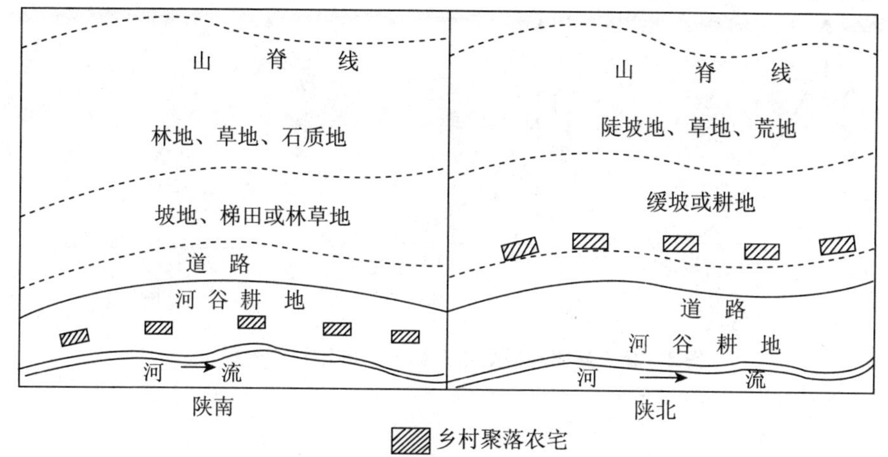


**图 2－24 陕北和陕南乡村聚落内部空间结构及土地利用示意**

资料来源：尹怀庭，陈宗兴．陕西乡村聚落分布特征及其演变［J］．人文地理，1995.

2. 经济影响因素

社会经济演变的时空不可分离性被转移到作为一切社会经济活动载体的土地上，造就了十分复杂的土地利用格局，而该格局的变化又会影响到自然、生态和社会发展的进程[267, 268]。

经济的发展意味着生产力和生产关系的共同发展，其具体内容涉及生产方式、经济制度、产业结构、经济流通等诸多方面，它们均对乡村聚落空间形态产生影响[249]。经济影响因素主要包括人口变化、技术进步、经济增长的发展水平和结构特征、未来的开发潜力等。居民点的大小取决于人口的多少[261]，传统农业社会生产力的缓慢进步及人口的不断增加对乡村聚落的长期发展影响极大。赫德森模型显示了人口规模与占据地区开拓与扩展过程的联系（见图 2－25）。拜鲁德模型显示了聚落扩散的四种类型[205]（见图 2－26）。人口增长带来的居住需求压力增大，将会导致更多的土地用于建造房屋，从而导致农村居民点用地规模扩大[265]。技术的进步是社会发展最根本的动因，农业技术与工业技术革命以及人类正在面临的关于信息技术的有关讨论，是使当今社会生活的各个层面发生深刻变革的动力基础[249]。生产方式及其产业发展在极大程度上决定着乡村聚落的基本格局，对于以农业生产为主的乡村聚落，耕作制度和耕作方式是影响乡村聚落规模和布局的主要因素[24]。乡村经济水平影响着乡村聚落的发

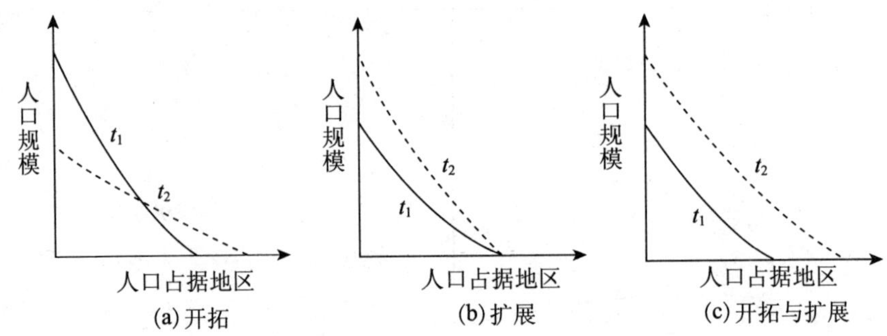


**图 2-25　赫德森模型中开拓与扩展过程间的联系**

资料来源：尹怀庭，陈宗兴．陕西乡村聚落分布特征及其演变［J］．人文地理，1995.

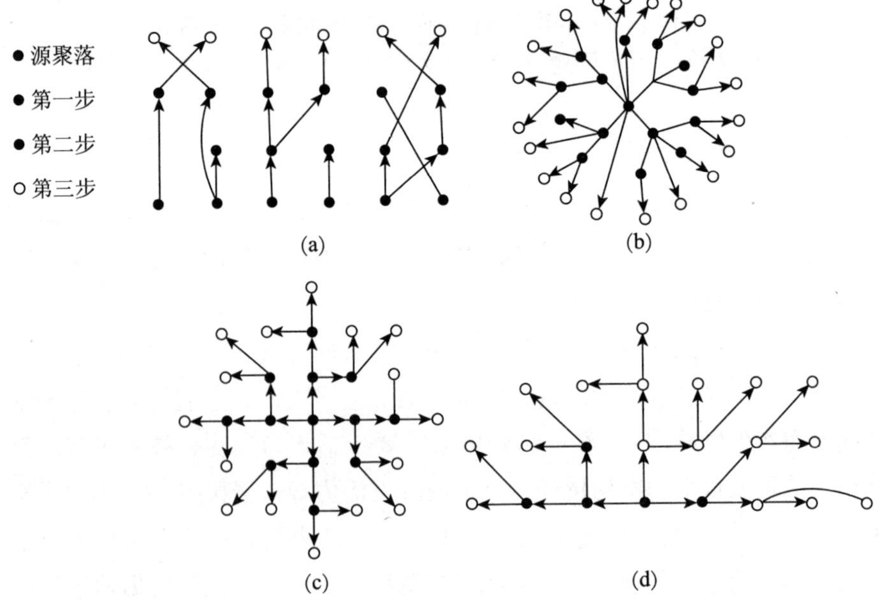


**图 2-26　拜鲁德的聚落扩散模型**

资料来源：尹怀庭，陈宗兴．陕西乡村聚落分布特征及其演变［J］．人文地理，1995.

展，皖南西递村的演化从侧面表现出经济基础的作用和其对村落形态的巨大影响[269]。经济因素强大以后，乡村发展的动力逐渐转向以经济因素为主。国外学者施坚雅在研究中国封建社会晚期城市时，发现中国乡村的集镇分布与“中心地理论”所描述的模型十分相似（见图 2-27），并且将该形式出现的主导因素归结为商业贸易的兴盛[249]。需求理论认为，对于多数商品来说，当消费者的收入水平提高时，就会增加对商品的需求量。当消费者对某种商品的偏好程度增强时，该商品的需求量就会增加[270]。而人们对土地的需求正是一种引致需求，随着农村经济的发展，农民收入的提高，农民对住房的消费需求增加，对宽大房屋的偏好也使住房需求量增加，进而驱使农村居民点用地规模扩大[265]。

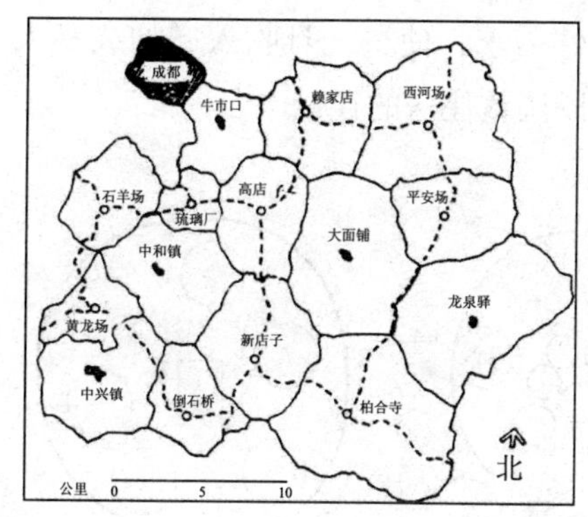


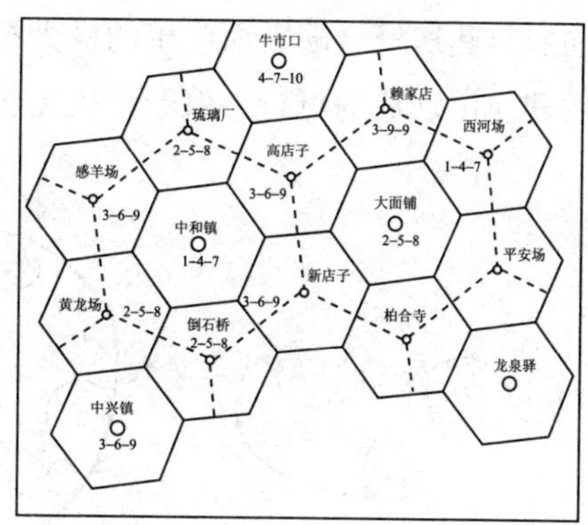


**图 2－27　成都平原的集镇分布模式**

资料来源：［美］施坚雅. 中国农村的市场和社会结构［M］. 史建云，徐秀丽，译. 北京：中国社会科学出版社，1998.

### 3. 社会影响因素

聚落空间的形成是社会生活的需要，也是社会生活的反映。聚落形态表述着人们所选择的存在方式，而文化则可以看作是在更大范围内承接和约定这种存在方式的平台[249]。农村土地作为社会地域载体的一部分，必然要显现出社会的特点以及社会对其产生的影响[265]。

居住形态是农民在一定社会文化背景下价值观、生活态度和行为准则的具体体现。构成农民生活世界的文化环境、社会调节机制和个性结构在从传统到现代的社会变迁中已经发生了很大的变化[271]。聚居群体的文化传统往往对聚落空间的组织与发展产生深刻的影响，并在此基础上形成聚落空间的文化特色[262]。国外社会学家托马斯非常重视价值、观念等文化要素的作用[272]；人文地理学家拉普卜特曾通过大量实证研究阐述了文化、价值与制度的差异对不同的聚落空间形式所起的决定性作用[249]（见图 2－28）；国内学者骆中钊等也进行了该方面的案例考察研究，认为我国内陆环境、小农经济、宗法社会、“伦礼”和“礼乐”文化等社会条件在一定程度上对民居聚落的形式和民居建筑风格产生了重要的影响[28]；刘沛林的研究也表明：包括宗族制度、宗教信仰和风水观念在内的传统观念深刻地影响着乡村聚落形态的发展与演变（见图2－29），而其他如气候条件、建造方法、建筑材料及技术等条件仅产生次要的、修正性的影响[24]。当前，随着社会的发展，中国农民的价值观念也发生了深刻的变化，再加上改革前农村建房资金缺乏而产生的极大抑制性需求，使得一旦收入增加或私人的建筑活动成为可行，就会产生建房热以调整住房的存量[273]。

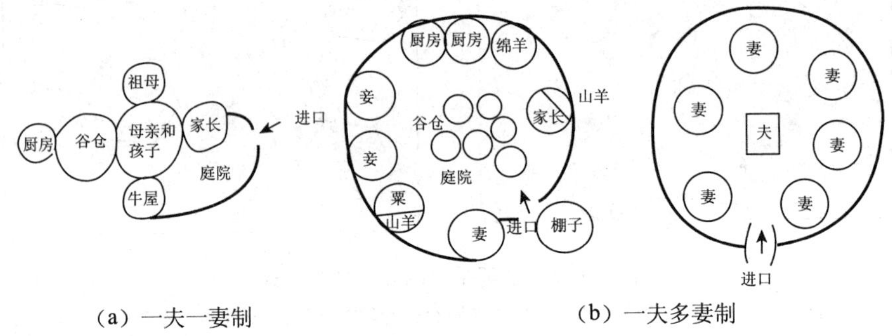


**图2－28　传统非洲家庭的聚居形式**

资料来源：［美］拉普普．住屋形式与文化［M］．张玫枚，译．台北：境与象出版社，1979.

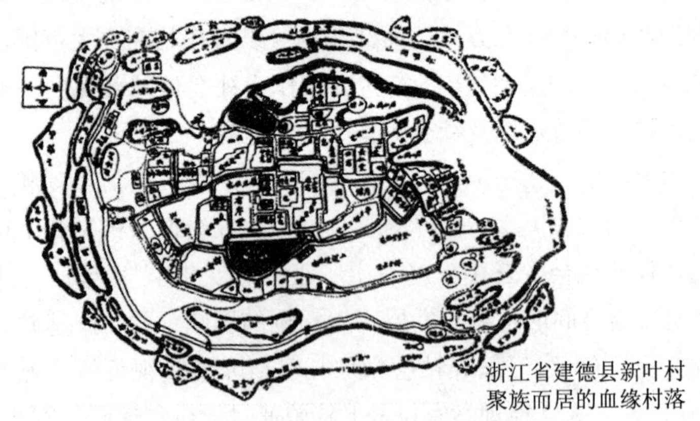


**图2－29　宗族观念影响下的乡村聚落格局**

资料来源：刘沛林．古村落：和谐的人聚空间［M］．上海：上海三联书店，1988.

4. 政策影响因素

有效的制度安排能够通过恰当的激励机制激发人的潜能，从而促进资源的最佳配置和使用，尤其体现在土地分配制度和管理制度的制定与实施上。而土地的利用方式、所有制形式是影响乡村聚落形态的主要因素[249]。土地的产权安排是农业制度环境中最重要的因素，也是影响农民行为的决定性因素[274]，对于土地利用变化的影响起着基础性作用[275]。中国古代土地制度的分配与利用对乡村居民点基本形式及其规模影响深远，尤其是参照井田制土地规划所建立的城邑用地规划制度。最早的土地制度"井田制"是以"夫"单位，按十进制、九一制规划（见图2－30），实质上是以公社所有制为基础的土地共有形式。它除了规定了土地的占有方式和生产方式以外，还规定了人们的居住方式。如《韩诗外传》中曰："古者八家而井田。方里而为井。广三百步，长三百步为一里，其田九百亩。广一步长百步为一亩。广百步长百步为百亩。八家为邻，家得百亩。余夫各得二十五亩。家为公田十亩，余二十亩为庐舍，各得二亩半"[276]。自《周礼》以来，国家对住宅的等级及相应做法已有明文规定，这些规定一贯作为封建礼法制度的一部分出现，带有强制性的约束效力，对于逾制行为，原则上要给予的惩处是非常严厉的[277]。例如，明代居住制度的主要内容如下：对于庶民住宅，洪武二十六年定制"庶民庐舍不过三间五架，不许用斗拱饰彩色。"三十年复申"禁饰，不许造九五间数，房屋虽至一二十所，随其物力，但不许过三间。"正统十二年令稍变通为"庶民房屋架多而间少者，不在禁限。"对于公侯以下官民房屋其他方面的规定，清代完全照搬了明代的条款[278]。作为乡村、集镇民居主体的庶民住宅，在国家规定的居住等级中隶属于最下一级，无论是住宅规模还是住宅装饰都受到极大的制约[277]。其实，早在新石器时代，中国古代民居建筑等级制度对乡村聚落建设产生的巨大影响就已渐露端倪[279]。总之，身份制度、土地制度（宅基地使用制度）、户籍制度以及生产制度等相关的制度深刻影响着乡村居民点的演变，并且日益成为乡村居民点扩张的决定性因素[249]。

政策法规主要指影响乡村发展的宏观政策和规划设计的建设法规，它直接关系到聚落空间的发展态势。宏观政策是政府干预的一种手段，用于指导乡村发展的方向。建设法规是影响空间形式形成的最直接因素[249]。中国自1982年起，相应的政策法规、条例、要点、规定相继出台，在一定程度上确保了村镇建设的健康发展。但是，目前政府对于农村宅基地的合理流转缺乏明确的制度和政策引导，也没有相关法律条文来限制农村宅基地的闲置、抛荒[173]，这在一定程度上也刺激了农村居民点的扩张。

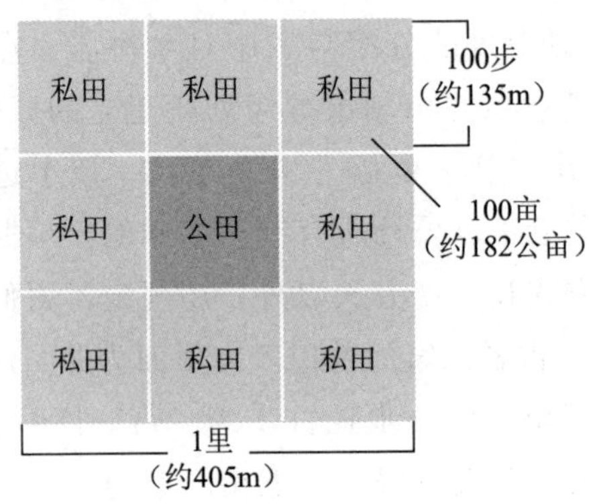


**图2-30 井田制**

注：1亩=666.67平方米。

资料来源：http://www.hudong.com/wiki/%E4%BA%95%E7%94%B0%E5%88%B6.

总之，农村居民点因其区域内自然资源要素、经济要素、社会人文因素以及社会制度等要素的不同，逐渐形成各自独有的农村居民点用地模式。其作为人类发展过程中特定时期、特定区域承载人类对物质、文化和精神需求的聚落形态载体，是推动人类文明和社会进步的重要里程碑，具有重要的时代特征。农村居民点用地格局正是农村居民点自然、地理、人文、历史等特征的外在反映，其用地格局是在这些因素的综合作用下孕育、产生、演变和发展的，是一个非常复杂的过程，体现了空间过程与社会过程的辩证统一。

## 2.2 典型农村居民点用地格局演变过程分析

在充分认识一般农村居民点用地演变规律的基础上，很有必要选取当前城镇化进程中较典型的农村居民点进行用地演变规律分析，以探讨城镇化进程中农村居民点用地发展的新变化特征，并为其他地区农村居民点用地演变特征分析和科学引导利用奠定基础。本部分以北京市昌平区为研究对象，对其具体演变过程进行分析。

### 2.2.1　研究区概况

北京市昌平区是首都的北大门，位于太行山脉与燕山山脉交汇处，地处东经 115°50′19″～116°29′49″，北纬 40°02′18″～40°23′13″，北靠延庆、怀柔二县，东邻顺义，西界河北省怀来县，南接朝阳、海淀、门头沟三区（见图 2－31）。

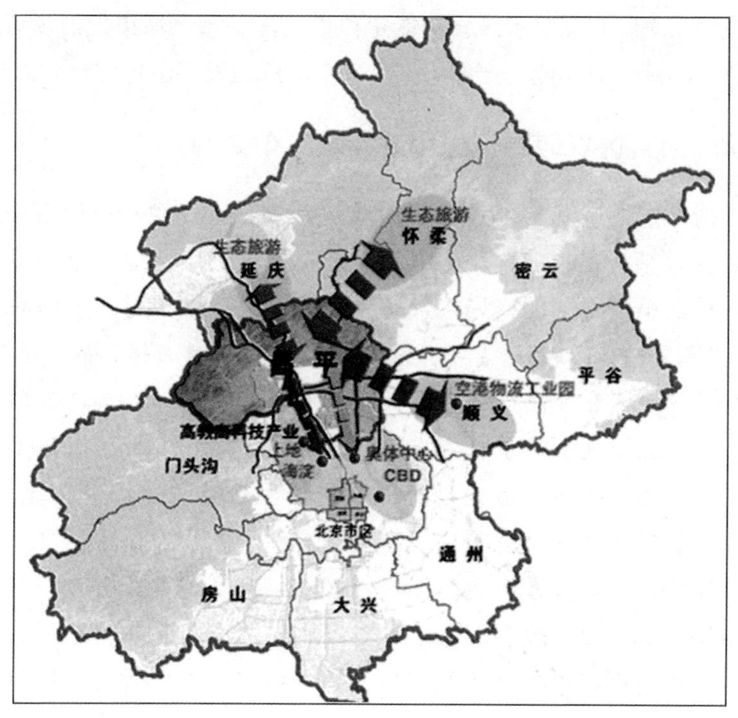


**图 2－31　昌平及周边地区空间结构规划示意**

资料来源：昌平新城规划（2005—2020 年）.

昌平区地势西北高，东南低。地形地貌多样，有平原、半山区和山区，属暖温带大陆性半湿润半干旱季风气候，全年四季分明，春季干旱风沙多，夏季炎热雨水勤，秋季昼夜温差大，冬季寒冷降雪少。年均气温11.7℃，日照2669小时，无霜期201天，降雨量594毫米。全区土地总面积1343.54平方千米，辖15个镇，2个街道办事处。昌平土地资源相对紧缺，可用于城市建设的土地资源相对较少。作为首都北京的生态屏障，平原的部分地区位于北京第一、第二道绿化隔离带内，生态用地较多，对城市建设有一定的限制要求。区内自然环境优美，旅游资源丰富，工业、农业、商业、外经、旅游、建筑业等几大产业已初具规模，交通、通信、电力等基础设施基本配套。另外，“中国硅谷”中关村及上地信息产业基地、海淀智力密集区、教育改革示范区及周边区县旅游业、区际间经济联合与合作对其辐射作用显著，是首都疏散城市人口，接纳城市工业的重点地区。根据《北京城市总体规划（2004—2020年）》对北京市的空间布局进行的战略调整，在北京市区县功能定位中，昌平属于城市发展新区，是承担疏解中心城人口功能、产业集聚，并带动区域发展的规模化城市地区。

### 2.2.2 研究区农村居民点用地现状分布格局

根据昌平新城规划，昌平将形成“新城—重点镇——般镇—边缘集团”的城镇结构。目前，北京市昌平区农村居民点用地分布总体呈“大分散、局部小组团”的格局，且平原地区聚集态势相对强于山区（见图2-32、图2-33）。调研表明：靠近交通沿线、具有区位特色经济或资源优势的区域因交通便捷、经济具有发展潜力、与外界沟通方便等诸多原因而成为农民建房的重点优选区域，形成了团状、带状聚集型农村居民点布局形态，而昌平区内部具体农村居民点空间布局分布比较分散，各个村落农村居民点用地布局及结构情况差异明显。由于居住环境、交通以及经济差异等多方面的原因，山区农村宅基地面积普遍较大，且废弃、空闲宅基地面积较多。总之，对具体村落而言，农村居民点建设在城镇化过程中逐步得到改善的同时，呈现传统与现代时代发展特征并存的无序扩张局面（见图2-34）。

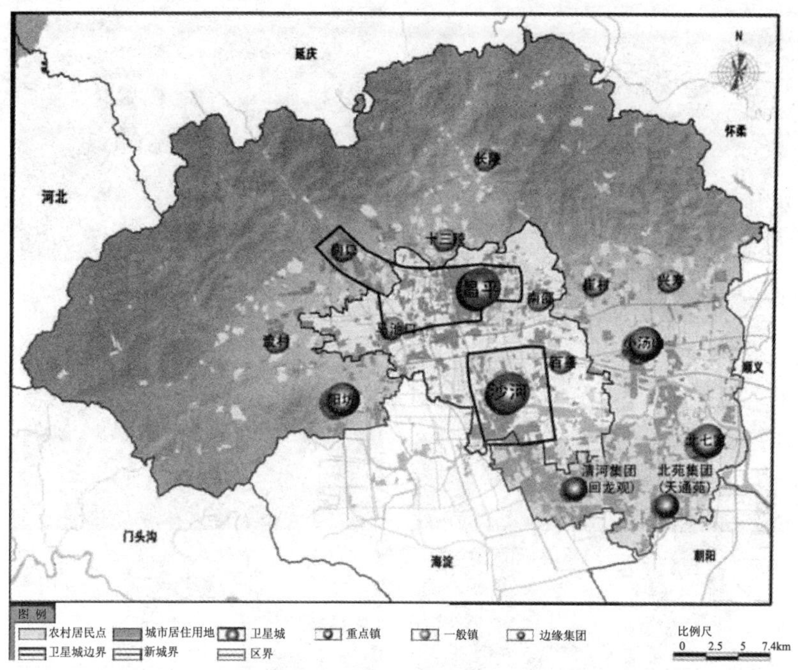


**图 2－32　北京市昌平区农村居民点总体现状分布**

资料来源：昌平新城规划（2005—2020 年）.

**图 2－33　北京市昌平区典型农村居民点现状分布**

资料来源：google earth.

图 2-34 实地调查研究区域农村居民点现状

### 2.2.3 研究区农村居民点用地演变机制分析

1. 研究区用地结构演变规律

（1）研究区用地总体结构。北京市昌平区地类结构演变情况（见图 2-35）分析表明：农用地数量在 2001—2002 年急剧增加，但随后变化趋势是持续减少，并且近来减少趋势有所趋缓；建设用地总量在 2002 年有所减少，但随后呈持续增长的变化趋势；未利用地数量呈现出先增加后较少的波动性变化。总之，北京市昌平区建设用地的动态演变过程伴随着农用地面积的急剧减少，而建设用地数量的增加是以农用地和未利用地数量的补偿为代价的。

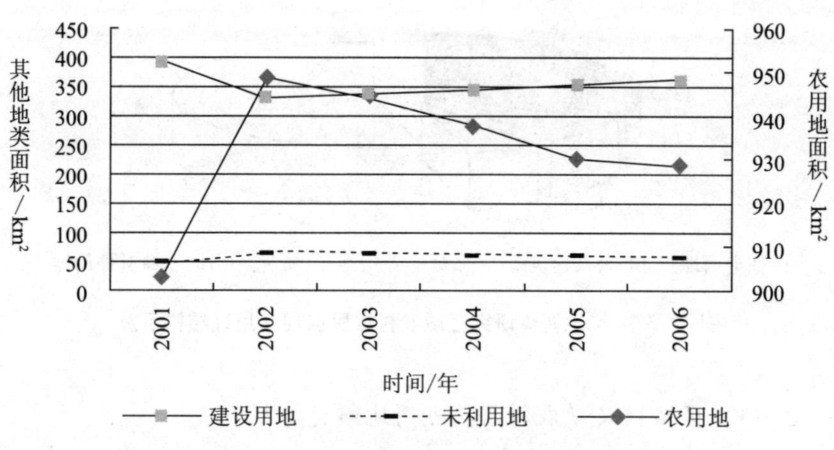


**图 2-35 北京市昌平区用地结构演变情况**

资料来源：北京市昌平区国土局.

(2) 农村居民点用地内部结构现状。农村居民点用地数量的变化情况：2001—2002 年急剧增加；2002—2004 年，用地总量增加幅度相对变小，但仍向增加方向发展；2004—2006 年用地总量逐渐减少。但农村居民点人均用地一直持续增长，研究期间年人均用地量超过国家标准警戒线 150m²，集约程度过低（见图 2-36）；调查抽样区农村居民点总体用地结构，如图 2-37 所示。其中，住宅用地和道路用地占地比例总和接近 70%，用地结构不尽合理。

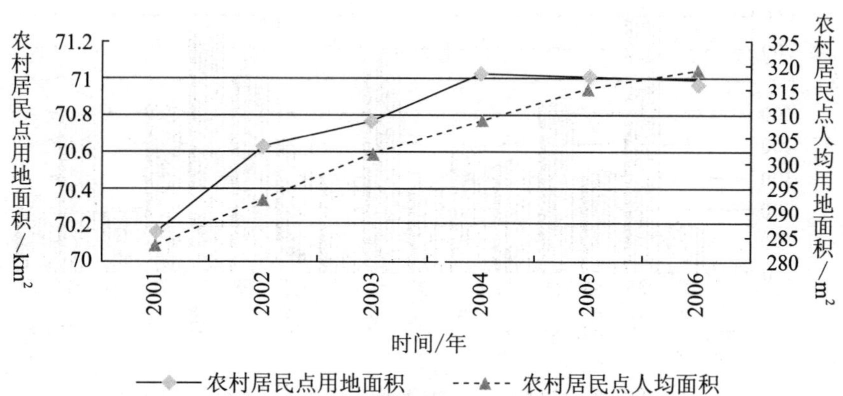


**图 2-36 北京市昌平区农村居民点用地演变情况**

资料来源：北京市昌平区国土局.

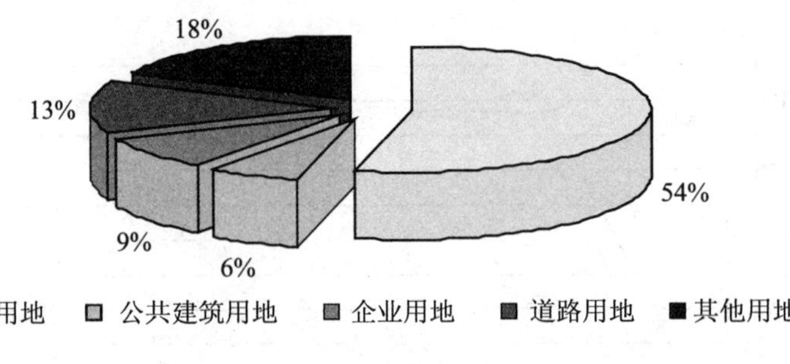


**图 2－37　实地调查研究区域农村居民点现状用地结构示意**

2. 研究区城镇尺度农村居民点用地演变特征

为了考察比较农村居民点用地利用变化是否存在地区差异，这里从城镇尺度具体分析各城镇农村居民点用地演变的内部差异（见图 2－38、图 2－39）。

北京市昌平区各镇农村居民点用地总面积动态变化（见图 2－38）与其各镇农村居民点用地人均面积动态变化（见图 2－39）表明，2001—2006 年，虽然北京市昌平区各镇居民点面积总量动态变化差异不是很明显，但农村居民点用地人均面积除了城北街道以外，其余城镇均超过国家标准警戒线，并且大多数仍呈增长趋势，其中，东小口镇、崔村镇、北七家镇表现得尤为突出。

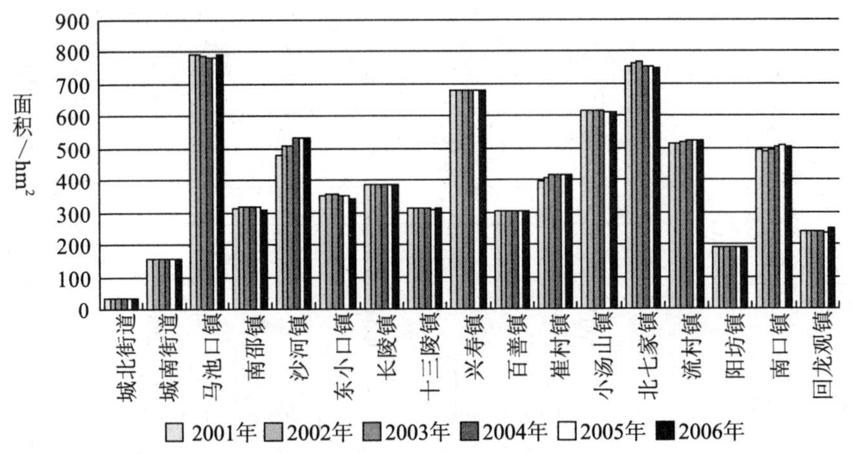


**图 2－38　北京市昌平区各镇农村居民点用地面积动态变化**

资料来源：北京市昌平区国土局.

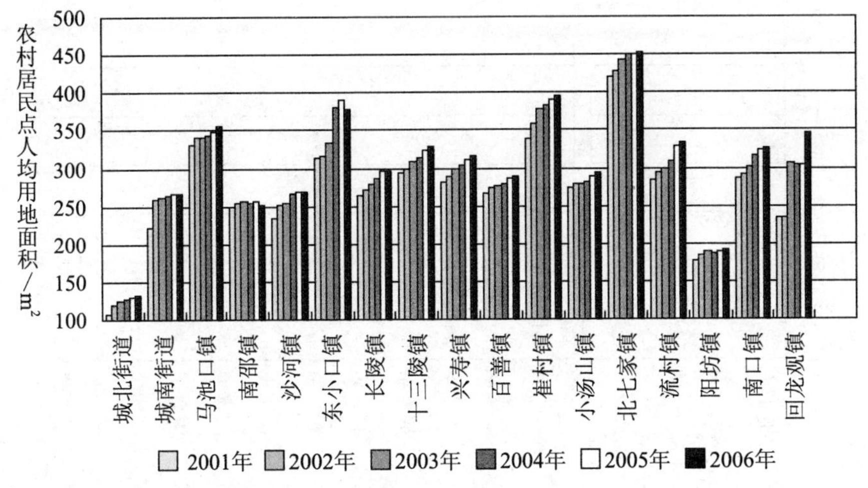


**图 2 – 39 北京市昌平区各镇农村居民点用地人均面积动态变化**

资料来源：北京市昌平区国土局.

为进一步揭示农村居民点用地利用的区域差异特征，下面分别从农村居民点用地利用动态度、农村居民点用地利用相对变化率、农村居民点用地空间分布特征以及农村居民点用地变化的空间扩展特征方面分析研究区农村居民点用地利用的具体差异。

（1）农村居民点用地利用动态度

这里农村居民点用地利用动态度利用土地利用动态度来反映。土地利用动态度可定量描述区域土地利用变化的速度[280 – 282]，是反映土地空间扩张变化的一个重要指标，分为单一土地利用利用类型动态度和综合土地利用利用类型动态度。这里采用单一土地利用利用类型动态度 $K$，其计算表达式为：

$$K = \frac{U_b - U_a}{U_a} \times \frac{1}{T} \times 100\% \tag{2-1}$$

其中，$K$ 为研究时段内某一土地利用类型动态度；$U_a$、$U_b$ 分别为研究期初及研究期末某一土地利用类型的数量；$T$ 为研究时段长，经分析计算，动态度的变化趋势如图 2 – 40 所示。

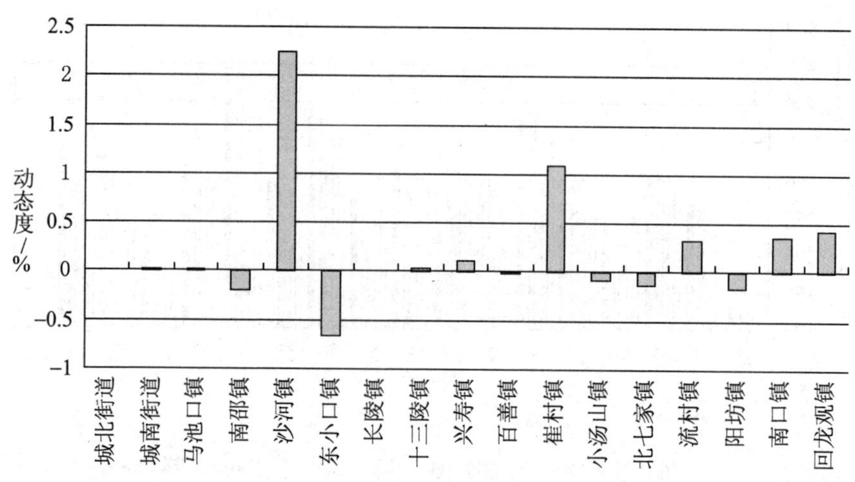


**图2-40　农村居民点用地利用动态度变化**

资料来源：北京市昌平区国土局.

农村居民点用地利用动态度定量指数研究结果表明：研究区内乡镇尺度农村居民点用地变化呈扩张增加、缩小减少及不变三种趋势。其中，城北街道、长陵镇农村居民点用地没有增减；在增加变化的乡村区域中，沙河镇、崔村镇两镇农村居民点用地变化程度剧烈，其中尤以沙河镇变化程度最强；在减少变化乡村区域中尤其以东小口镇农村居民点用地减幅最大。

（2）农村居民点用地利用相对变化率

相对变化率[280]是一种反映土地利用变化区域差异的有效方法。如果某区域某种土地利用类型的相对变化率大于1，则表示该区域这种土地利用类型变化比全区域变化大。

某研究区某一特定土地利用类型相对变化率可表示为：

$$R = \frac{\left[\frac{K_b}{K_a}\right]}{\left[\frac{C_b}{C_a}\right]} \tag{2-2}$$

式中，$K_a$、$K_b$ 分别代表某区域某一特定土地利用类型研究期初及研究期末的面积；$C_a$、$C_b$ 分别代表全研究区某一特定土地利用类型研究期初及研究期末的面积。经分析计算，农村居民点用地利用相对变化率的变化趋势如图2-41所示。

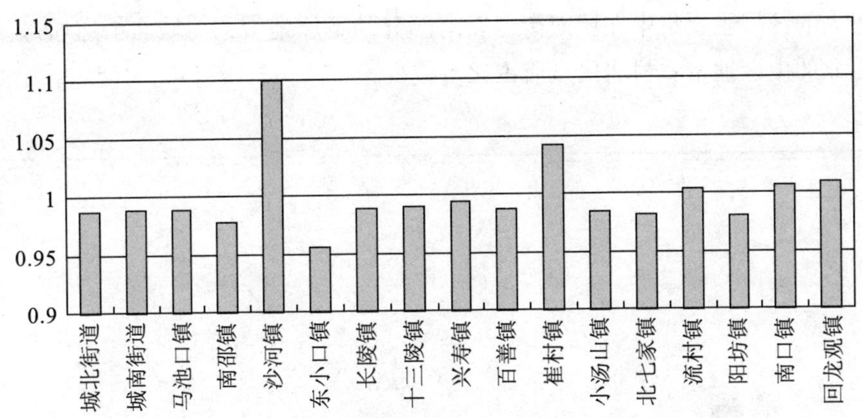


**图 2-41 农村居民点用地利用相对变化率的变化**

资料来源：北京市昌平区国土局.

农村居民点用地利用相对变化率定量指数研究进一步揭示了农村居民点用地利用变化的具体程度，研究结果表明：除沙河镇外，研究区内乡镇尺度农村居民点用地利用相对变化率定量指数在临界值 1 附近变化，反映了研究区内乡镇农村居民点用地利用总体相对变化均较大。而对于乡镇农村居民点个体变化趋势与上述农村居民点用地利用动态度定量指数研究结果基本一致。其中，沙河镇、崔村镇、流村镇、南口镇、回龙观镇农村居民点用地变化较全研究区大。

（3）农村居民点用地空间分布特征

农村居民点用地比重（*PR*）可用来量化不同城镇农村居民点的空间分布差异[207, 237]，其具体计算公式为：

$$PR = \frac{RL}{TL} \times 100\% \qquad (2-3)$$

式中，*PR* 为农村居民点用地比重，*RL* 为研究区农村居民点用地面积，*TL* 为研究区总土地面积。

参照农村居民点用地比重分级标准并按照实际情况调整[207]，这里将农村居民点用地比重分为 5 级，分级值为 $S_1$。$PR < 2\%$，$S_1$ 为Ⅰ；$2\% \leqslant PR < 3\%$，$S_1$ 为Ⅱ；$3\% \leqslant PR < 6\%$，$S_1$ 为Ⅲ；$6\% \leqslant PR < 10\%$，$S_1$ 为Ⅳ；$10\% \leqslant PR$，$S_1$ 为Ⅴ。根据农村居民点用地比重分级数据得到农村居民点用地分级分布现状示意图。图 2-42 表明，北京市昌平区农村居民点用地比

重大的区域主要集中在城南街道以南部分的平原地带，而城北街道城区及以北的山区地带农村居民点所占比重较少。

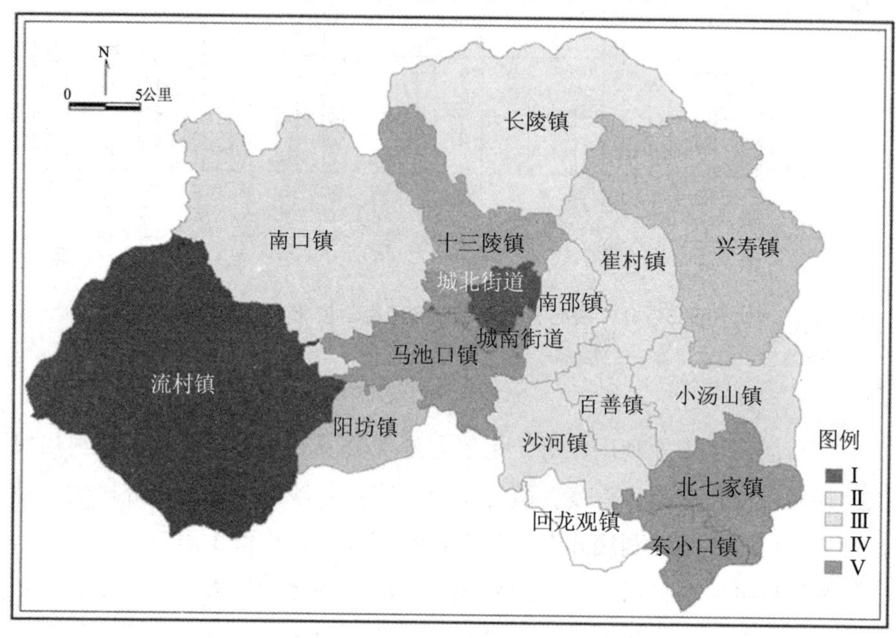


**图 2－42　农村居民点用地比重空间分布现状示意**

（4）农村居民点用地空间扩展特征

农村居民点扩展指数 *RI* 是单位面积上的农村居民点扩展程度的衡量[237]，用来评价农村居民点用地扩展的合理程度。利用农村居民点扩展指数 *RI* 可以分析农村居民点用地扩展速度的空间差异，其具体计算公式为：

$$RI = \frac{\Delta RL}{TL} \times 100\% = \frac{RL_j - RL_i}{TL} \times 100\% \qquad (2-4)$$

式中，*RI* 为农村居民点扩展指数，$RL_i$ 为研究期初农村居民点用地面积，$RL_j$ 为研究期末农村居民点用地面积，*TL* 为研究区总土地面积。

参照农村居民点用地扩展指数分级标准并对其进行调整[207]，将农村居民点用地扩展指数 *RI* 分为 5 级，分级值为 $S_2$。$RI < 0.01\%$，为无变化区，$S_2$ 为Ⅰ；$0.01\% \leqslant RI < 0.05\%$，缓慢变化区，$S_2$ 为Ⅱ；$0.05\% \leqslant RI <$

0.1%，为较快变化区，$S_2$为Ⅲ；$0.1\% \leqslant RI < 0.5\%$，为快速变化区，$S_2$为Ⅳ；$RI \leqslant 0.5\%$，为急剧变化区，$S_2$为Ⅴ。根据农村居民点用地指数分级数据得到农村居民点用地动态变化分级示意图。图2－43中，东小口镇、南邵镇、北七家镇、阳坊镇、小汤山镇、百善镇六镇农村居民点用地向负方向扩展，其他则向正方向扩展。

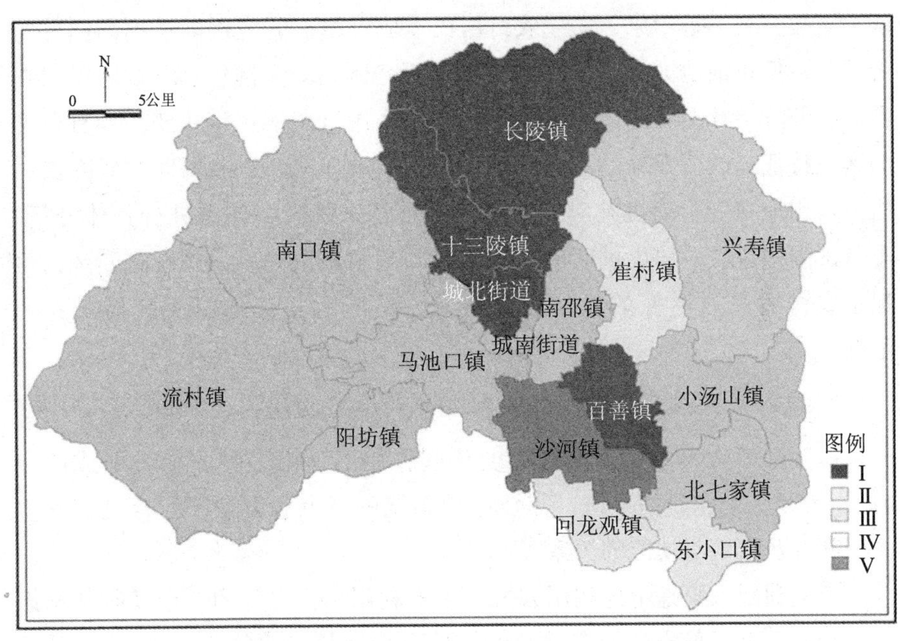


**图2－43 农村居民点用地动态变化分级示意**

以上分析表明，北京市昌平区所辖各镇域农村居民点用地利用演变的区域差异特征明显。

本节在全面分析一般农村居民点演变机理的基础上，从总体和城镇两个层次对研究区农村居民点用地演变机制进行了分析研究。研究结果表明：2001—2006年，北京市昌平区建设用地数量的增加是以农用地和未利用地数量的补偿为代价的，其农村居民点用地的动态演变过程揭示出研究区农村居民点用地利用程度甚为粗放，农村居民点用地利用内部结构不尽合理，并且农村居民点用地区域分异特征明显。通过分析研究认为：针对北京市昌平区农村居民点用地利用现状，应该对其进行适度挖潜使其集约利用。考虑农村居民点用地利用区域差异特征，在集约化利用过程中应该分别采取不同的集约化策略，同时要统筹兼顾整体区域和各城镇农村居民点用地之间的协调。

### 2.2.4 研究区农村居民点用地演变驱动机制

开展农村居民地用地演变的驱动机制研究进而对农村居民点用地进行调控至关重要。近年来，关于农村居民点驱动机制研究逐渐受到国内外学者关注，但目前研究颇少，并且其基本研究体系尚未构建。农村居民点在自然、经济、社会环境诸多驱动力的综合作用机制下逐步演变，具有典型的区位特征。区位差异的不同导致不同的驱动作用机制。因此，研究农村居民点用地演变驱动机制应该将其纳入到特定的区域体系进行具体分析。本节试图构建农村居民点演变驱动机制的基本理论体系，并以研究区为例揭示农村居民点演变的具体驱动机理，从而为相关部门决策提供参考依据。

1. 农村居民点用地演变驱动机制理论体系构建

摆万奇等认为，对土地利用变化起作用的是由多种驱动力形成的合力[283]，是一个完整的系统，需要应用系统的观点和方法，综合考察其整体与部分及结构与功能的关系[284]。

土地利用系统是土地利用方式与土地利用单元之间的一个动态平衡系统，它是一个不稳定的、非线性的、远离平衡状态的复杂系统[285]。从系统论的观点来看，土地利用的实质是人地关系地域系统中由资源、生态、经济与社会等环境要素相互作用、相互影响而形成的土地生态经济系统及其持续运动过程。根据人地相互作用关系的密切程度，土地利用系统可划分为核心系统、内核系统、核缘子系统和外部环境系统等结构层次（见图2-44）[286]。农村居民点用地利用系统是一个深受人类活动以及静态、动态的时间、空间等各种自然、社会经济因素影响的开放的、人为控制的、复杂的巨系统。在农村居民点用地利用过程中，各个子系统及其组成要素之间的耦合关系，决定着区域农村居民点用地利用系统的演变趋势和规律。具体来讲，作为一个系统，农村居民点用地系统的演变是其构成因素相互关联、相互制约的总体效应和综合反映，表征区域农村城镇化、农村经济、农村产业发展和社会需求的主要趋势、方向、水平等。在农村居民点用地利用演变过程中，各个构成要素以不同方式，从不同侧面，按不同程度影响其发展利用，表现为具体时空域投入与产出之间的复杂动态演化过程。农村居民点用地利用的最佳规模及高效程度取决于特定技术条件下的土地供给量，而实际规模及有效利用程度则取决于特定区域具体生产力水平、自然环境、生产环境、经济、社会制度以及政策等多种复杂因素。

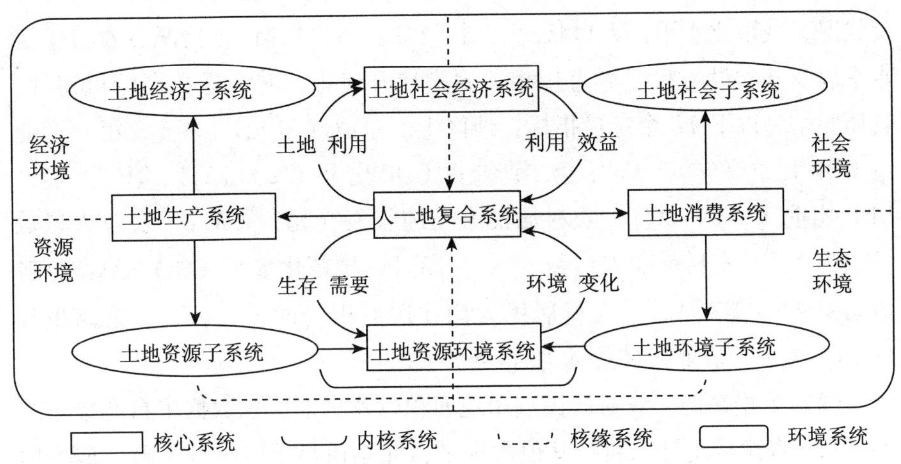


**图 2-44　区域土地利用系统层次关联模式**

资料来源：刘彦随．区域土地利用系统优化调控的机理与模式［J］．资源科学，1999.

区位理论是关于人类活动所占有场所的理论。它研究人类活动的空间选择与空间内人类活动的组合，主要探索人类活动的一般空间法则[287]。农村居民点作为一个动态开放系统，具有自身的结构功能和演替规律，在不断演变中达到系统功能良好的相对平衡状态。农村居民点的产生和发展是以空间为依托的，作为城镇体系的基本细胞单元，农村居民点在其自身动态发展和区域驱动机制作用下，会打破原有体系服务功能与内涵配置的空间格局，演进为以下基本构成单元耦合的新农村居民点形态综合体：服务于经济发展的空间单元、服务于生态耦合的空间单元、服务于社会和谐的空间单元以及支撑上述类型的设施网络的空间单元。农村居民点是在人类活动基础上所形成的村落、都市的空间秩序演变的足迹，是自然的历史过程。新农村居民点形态综合体的内部功能在新的系统结构中会形成新的

"作用源"，在新的驱动机制作用下，继续引起自身系统结构的演变和形态的变化。

2. 研究区农村居民点用地演变驱动机制

以研究区为例，定量测度各具体影响要素对农村居民点用地演变的具体驱动效应。

（1）指标选择。考虑北京市昌平区农村居民点用地演变前后的自然、经济和社会发展实际，选择自然状况、产业状况、社会投资状况、对外经贸状况、城镇化水平、人口状况、制度状况、农村现代化情况、农村生活水平以及基础设施状况等直接相关因素展开讨论，并考虑数据的可得性，具体归结为以下 12 个定量指标：地区生产总值（万元）$\{X_1\}$，第一产业占 GDP 比重（%）$\{X_2\}$，第二产业占 GDP 比重（%）$\{X_3\}$，第三产业占 GDP 比重（%）$\{X_4\}$，农村居民人均纯收入（元）$\{X_5\}$，农业人口数（人）$\{X_6\}$，农村就业人口数（人）$\{X_7\}$，城镇化水平（%）$\{X_8\}$，耕地面积（$hm^2$）$\{X_9\}$，农村居民人均住房面积（$m^2$）$\{X_{10}\}$，公路里程（km）$\{X_{11}\}$，农业机械总动力（kW）$\{X_{12}\}$。

（2）数据来源。农村居民点用地面积以及耕地面积数据来自北京市昌平区国土资源局统计资料，其他数据来自北京市昌平区统计年鉴。研究时间段为 2001—2006 年。

（3）引用模型。基于农村居民点用地演变驱动机制系统理论体系的构建思想，农村居民点用地利用可视为复杂整体系统。由于该系统符合灰色系统的概念范畴，所以本部分可以将农村居民点驱动机制的研究认为是对灰色系统的研究。为了进一步研究各驱动因素与农村居民点演变的关系密切程度，这里引入灰色关联分析方法来进行具体研究。

灰色关联分析是灰色系统理论的重要内容，是以分析灰色系统变量之间关联度为基本手段的一种量化方法[288]。它定量地比较或描述系统之间或系统中各因素之间在发展过程中随时间相对变化的情况[289]。其不仅适用于小样本，还特别适用于模型信息不全且影响因素模糊的时间序列[290]。灰色关联分析法在处理"小样本，贫信息不确定性"条件下的"最具代表性"信息的决策问题方面，相比较概率统计、模糊数学等方法而言，更能准确地反映各因素间的亲疏次序和空间分布规律[291]。同时，相对于以往的回归分析、方差分析、主成分分析等系统关联因素分析方法，灰色关联分析自身的优点可以弥补采用数理统计方法做系统分析所导致的缺憾[292]。它的基本思想是根据序列曲线几何形状的相似程度来判断因素间的关联程度，曲线越接近，相应序列之间的关联度就越大，反之就越小[290, 293]。

（4）模型运算

灰色关联分析的具体方法是对数列进行几何关系的比较。因此，对系统进行灰色关联度分析，需要找出数据序列，以该数据序列反映系统的行为特征。由于这里主要研究影响因子对农村居民点用地扩张的影响，所以指标序列数据以农村居民点面积 $\{X_0\}$ 作为母序列，其余指标序列为子序列。通常灰色关联分析过程包括原始数据变换，计算关联系数和求关联度三个步骤。为了消除量纲对数列之间关系的影响，在计算关联系数之前需进行原始数据的变换，使序列转换为可比较序列。原始数据变换的方法通常有两种：均值化变换和初值化变换。结合研究实际情况，这里采用初值化变换方法对原始数据进行处理并计算各子序列与母序列在同一时刻的绝对差，具体计算结果见表 2－1。

将表 2－1 数据代入式（2－4）计算出关联系数 $r$，并将关联系数 $r$ 的计算结果代入式（2－5）即求得关联度 $R$。具体计算结果如表 2－2 所示。

$$r = \frac{\Delta_{\min} + \rho\Delta_{\max}}{\Delta_i(k) + \rho\Delta_{\max}} \quad (\rho = 0.5) \tag{2-4}$$

$$R = \frac{1}{N}\sum_{i=1}^{N} r_i \tag{2-5}$$

**表 2－1　　两比较序列的绝对差**

| 时间（$t$） | 2001 | 2002 | 2003 | 2004 | 2005 | 2006 |
|---|---|---|---|---|---|---|
| $\Delta_{01}$（$t$） | 0 | 0.03 | 0.58 | 0.88 | 0.98 | 1.2 |
| $\Delta_{02}$（$t$） | 0 | 0.41 | 0.49 | 0.59 | 0.66 | 0.7 |
| $\Delta_{03}$（$t$） | 0 | 0.12 | 0.11 | 0.11 | 0.02 | 0.04 |
| $\Delta_{04}$（$t$） | 0 | 0.07 | 0.06 | 0.05 | 0.03 | 0.02 |
| $\Delta_{05}$（$t$） | 0 | 0.11 | 0.2 | 0.3 | 0.43 | 0.56 |

续 表

| 时间（$t$） | 2001 | 2002 | 2003 | 2004 | 2005 | 2006 |
|---|---|---|---|---|---|---|
| $\Delta_{06}$（$t$） | 0 | 0.03 | 0.06 | 0.08 | 0.1 | 0.11 |
| $\Delta_{07}$（$t$） | 0 | 0.29 | 0.38 | 0.50 | 0.69 | 0.82 |
| $\Delta_{08}$（$t$） | 0 | 0.05 | 0.11 | 0.16 | 0.21 | 0.24 |
| $\Delta_{09}$（$t$） | 0 | 0.15 | 0.18 | 0.24 | 0.27 | 0.28 |
| $\Delta_{010}$（$t$） | 0 | 0.23 | 0.31 | 0.31 | 0.38 | 0.53 |
| $\Delta_{011}$（$t$） | 0 | 0.16 | 0.27 | 0.11 | 0.15 | 0.37 |
| $\Delta_{012}$（$t$） | 0 | 0.31 | 0.41 | 0.48 | 0.47 | 0.48 |

（5）模型分析

研究期间各子序列对母序列｛$X_0$｝的关联度排序（见表2-2），揭示了研究区农村居民点用地演变不仅受多种因素的深刻影响，而且影响程度各异。

**表2-2　　　　关联度计算值及排序**

| $R$ | $R_{01}$ | $R_{02}$ | $R_{03}$ | $R_{04}$ | $R_{05}$ | $R_{06}$ |
|---|---|---|---|---|---|---|
| 数值 | 0.5489 | 0.5974 | 0.9042 | 0.9435 | 0.7269 | 0.904 |
| 排序 | 12 | 11 | 2 | 1 | 7 | 3 |
| $R$ | $R_{07}$ | $R_{08}$ | $R_{09}$ | $R_{010}$ | $R_{011}$ | $R_{012}$ |
| 数值 | 0.6308 | 0.8364 | 0.7749 | 0.6961 | 0.7897 | 0.6542 |
| 排序 | 10 | 4 | 6 | 8 | 5 | 9 |

①研究结果首先揭示了研究区第二、第三产业的发展对农村居民点用地演变的影响效应最为显著。虽然研究区域随着经济发展，产业结构呈现“三、二、一”的良性发展态势（见图2-45），但地区经济的发展带来相应产业结构的调整不仅没有引导农村居民点用地数量的减少，反而刺激了农村居民点用地面积的进一步扩张。

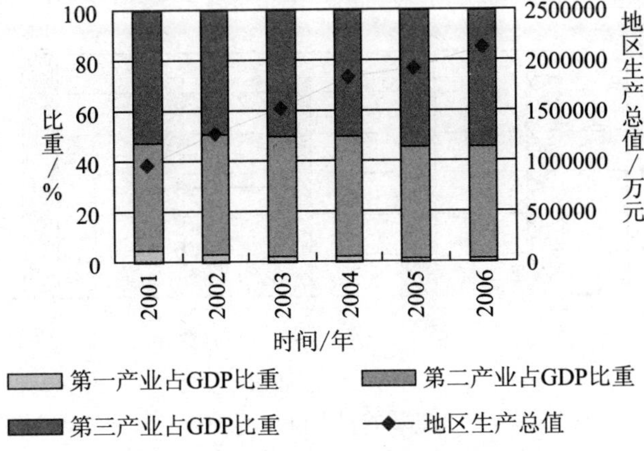


**图2-45 北京市昌平区产业结构变化情况**

资料来源：北京市昌平区统计年鉴（2001—2006年）.

②农村居民点用地演变的第二重要影响因素是人口因素。研究区虽然农业人口数量从2001—2006年一直减少，但与此同时，农村就业人口数基本上呈上升趋势（见图2-46），而且农村家庭规模的减小（见图2-47）也在一定程度上刺激了农村居民点用地的扩张，这反映了当前农村居民点演变受多种人口因素的复杂影响。因此，人口因素仍然是农村居民点演变不可忽视的主要驱动力之一，而且影响机制日趋复杂化。本研究结论进一步揭示了考虑农村居民点用地演变人口影响因素时，不能仅仅考虑人口总量，也应考虑其他相关人口因素的影响。

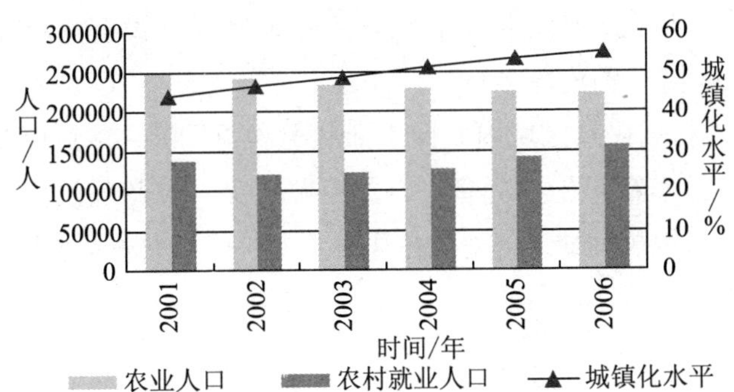


**图2-46 北京市昌平区农业人口、农村就业人口以及城镇化水平变化情况**

资料来源：人口数据来源于北京市昌平区统计年鉴（2001—2006年），城镇化水平数据根据年鉴数据计算所得.

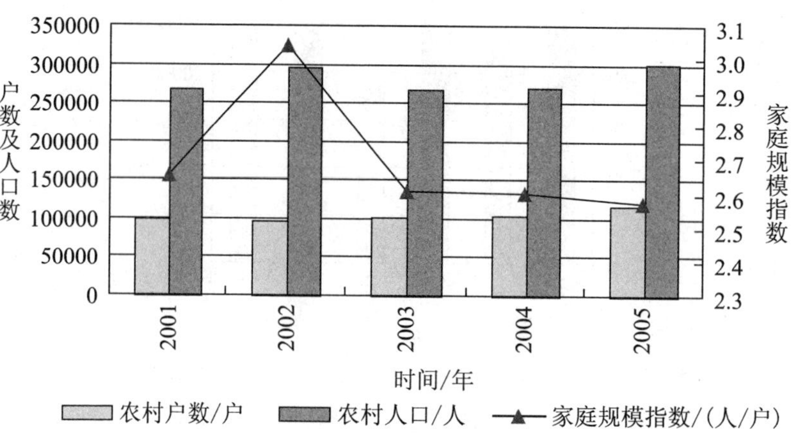


**图 2-47 北京市昌平区农村家庭规模变化情况**

资料来源：农村户数以及农村人口来源于北京市昌平区统计年鉴（2001—2006 年），家庭规模指数系农村人口与相应农村户数的比值.

③引起农村居民点用地扩张的第三重要影响因素是城镇化水平。城镇化水平提高的过程是土地等自然资源以及社会资源的开发利用从粗放型向集约型转变的过程。研究认为，一般城市化发展阶段的划分标准是：当城市化率小于 30% 为起始阶段，大于 30%、小于 70% 为加速阶段，大于 70% 为完成阶段[294]。根据此判断标准来看，研究区农村城镇化处于加速发展阶段，农村居民点用地应该趋于减少状态，但城市化对土地利用变化的作用如同其他经济活动一样，具有相对的滞后性，在一定的城市化发展水平条件下，必将会表现出特定的土地利用变化特征，但也不完全是一一对应关系[295]。因此，研究区农村居民点用地规模并没有随城镇化水平的逐步提高而减小（见图 2-46）。

另外，农村居民点区域内农民生活状况（见图 2-48）以及近年来居住支出情况①、基础设施的完备、自然资源状况、农业现代化程度（见图 2-49）以及村镇规划缺乏等对农村居民点的扩张都有着重要的影响。

① 据北京市昌平区统计年鉴数据，2005 年人均达 1232. 12 元；2006 年人均达 1299. 94 元。

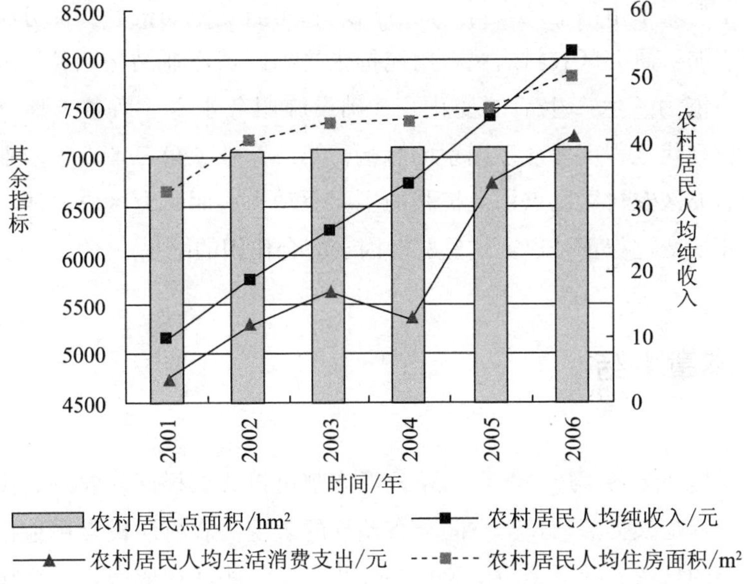


**图 2-48 北京市昌平区农村生活与农村居民点规模变化情况**

资料来源：农村居民点面积数据来源于北京市昌平区国土局，其他数据来源于北京市昌平区统计年鉴（2001—2006 年）.

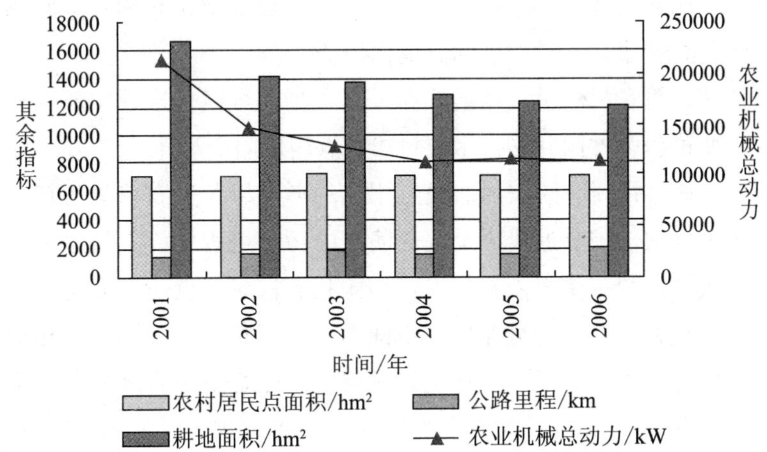


**图 2-49 北京市昌平区农村基础设施、耕地资源规模、农业现代化程度与农村居民点规模变化情况**

资料来源：用地面积数据来源于北京市昌平区国土局，其他数据来源于北京市昌平区统计年鉴（2001—2006 年）.

以上对北京市昌平区农村居民点用地利用演变驱动机制实证分析的研究结果表明：研究区农村居民点用地扩张受到区域产业结构调整、人口因素、经济能力、生产生活的变化、基础设施服务水平、后备土地资源供应、农村现代化程度等众多因素的影响，第二产业、第三产业、农业人口因素是研究区农村居民点用地扩张的主要驱动力，而研究区农村居民点用地的扩张演变过程正是以上这些驱动因子综合作用的结果。

## 2.3 本章小结

农村居民点各个历史时期的用地形态都可以找到样区。农村居民点用地演变过程是人类活动及其空间分布差异的表现。农村居民点用地格局是各种复杂的自然、社会、经济等众多彼此交互、相辅相成因素综合作用的结果。作为自然、社会与经济有机融合的复杂系统，农村居民点由于土地利用形态的差异以及区域相关因素的影响，形成了不同的用地功能分区组合和地域结构体系，并且随着农村居民点用地的逐步演变，各用地功能分区组合以及地域用地内部结构体系呈现相互影响复杂化和相互关联制约性发展趋势，具有明显的时空维动态变化特征。

本章从一般农村居民点用地演变过程和当前城镇化进程中的农村居民点用地演变过程两方面共同揭示农村居民点用地演变规律。

首先，通过探讨一般农村居民点用地的形态以及分布格局规律，揭示了农村居民点从传统至近代再至现代演进的历史进程中，农村居民点用地的形态呈现“散村→带形农村居民点→团状农村居民点→多元化农村居民点”的演变过程，其用地分布广且空间形态多样化。与此同时，相应的农村居民点用地模式经历了“无序自发发展→有序集中→有序集中与无序扩张共存”的局面。研究认为，注重农村居民点发展与乡村环境的和谐统一，依据农村居民点用地发展、演变的历史文脉，农村居民点空间布局因地制宜逐步适当集中，农村居民点用地模式由无序发展走向有序集约无疑是现代农村居民点建设发展演变的总体方向。农村居民点的用地演变通过农村居民点的空间分布和形态特征来体现。它的空间分布及其变化特征主要受内、外部驱动力的综合影响。农村居民点用地演变影响因素分析研究表明：农村居民点因其区域内自然资源要素、经济要素、社会人文因素等要素的不同形成特征各异的农村居民点用地模式。农村居民点用地演进正是在反映其自然、地理、人文、历史等外在格局特征的多元因素综合作用下孕育、产生、演变和发展的，是一个非常复杂的过程，体现了空间过程与社会过程的辩证统一。

其次，通过农村居民点演变指数对城镇化进程中的典型农村居民点用地格局及变化进行定量描述，能够进一步了解农村居民点用地格局与演变过程之间的关系，更好地掌握农村居民点用地格局特征和演变规律。因此，在对典型研究区进行总体用地结构及农村居民点用地变化初步分析的基础上，引入农村居民点用地利用动态度、农村居民点用地利用相对变化率、农村居民点用地比重以及农村居民点扩展指数来定量测度研究区农村居民点用地变化。研究表明：研究区农村居民点用地总体利用很不集约，呈粗放状态，而且其区域内各镇尺度农村居民点用地利用区域差异显著。研究认为，农村居民点的集约利用应根据区域实际，因地制宜选取集约化策略。同时，在构建农村居民点用地演变驱动机制理论体系的基础上，选取 12 个定量指标，引入灰色关联分析模型，具体研究了农村居民点用地演变驱动机理。研究表明：研究区农村居民点用地演变受到区域产业结构调整、人口因素、经济能力、生产生活的变化等众多因素的复杂影响，而且经济因素和人口因素是农村居民点用地演变的主要驱动力。

随着生产力的不断发展，在复杂多变的诸多影响因素下，尤其受当今人为干预的重要影响，农村居民点利用呈现多元化的用地格局。农村居民点利用的科学模式与标准应该以一般农村居民点用地演变规律为基础，结合其自身的演变规律，参照农村居民点用地利用空间格局发展趋势，以可持续发展思想为指导，构建农村居民点集约用地新格局。

# 3 农村居民点集约用地评价研究

评价是对将被提出的、正在进行的或已经完成的活动或过程的价值、优缺点、品质作一判断[296]。不同的农村居民点用地利用格局呈现不同的绩效特征，合理的农村居民点用地结构和布局有利于维持农村居民点系统的稳定性和可持续性。因此，为了合理确定农村居民点用地数量与规模、优化农村居民点用地布局和结构、科学实施农村居民点规划并对农村居民点用地实施合理调控，使农村居民点区域社会、经济、环境协调发展，研究和制定出一套科学的、反映区域状况的农村居民点评价体系及其评价标准对其集约利用程度及动态发展趋势进行定量评价不仅非常必要，而且非常重要，对于扭转农村居民点用地利用的种种不合理行为，推进农村居民点用地生态—经济—社会可持续发展具有特别重要的指导意义和科学决策价值。但农村居民点用地节约和集约用地评价较难，主要原因是农村居民点用地管理较薄弱，评价指标设定和数据资料获取困难[68]。因此，进行农村居民点集约用地评价是相当复杂的。

目前国内外节约和集约用地评价研究在地域范围内主要集中在城市土地，在土地利用类型上主要集中在非农建设用地，针对农村宅基地以及某一具有综合土地利用类型的区域型集约用地评价指标研究涉及不多，也很不系统[68, 297]。在这样的研究背景和契机下，本章通过理论和典型实证分析构建农村居民点集约用地评价理论体系。

## 3.1 农村居民点集约用地评价研究思路

土地利用系统是一个非常复杂的生态—经济—环境—社会复合系统，

涉及一系列相关因素和诸多协调发展状况，土地可持续利用评价具有系统的复杂性、多因素关联性、实现机制的多元性，以及区域的差异性与特殊性[298]。因此，农村居民点集约用地评价指标体系的构建，应当切实针对农村居民点系统的结构、功能、特点，以“农村居民点用地集约利用的目标——针对农村居民点用地集约利用的具体方式——影响农村居民点用地集约利用的要素——农村居民点可持续集约利用的指标——农村居民点集约用地评价标准”为主线，突出农村居民点用地利用对社会经济环境产生的影响，选取相互独立且能反映各方面特征的典型敏感特征，建立农村居民点集约用地评价的理论体系框架。

农村居民点集约用地评价，主要依据农村居民点用地区域的社会经济、环境生态、自然条件等对其用地的集约度进行等级划分。因此，农村居民点集约用地研究的总体思路是：根据评价对象的特性和评价的基本要求，在广泛调研的基础上对农村居民点用地变化的影响因素进行评析，筛选出可用于评价的指标，同时以国家颁布的标准、行业规范和地方标准等作为参考依据，确定各指标的评价标准，按照评价的具体目标，选取适当的评价方法，建立合理的评价模型，划分集约利用等级，并对挖掘农村居民点用地潜力和农村居民点用地合理利用提出比较可行的方案或建议，为相关部门制定有关政策提供有效技术支持（见图 3 – 1）。

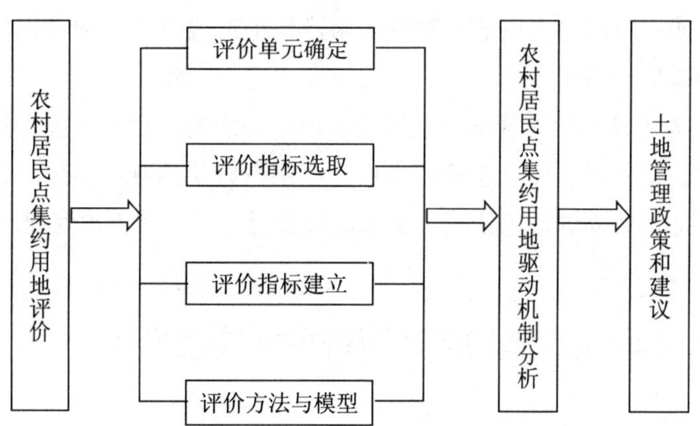


**图 3 – 1　农村居民点集约用地评价研究框架**

## 3.2 农村居民点集约用地评价目标

区域土地资源集约利用评价是分析其现状特征和问题，为实现区域土地资源的集约利用提供辅助决策的有效途径[70]。农村居民点集约用地评价是制定农村居民点用地供给决策和管理农村土地效果评价的科学依据，是保证农村居民点实现用地节约和集约的重要基础内容。其目的在于实现农村居民点用地合理优化配置，指导人类对农村居民点用地的干预程度与干预方式，提高人类行为与农村居民点用地格局的相容性，进行农村居民点的合理规划与建设，改善农村人居环境，推动农村可持续发展。由于农村居民点用地利用的特殊性以及时空差异性，其集约利用的实现存在一个渐变的过程，同时随着集约程度的提高，其经济、社会和生态效益的实现需要逐步调整和提高，最终才能实现用地利用综合效益最优化。

农村居民点集约用地评价目标主要有：

（1）摸清农村居民点集约用地状况，确定农村居民点用地利用是处于相对集约状态、粗放状态还是过度状态。

（2）洞悉农村居民点用地利用时空演进和集约利用状态之间的变化规律，探讨农村居民点集约用地的驱动机制，发掘农村居民点集约用地的潜力，从而使农村居民点用地在有效利用过程中形成合理的集约度，促进农村建设用地集约利用。

（3）为土地行政主管部门能够及时地掌握农村居民点建设用地利用状况，科学制定农村居民点建设用地集约利用的政策法规、措施、运作模式及调控等提供可靠的理论依据，从而进一步健全、完善土地管理制度。

## 3.3 农村居民点集约用地评价指标体系构建

进行土地集约利用评价的关键在于指标体系的构建，指标体系的设计应能充分反映集约利用的内涵，同时具备阐释功能、评价功能及预警功能。指标[296]（indicator）这一术语来源于拉丁文 indicare，含义是揭示、指明、宣布或了解等。通俗地讲，指标是对基本的数据的集成或者综合、用来反映总体现象的特定概念和具体数值，但它所具有的含义已超越了这些基本数据本身。指标的基本特征有：①具有明确的含义；②尽可能地定量化；③易于解释和说明；④综合概括地反映事物的关键因素；⑤时间上具有动态性，对事物具有敏感性；⑥指标是一定复杂事物或现象的替代物，力求逼真但却不能等同。

### 3.3.1 指标体系建立的基本思路

农村居民点集约用地是一项关系到农村可持续发展的重要研究课题，涉及自然、社会、经济、生态环境、工程等众多方面，是个复杂的系统工程。影响农村居民点集约利用的因素、因子很多，有宏观的、微观的，有静态的、动态的，有直接的、间接的，且因素、因子之间相互联系、相互影响。因此，农村居民点集约用地评价指标体系应该是一个涵盖土地利用纵横方面多元化的有机动态复合系统。

农村居民点集约用地评价是运用定量和定性相结合的方法对影响农村居民点集约用地的社会、经济、自然等各项因素进行综合分析，揭示农村居民点集约用地的空间差异。因此，农村居民点集约用地指标建立的基本思路应为：从影响农村居民点集约用地的背景资料入手，分析影响其集约利用的因素，筛选出具体的指标。

### 3.3.2 指标选取的原则

农村居民点集约用地评价指标体系作为一种决策导向，既要体现以土地为载体的诸多方面协调发展的主导思想，又要使各评价指标成为表征区域农村居民点用地系统的众多指标中最灵敏、最便于度量、内涵最丰富的主导性指标，使评价指标体系能够准确描述区域农村居民点用地状态的发展变化趋势。

评价指标必须能够直接或间接地反映农村居民点用地的高效集约性，其本身应具备有效性与合理性本质特征。农村居民点用地集约利用指标体系就是综合运用土地经济学、环境科学、系统科学、管理学等基础理论，为通过数据统计、测算来综合反映农村居民点用地集约利用状况而设计的一整套指标体系。农村居民点用地集约利用评价指标体系应该准确反映农村居民点用地集约利用的内涵，成为一个有机的系统。评价指标的选取应遵循以下几项原则：

（1）前瞻性和现实性原则。农村居民点集约利用评价是一个全新的概念，应该赋予其全新的理念和内涵。制订指标要有预见性、指导性和战略性，要与区域土地利用总体目标、城镇体系规划、村镇规划和农村居民点用地的未来主导方面相一致。评价体系应有反映时间演变特征的指标，以便能与所评价地域的实际情况保持一致，并与特定时空的农村居民点用地利用技术及利用伦理观念相一致，既不能为了提高农村居民点用地集约利用水平而制订“大跃进式”的标准和政策，也不能使其用地利用处于粗放状态。农村居民点集约用地要注意遵循社会经济发展规律和自然规律的统一。

（2）完整性和系统性原则。指标体系应能全面地反映农村居民点用地利用的综合水平以及各方面的因素，农村居民点用地集约利用的指标体系是一个综合的、系统的范畴。农村居民点的功能复杂，它是农村居民生活的主要场所，甚至是一些生产活动的主要场所，社会经济条件、自然条件、生态条件、居住习惯等多种因素影响着农村居民点集约利用水平。指标体系作为一个有机整体，所选取的指标应涵盖经济、社会、环境等各个方面，不应该片面追求农村居民点用地的高强度、超承载能力的利用。同时，指标体系的建立要使选用的指标形成一个具有层次性和内在联系的系统，即指标体系的构成要反映农村居民点用地利用综合效益以及可持续性要素的主要方面和内在联系，同时其各个指标有机联系组成一个层次分明的整体。

（3）科学性和可操作性原则。在集约用地指标设置上，必须立足客观实际，建立在准确、科学的基础上，既要突出系统性，也要注重实效性，并注意增加直观性，加强与集约利用目标和关键问题的联系。集约指标应能充分反映农村居民点集约利用的内涵、农村居民点用地利用程度及动态发展趋势，保证评价指标内涵明确、数据来源准确、合理、测算方法标准、有效。在保证指标科学性的同时，要重视可操作性，所选取的指标应容易获取且可量化性强，指标量化、指标权重确定及评价的过程既要科学又要可操作。

（4）地域性和动态性原则。不同区域的自然条件因素、人文社会背景状况、经济发展水平等方面的差异决定着区域农村居民点集约利用的方向与特征，进而影响着农村居民点集约利用的分异程度。所以在设置评价指标时，要注意兼顾普适性指标和反映地域差异性的特殊指标的统一，使评价结果具有针对性、可行性。同时，农村居民点用地利用是一个长期和动态的过程，随着社会的发展，对于处于不同时空范围内的农村居民点用地，衡量其集约利用的因素应适度调整，这就要求所选取的指标在项目、度量、权重等方面均应该具有时空维动态性和一定的灵活性特征，能随着具体时空的变化而进行相应的动态调整。

（5）代表性和独立性原则。由于影响农村居民点集约利用水平的因素范围很广，涉及区域经济、基础设施、城镇化水平、自然生态环境、用地投入与产出以及利用趋势等多个方面，同时农村居民点集约用地评价主要针对具有某些同类特征的农村居民点某一时期的用地利用状态进行分析比较，所以，选取的指标应立足于农村居民点用地集约利用的本质，注重选取具有共性、代表性的指标，同时注重所选取指标对评价目标的贡献度及其相关指标的联动程度，全面、系统反映农村居民点集约用地程度。因此，评价指标的选取应系统地表达出各个影响要素的主要方面和内在联系，应独立而不相关，能够科学地反映出农村居民点用地利用程度分异特征。

（6）易得性和可操作性原则。不考虑实际情况而片面追求系统状态的完整描述，不仅会增加指标选取的难度，而且会造成指标体系缺乏实用性，并且会使其后续集约评价缺乏可操作性。因此，指标体系的选择应考虑数据收集的难易程度，统计数据的连贯性、真实性及有效性，保证数据的可采集性、易获取性或者可替代性。

（7）导向性和规范性原则。设计和构建农村居民点集约评价指标体系，一方面是根据农村居民点用地利用动态演变过程来评估农村居民点用地利用的现实水平状况，从而为实际工作部门指导未来用地利用发展方向及规模服务；另一方面是揭示影响农村居民点用地利用的影响因素，特别是分析主要制约因素影响作用机理，探讨农村居民点用地集约利用的规律。

### 3.3.3 评价指标的选取

根据评价指标选取的目标和原则，本节采用定性与定量分析结合法对应用文献资料法和实地调查法获取途径得来的众多指标具体分析影响农村居民点集约用地的指标因素。在进行指标选择过程中，在注意全面性的同时，主要考虑影响农村居民点集约用地的自然、社会、经济、基础设施、生态环境、绩效、历史条件等方面的主要因素。

（1）定性分析法。农村居民点集约用地的影响因素包括明显的和不明显的两类因素。但明显的或者不明显的影响因素，都可以采用定性分析的方法进行筛选，如社会调查、统计年鉴、参考已有成果资料、专家咨询或者征求同行意见等。由于备选指标不仅数量众多而且相互间关系复杂，应根据指标选取原则和农村居民点用地利用高效集约化的原则对罗列备选的众多指标进行归纳分析，剔除不合理的指标，即对农村居民点集约用地影响不明显、指标之间相互交叉、重复性的指标等。

（2）定量分析法。综合采用因子分析、相关分析、灰色系统关联分析等多种方法，对定性得到的因素指标体系对应的统计资料、调查资料等进行数量化处理，找出相关程度较高的因素作为初选因素。

（3）定性与定量分析结合法。对初选因素进行社会调查和专家咨询，并适度酌情调整，最终确定科学、全面、合理的指标作为评价指标。可以根据区域不同情况将其区分为必选指标和备选指标两类，便于今后进行调整。

### 3.3.4 评价指标体系框架

评价指标体系设计应以农村居民点集约用地的评价原则为指导，以促进农村社会经济可持续发展为目标，以合理、合法、高效为出发点，充分反映土地集约利用的内涵。农村居民点集约用地是一个多元的复合概念，既可作定性描述，也可以筛选出若干体现农村居民点用地利用程度与强度的指标，进行定量分析和模拟。为体现科学性，农村居民点集约用地评价应尽量以定量计算为主，但必要时也需要对某些难以定量的指标进行定性分析，并对其进行定量化分析描述，揭示其本质及内在联系，以提高评价的可操作性，减少人为随意性。

依据评价指标体系选取的基本思路和原则，参考国内外相关研究，同时结合农村居民点用地自身特点及其影响因素，综合权衡后，本研究基于层次分析法（AHP）确定了农村居民点集约用地评价指标体系，其指标体系包括农村居民点用地集约利用约束程度、农村居民点用地集约利用程度、农村居民点集约利用趋势3个项目内容（见表3－1）。

**表3－1　　农村居民点集约用地评价指标体系**

<table>
<tr><th>评价内容</th><th>影响因素</th><th>影响因子</th><th>评价指标</th></tr>
<tr><td rowspan="14">农村居民点用地集约利用约束程度</td><td>土地利用结构和布局</td><td>用地结构协调性</td><td>住宅用地与公共建筑用地（道路、绿地、其他用地）的比例和结合形式</td></tr>
<tr><td>产业结构</td><td>农村产业结构</td><td>各产业比例关系和结合形式</td></tr>
<tr><td>城镇化</td><td>城镇化程度</td><td>城镇化水平</td></tr>
<tr><td>地形地貌</td><td>地貌类型</td><td>高程、坡度等</td></tr>
<tr><td>环境生态</td><td>绿化状况</td><td>绿化率、景观指数、自然灾害指数等</td></tr>
<tr><td>资源供应</td><td>耕地状况</td><td>人均耕地拥有量</td></tr>
<tr><td>服务半径</td><td>服务半径</td><td>耕作半径</td></tr>
<tr><td rowspan="4">基础设施水平</td><td>道路状况</td><td>交通密度</td></tr>
<tr><td>水</td><td>人均供水量</td></tr>
<tr><td>电</td><td>人均用电量</td></tr>
<tr><td>居住状况</td><td>人均居住用地面积</td></tr>
<tr><td rowspan="3">就业程度</td><td>就业比例</td><td>农村就业人口在三产业中比例</td></tr>
<tr><td>农转非</td><td>农转非人数</td></tr>
<tr><td>外来人口就业比例</td><td>外来人口在农村中就业比例</td></tr>
<tr><td rowspan="8">农村居民点用地集约利用程度</td><td rowspan="4">土地投入程度</td><td>总投入</td><td>单位用地固定资产投入</td></tr>
<tr><td>基础设施投入</td><td>地均年基础设施投资</td></tr>
<tr><td>土地开发整理投入</td><td>地均开发整理投入</td></tr>
<tr><td>地均从业人员投入</td><td>地均从业人员</td></tr>
<tr><td rowspan="4">土地利用程度</td><td rowspan="4">土地利用状况</td><td>农村居民点利用率</td></tr>
<tr><td>农村居民点建筑密度</td></tr>
<tr><td>农村居民点用地人口密度</td></tr>
<tr><td>农村居民点综合容积率</td></tr>
</table>

续 表

| 评价内容 | 影响因素 | 影响因子 | 评价指标 |
| --- | --- | --- | --- |
| 农村居民点用地集约利用程度 | 土地利用程度 | 土地闲置状况 | 农村居民点用地闲置率 |
| | | 土地扩展状况 | 农村居民点用地扩增率 |
| | 土地利用效益 | 土地经济产出 | 地均 GDP |
| | | | 地均工业产值 |
| | | | 地均年二、三产业 GDP 产出水平 |
| 农村居民点集约利用趋势 | 土地集约利用发展趋势 | 弹性系数 | 农村居民点用地与农村人口增长弹性系数 |
| | | | 农村固定资产投资与农村居民点用地增长弹性系数 |
| | | 扩展的外部效应 | 是否危害周围环境以及危害程度 |
| | | 制度及政策、社会可接受性、管理机制有效性等 | 因农村居民点扩展农民上访案件数量 |
| | | | 有无违背国家关于农村建设用地利用与管理的法律法规以及相关土地政策 |
| | | | 规划执行程度 |
| | | | 集体建设用地供应市场化比率 |

## 3.3.5 标准的设置

1. 标准内容

评价标准的制定，直接影响着评价的实用性和可操作性。对于农村居民点集约用地而言，农村居民点用地利用时空分异特征决定了其评价指标合理值的确定是一项非常复杂的系统工作，不仅需要充分考虑、科学把握农村居民点用地利用的现状特点和未来发展趋势，而且需要通过一定的时空观测和大量针对性的分析验证，才能较为客观地确定其具体的标准值数据。区域区位因素及其发展条件、人们的价值观、国家或地方土地管理政策甚至当地政府决策的倾向性等均会对农村居民点集约用地评价的标准产生不同程度的影响。而上述影响因素在农村之间的区域差异直接导致很难采用统一的标准对所有农村居民点用地的集约利用状况进行评价。迄今为止，农村居民点集约用地评价尚无统一的评判标准，正处于不断探索之中。本研究认为，农村居民点集约用地评价的标准应该是一个体系，即农村居民点集约用地评价标准体系，包括绝对控制标准和相对控制标准两个方面。绝对控制标准指由国家主管行政部门统一确定的标准，它的确定是通过探讨国内外农村居民点用地利用的演进规律及其与自然、社会经济、国家政策等重要影响因素的相互关系来合理定位我国农村居民点的实际状况，从而确定一套在某段时期某个范围内的统一标准，其优点是容易进行横向以及纵向的对比分析，缺点是指标值制定困难，其指标参考值的制定应尤其重视区域社会经济发展状况；相对标准指标则指不是由国家主管行政部门制定的统一标准指标，而是由各个区域依据其本身的特点制定的具体针对性集约指标标准，划分自己的等级，其指标值只可以进行该区域的纵向比较，而大范围的横向比较则比较困难，并且其比较结果的可靠性有待进一步验证。

目前，针对我国实际，在确定农村居民点用地集约利用评价参考标准值时，应根据区域基础条件发展的实际进行分类，立足于先进水平，针对不同指标特征和农村自身特征，采用以下多种方法进行确定：

（1）参照发达国家或者其他同类型发展中国家类似情况的相关标准；

（2）采用国家或地方制定的相关规范标准的上限或者依据其规范标准适度调整的合理控制值；

（3）采用国内类似区域的最高水平值或者若干时间段的平均值；

（4）采用根据该区域的历史发展趋势确定的合理水平值；

（5）采用区域典型相关指标值作为比较标准；

（6）专家或者相关部门咨询；

（7）社会问卷调查和实地勘测相结合。

2. 标准设置的依据

制定评价标准的依据是：

（1）国外发达国家或者同类型发展中国家的经验参考值；

（2）国家和地方制定的各种技术规范及有关规程，如人均居住用地面积、人口密度等；

（3）采用理想化值作为比较标准，如闲置率；

（4）参考当地相关规划的合理技术指标，如土地利用总体规划、乡镇规划、村庄规划或者区域城市规划等确定的技术指标，如容积率、绿化率、建筑密度等；

（5）经济效益的标准，参考全国同类地区或当地某个时间段统计资料的具体代表性数值；

（6）缺乏国家、地方技术标准参照时，应通过专家咨询、问卷调查、实地勘测等多种方式综合确定。

具体评价指标选择什么样的标准，主要由指标本身的特点决定，可以是以上单项参考标准或者几种参考标准的综合。

## 3.4 农村居民点集约用地评价模型

农村居民点用地集约利用评价是一项极其复杂的系统工程，既涉及有关概念及其内涵界定等基础理论研究，又涉及区域土地利用总体规划、村镇规划、村域规划、地籍管理、社会经济历史资料等多方面的调查，还需进行大量的图、文、数据的统计、分析、测算与验证。集约评价结果的准确性和有效性在很大程度上依赖于评价方法和评价模型的科学确立。这里在分析总结一般土地集约评价模型的基础上，提炼出农村居民点集约用地评价模型。

### 3.4.1 一般土地集约评价模型

针对土地集约利用，其评价模型主要有主成分分析和聚类分析结合模型、模糊综合评价模型、层次分析法评价模型以及多因素综合评价模型等。

1. 主成分分析和聚类分析结合模型

主成分分析法是一种应用相当广泛的多元统计方法，它是将原来选取的多个指标，利用线性变换的方法重新组合成尽可能少的且互不相关的几个综合性指标，并使这几个指标尽量多的反映原指标所包含的信息，每一个综合指标都是各原始指标的线性组合，从而达到简化数据和揭示变量间关系的目的[299]。聚类分析是数理统计中研究“物以类聚”的一种方法。将两种分析方法相结合，可以对集约用地情况进行具体分类和评价。

2. 基于模糊数学的集约利用模糊综合评价模型

模糊综合评判法评价的原理，是对参评因子和每个适宜性等级建立隶属函数，对参评因子的评价由参评因子对每一个适宜性等级的隶属度构成，评定结果是参评因子对适宜性等级的隶属值矩阵；参评因子对适宜性的影响大小用权重系数表示，构成权重矩阵；将权重矩阵与隶属值矩阵进行复合运算，得到一个综合评价矩阵，表示该用地单元对每一个适宜性等级的隶属度[300]。

3. 层次分析法评价模型

层次分析法（Analytic Hierarchy Process，AHP）是美国著名运筹学家、匹兹堡大学教授 T. L. Saaty 于 20 世纪 70 年代中期提出的一种多层次权重分析决策方法。它的基本原理是把所研究的复杂问题看作一个大系统，通过对系统的多个因素的分析，划分出各因素间相互联系的有序层次，再请专家对每一层次的各因素进行客观的判断后，相应地给出相对重要性的定量表示，进而建立数学模型，计算出每一层次全部因素的相对重要性的权值，并加以排序，最后根据排序结果进行规划决策和选择解决问题的措施[301]。

4. 多因素综合评价模型

多因素综合评价是对复杂经济现象整体进行定量描述的一种方法，这种描述是在科学概括统计总体与各方面特征的基础上，借助于统计指标体系对总体与各方面的特征给予确切的定量描述，从而取得满意的结果。统计指标体系中的每一个统计指标反映客观经济事物的某一种特征，统计指标体系则从被研究现象的相互关系和相互制约中，反映总体与各方面的特性。这个评价过程，是按照一定的目标和原则，以评价单元为样本，选择对评价单元发生作用的因素和因子作为评价指标，并通过适宜的模式予以量化、计算和归并，从而实现评价目标的一种方法[302]。

5. 信息熵理论评价模型

信息论中信息熵表示系统的有序程度，一个系统的有序程度越高，则信息熵越小，反之，一个系统的无序程度越高，则信息熵越大。此模型可根据各项指标值的差异程度，利用信息熵这个工具，计算出各指标的权重，为综合评价提供依据[303]。

6. 人工神经网络评价模型

人工神经网络是基于连接学说构造的智能仿生模型，它是由大量简单元件——神经元相互连接而成的非线性、非局域性、非定常性和非凸性的复杂网络系统，具有并行分布的信息处理结构和自适应性的脑模式的信息处理能力，可以通过“自学习”或“训练”掌握大量的知识，完成特定的工作[304]。

7. 其他模型

其他模型有很多，比如：专家经验评价模型、数理模型和专家意见综合评价模型以及其他融合模型。

### 3.4.2 农村居民点集约用地评价模型

农村居民点集约用地是一个综合的概念，农村居民点集约用地评价就是对区域经济、社会、生态环境等因素进行综合分析，按差异划分农村居民点集约程度。因此，采取多因素综合评价模型。

1. 指标权重的确定

权重是衡量各项指标相对作用大小的具体量度。指标权重的合理与否直接影响后续评价结果的科学性、准确性和可靠性。当前国内外对指标体系的综合评价，通常采取权重加权法，即按不同指标所占的权重进行加权，最后得出评价的综合指数[24]。农村居民点集约利用评价的指标体系权重采用主观分析法（成对比较法）和客观分析法（熵值法）相结合的原则。

2. 指标标准化处理

考虑到评价指标体系中正向指标、逆向指标共存及其差异性，指标间的“好”与“差”在很大程度上带有模糊性，因此，采用模糊隶属度函数法对各指标的“价值”进行量化，科学地进行指标的无量纲处理[305]。

3. 综合评价模型构建

在单指标评价的基础上，建立农村居民点集约用地综合评价，具体公式为：

$$A = \sum a_i \times P_i \tag{3-1}$$

式中，$A$ 为综合评价指标分值；$P_i$ 为 $i$ 因素权重值；$a_i$ 为 $i$ 因素指标分值。

各个项目层的总体评价指标分值也根据公式，由其所包括的低一级因素指标计算得出。

最后根据综合评价指标分值 $A$ 以及农村居民点用地的集约程度评判标准（见表 3－2）对考察的具体农村居民点用地进行评判。其综合评价指标分值 $A$ 越大，表示考察对象农村居民点用地集约利用水平越高。

**表 3－2　　农村居民点集约程度分级**　　单位：%

| 综合评估值 | >95 | 75～95 | 55～75 | 40～55 | <40 |
|---|---|---|---|---|---|
| 评判标准 | 高度集约 | 集约 | 适度集约 | 低度集约 | 粗放不集约 |

## 3.5　典型农村居民点集约用地评价

进行分尺度的农村居民点集约用地评价有助于揭示农村居民点用地集约利用的具体程度。本部分对研究区进行不同尺度农村居民点集约用地评价研究，具体包括乡镇农村居民点集约用地评价和抽样农村居民点集约用地评价。

### 3.5.1　乡镇尺度农村居民点集约用地评价

根据研究区域实际情况将表 3－1 调整为乡镇尺度农村居民点集约用地评价指标体系（见表 3－3）。

**表 3－3　　乡镇尺度农村居民点集约用地评价指标体系**

| 评价内容 | 影响因素 | 影响因子 | 评价指标 |
|---|---|---|---|
| 农村居民点用地集约利用约束程度 | 产业结构 | 农村产业结构 | 各产业比例关系和结合形式 |
| | 城镇化 | 城镇化程度 | 城镇化水平 |
| | 地形地貌 | 地貌类型 | 高程、坡度等 |
| | 资源供应 | 耕地状况 | 人均耕地拥有量 |
| | 基础设施水平 | 道路状况 | 交通密度 |

续 表

| 评价内容 | 影响因素 | 影响因子 | 评价指标 |
|---|---|---|---|
| 农村居民点用地集约利用程度 | 土地投入程度 | 地均从业人员投入 | 地均从业人员 |
| | 土地利用程度 | 土地利用状况 | 农村居民点利用率 |
| | | | 农村居民点用地人口密度 |
| | 土地利用效益 | 土地经济产出 | 地均 GDP |
| 农村居民点集约利用趋势 | 土地集约利用发展趋势 | 用地与人口增长弹性系数 | 农村居民点用地与农村人口增长弹性系数 |

1. 指标权重的确定

根据上述权重确定方法，乡镇尺度农村居民点各项目层及因素、因子层的权重情况如表 3－4 所示。

**表 3－4　各项目层及因素、因子综合权重值**

| 评价内容 | 权重 | 影响因素 | 权重 | 评价指标 | 权重 |
|---|---|---|---|---|---|
| 农村居民点用地集约利用约束程度 | 0.4112 | 产业结构 | 0.0662 | 产业结构合理度（A1） | 0.0662 |
| | | 城镇化 | 0.0904 | 城镇化水平（A2） | 0.0904 |
| | | 地形地貌 | 0.0694 | 特征指数（A3） | 0.0694 |
| | | 资源供应 | 0.0853 | 人均耕地拥有量（A4） | 0.0853 |
| | | 基础设施水平 | 0.0999 | 交通密度（A5） | 0.0999 |
| 农村居民点用地集约利用程度 | 0.4398 | 土地投入程度 | 0.1418 | 地均从业人员（B1） | 0.1418 |
| | | 土地利用程度 | 0.1288 | 农村居民点利用率（B21） | 0.0877 |
| | | | | 农村居民点用地人口密度（B22） | 0.0411 |
| | | 土地利用效益 | 0.1692 | 地均 GDP（B3） | 0.1692 |
| 农村居民点集约利用趋势 | 0.1490 | 土地集约利用发展趋势 | 0.1490 | 农村居民点用地与农村人口增长弹性系数（C1） | 0.1490 |

2. 指标标准化

通过采用模糊隶属度函数法对各指标的“价值”进行量化处理，得到标准化处理后的结果（见表3－5）。

表3－5 指标标准化计算值

| 指标<br>镇名 | A1 | A2 | A3 | A4 | A5 | B1 | B2 | | B3 | C1 |
|---|---|---|---|---|---|---|---|---|---|---|
| | | | | | | | B21 | B22 | | |
| 城区镇（城北街道） | 0.6667 | 1.0000 | 1 | 0.9308 | 0.4023 | 0.9775 | 1 | 0.9634 | 0.1775 | 0.7143 |
| 昌平镇（城南街道） | 0.1667 | 0.8781 | 1 | 0.6140 | 0.1495 | 1 | 0.2235 | 1 | 1 | 0.5714 |
| 马池口镇 | 0.1667 | 0.3858 | 1 | 0.4196 | 0.5182 | 0 | 0 | 0 | 0.3212 | 0.1429 |
| 南邵镇 | 0.1667 | 0.3252 | 1 | 0.5342 | 0.4213 | 0.4410 | 0.4058 | 0.3443 | 0.2629 | 0.4286 |
| 沙河镇 | 0.1667 | 0.6158 | 1 | 0.4691 | 0 | 0.5428 | 0.3664 | 0.5689 | 0.4579 | 0.2857 |
| 东小口镇 | 0.3333 | 0.9230 | 1 | 0.6936 | 0.2972 | 0.2983 | 0.2598 | 0.2834 | 0.4175 | 0.8571 |
| 长陵镇 | 0.5000 | 0.0000 | 0 | 1 | 0.0191 | 0.3293 | 0.9193 | 0.1395 | 0.0041 | 0.2857 |
| 十三陵镇 | 1.0000 | 0.2085 | 0 | 0.7575 | 0.0625 | 0.1893 | 0.7662 | 0.1359 | 0.0146 | 1 |
| 兴寿镇 | 0.0000 | 0.1613 | 0.5 | 0.2228 | 0.0456 | 0.1250 | 0.7847 | 0.1385 | 0.0250 | 0.2857 |
| 百善镇 | 0.0000 | 0.1577 | 1 | 0.0902 | 0.3482 | 0.2469 | 0.3062 | 0.2677 | 0.3279 | 0.8571 |
| 崔村镇 | 0.0000 | 0.1874 | 0.5 | 0.4256 | 0.3043 | 0.0987 | 0.5952 | 0.0761 | 0.1747 | 0 |
| 小汤山镇 | 0.3333 | 0.2293 | 1 | 0 | 0.4189 | 0.2427 | 0.4244 | 0.2116 | 0.2682 | 1 |
| 北七家镇 | 0.5000 | 0.8964 | 1 | 0.2541 | 1 | 0.0517 | 0.0577 | 0.0895 | 0.7685 | 0.8571 |
| 流村镇 | 0.1667 | 0.1146 | 1 | 0.8904 | 0.0388 | 0.1748 | 0.9734 | 0.1032 | 0 | 0.2857 |
| 阳坊镇 | 0.5000 | 0.2543 | 0.5 | 0.4802 | 0.3921 | 0.7484 | 0.7554 | 0.7054 | 0.5047 | 1 |
| 南口镇 | 1.0000 | 0.7262 | 0 | 0.7192 | 0.1427 | 0.1847 | 0.9009 | 0.0808 | 0.0489 | 1 |
| 回龙观镇 | 0.8333 | 0.9243 | 1 | 0.7023 | 0.6415 | 0.2314 | 0.5719 | 0.4161 | 0.6161 | 0.4286 |

3. 综合评价

根据农村居民点用地的集约程度评判标准（见表3－2）和乡镇尺度农村居民点集约用地综合评价的计算结果（见表3－6）对研究区域农村居民点用地的集约程度进行评判。可以看出，北京市昌平区乡镇尺度农村居民点中，仅有城区镇农村居民点集约用地综合指数稍临近集约利用边界值，其余乡镇农村居民点集约利用程度均比较低，并且具有明显区域差异。

**表 3－6　　乡镇尺度农村居民点集约用地评价结果**

| 镇名 | 集约约束指数 | 集约利用指数 | 集约利用趋势指数 | 集约综合指数 |
|---|---|---|---|---|
| 城区镇 | 0.3235 | 0.2959 | 0.1064 | 0.7259 |
| 昌平镇 | 0.2271 | 0.3717 | 0.0851 | 0.6839 |
| 马池口镇 | 0.2029 | 0.0543 | 0.0213 | 0.2785 |
| 南邵镇 | 0.1975 | 0.1567 | 0.0638 | 0.4181 |
| 沙河镇 | 0.1761 | 0.2099 | 0.0426 | 0.4286 |
| 东小口镇 | 0.2638 | 0.1474 | 0.1277 | 0.5388 |
| 长陵镇 | 0.1204 | 0.1337 | 0.0426 | 0.2966 |
| 十三陵镇 | 0.1560 | 0.1021 | 0.1490 | 0.4070 |
| 兴寿镇 | 0.0728 | 0.0964 | 0.0426 | 0.2118 |
| 百善镇 | 0.1261 | 0.1283 | 0.1277 | 0.3822 |
| 崔村镇 | 0.1184 | 0.0988 | 0 | 0.2172 |
| 小汤山镇 | 0.1541 | 0.1257 | 0.1490 | 0.4287 |
| 北七家镇 | 0.3051 | 0.1461 | 0.1277 | 0.5789 |
| 流村镇 | 0.1707 | 0.1143 | 0.0426 | 0.3276 |
| 阳坊镇 | 0.1710 | 0.2867 | 0.1490 | 0.6067 |
| 南口镇 | 0.2075 | 0.1167 | 0.1490 | 0.4732 |
| 回龙观镇 | 0.3322 | 0.2043 | 0.0638 | 0.6003 |

为了进一步研究区域差异程度，引入公式计算相对集约度（$Cr$）的大小。

$$Cr_i = \frac{r_i}{r_{max}} \quad (i=1, 2, \cdots, n) \tag{3-2}$$

式中，$r_i$ 为各个参评对象的集约度评价综合指数，$r_{max}$ 为各个参评对象的集约度评价综合评价指数中的最大值。

将表 3－6 乡镇农村居民点集约用地评价结果数据代入式（3－2）计算可获得农村居民点相对集约程度数值。通过计算比较，可以看出，乡镇尺度农村居民点集约用地利用水平相差较大。集约水平最高的是城区镇（$Cr=100$），集约利用水平最低的是兴寿镇（$Cr=29.19$）。17 个乡镇尺度农村居民点集约用地利用综合指数平均值为 61.62，极差为 70.81，标准差为 20.87。其中，大于农村居民点集约用地利用综合指数平均值的乡镇百分比为 41.18%。

根据调整后的分级标准（见表 3－7）对其农村居民点相对集约程度计算结果进行具体分级比较，同时借助地理信息系统进行图件处理，可以进一步比较出乡镇尺度农村居民点用地的集约利用程度存在的分异特征（见图 3－2）。差异比较结果表明：相比较而言，昌平区域中心以及邻近海淀、朝阳周边区域集约程度相对较大，并且集约区域相对比较集中。

**表 3－7　乡镇尺度农村居民点用地相对集约程度分级标准指数**　单位：%

| 综合评估值 | 85～100 | 70～85 | 55～70 | 40～55 | <40 |
|---|---|---|---|---|---|
| 评判标准 | Ⅴ | Ⅳ | Ⅲ | Ⅱ | Ⅰ |

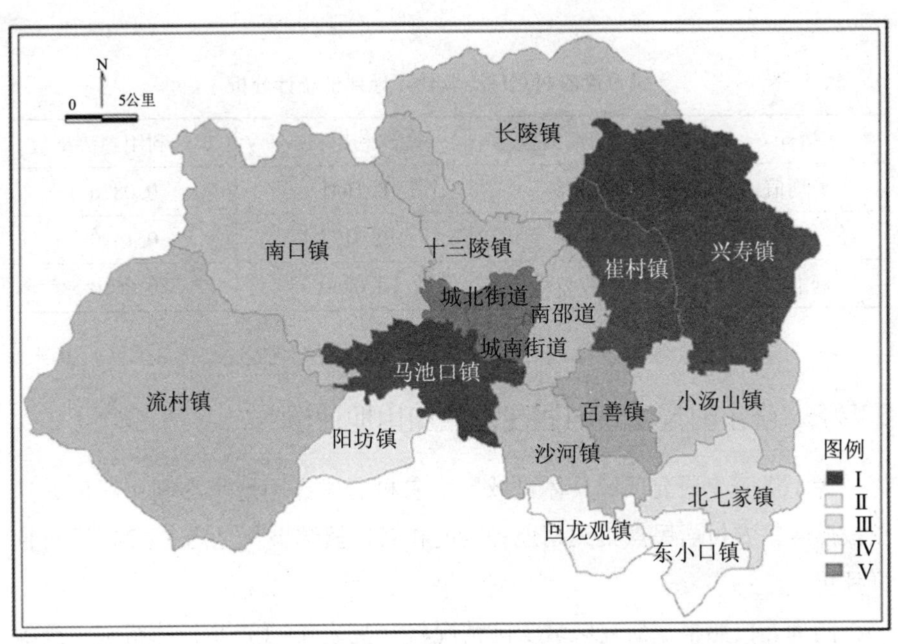


**图 3－2　乡镇农村居民点集约用地程度相对比较结果示意**

农村发展的多目标性特点决定了农村居民点集约用地呈现多目标性特征，通过对农村居民点集约约束指标、集约利用指标、集约利用趋势指标的统计分析，可以揭示导致农村居民点集约用地综合指数差异的原因。通过对乡镇农村居民点集约用地评价结果（见表3-6）进行统计分析，得到相关统计指标（见表3-8）。从评价指标的变异情况来看，三个评价指标值的极差和标准差是由集约利用指数、集约约束指数、集约利用趋势指数依次递减，这说明集约利用趋势指数所代表的集约用地单项水平的内部差异相对较小，而集约利用指数、集约约束指数所代表的集约用地单项水平差异比较显著，特别是集约利用指数所代表的集约用地单项水平差异较大。同时，这也为研究区域乡镇尺度农村居民点集约用地的利用方向提供了有效指南。即集约利用指数值的高低是决定农村居民点集约利用水平高低的直接原因。部分农村居民点集约用地在集约利用指数所代表的集约用地单项水平方面相对其他两项指标比较仍有较大的挖潜空间，可以针对集约利用指数所涉及的具体微观指标方面进一步挖潜利用，但在集约用地过程中也应该统筹考虑其他两项指标。

**表3-8　　乡镇尺度农村居民点集约用地评价统计分析**

| 指标 | 集约约束指数 | 集约利用指数 | 集约利用趋势指数 |
|---|---|---|---|
| 平均值 | 0.1956 | 0.1641 | 0.0876 |
| 极差 | 0.2593 | 0.3173 | 0.1490 |
| 标准差 | 0.0747 | 0.0840 | 0.0510 |

### 3.5.2　样本村尺度农村居民点集约用地评价

为了进一步研究区域具体村域层次农村居民点用地集约利用程度，这里按照乡镇农村居民点集约用地程度的相对比较结果（见图3-2）进行抽样评价。

同理，按照根据研究区域实际情况将（见表3-1）指标体系调整为抽样农村居民点集约用地评价指标体系（见表3-9），并且采用上述确权方法确定出各项目层及因素、因子权重（见表3-10）。指标标准化处理后的结果如表3－11所示。最后对评价后的集约程度（见表3－13）按村域农村居民点用地集约程度标准（见表3－12）进行相对比较。从抽样农村居民点用地相对集约程度结果（见表3－14）可以看出，抽样村级农村居民点集约利用程度级别指数均在集约指数评判标准（见表3－13）两端Ⅰ、Ⅱ、Ⅳ、Ⅴ四个级别取值范围内，而处于Ⅲ级别的没有，并且处于低级别Ⅰ、Ⅱ的居大多数，也就是说，抽样大部分农村居民点用地集约利用程度均比较低。同时，将抽样农村居民点用地相对集约程度结果（见表3－14）与乡镇农村居民点集约用地程度相对比较结果（见图3－2）对比分析，抽样农村居民点中，平原地区相对集约程度与乡镇尺度分析结果基本一致，而山区各种情况兼有。这一方面说明了上级乡镇尺度农村居民点集约用地利用水平对下级村级尺度农村居民点集约用地利用水平有一定程度的影响，另一方面说明研究区山区所属区域部分农村居民点用地利用的无序程度较平原地区更为复杂，而这点无疑进一步揭示了农村居民点集约用地问题研究的复杂性和困难性。

**表3－9　　抽样农村居民点集约用地评价指标体系**

| 评价内容 | 影响因素 | 影响因子 | 评价指标 |
|---|---|---|---|
| 农村居民点用地集约利用约束程度 | 土地资源供应 | 耕地状况 | 人均耕地拥有量 |
| | 基础设施水平 | 道路状况 | 交通密度 |
| 农村居民点用地集约利用程度 | 土地投入程度 | 地均从业人员投入 | 地均从业人员 |
| | 土地利用程度 | 土地利用状况 | 农村居民点利用率 |
| | | | 农村居民点建筑密度 |
| | | | 农村居民点用地人口密度 |
| | | | 农村居民点综合容积率 |
| | 土地利用效益 | 土地经济产出 | 地均 GDP |
| 农村居民点集约利用趋势 | 土地集约利用发展趋势 | 制度及政策等 | 规划执行程度 |

**表 3－10　　各项目层及因素、因子综合权重值**

| 评价内容 | 权重 | 影响因素 | 权重 | 评价指标 | 权重 |
|---|---|---|---|---|---|
| 农村居民点用地集约利用约束程度 | 0.2514 | 土地资源供应 | 0.1117 | 人均耕地拥有量 | 0.1117 |
| | | 基础设施水平 | 0.1397 | 交通密度 | 0.1397 |
| 农村居民点用地集约利用程度 | 0.6074 | 土地投入程度 | 0.2206 | 地均从业人员 | 0.2206 |
| | | 土地利用程度 | 0.2296 | 农村居民点利用率 | 0.0391 |
| | | | | 农村居民点建筑密度 | 0.0524 |
| | | | | 农村居民点用地人口密度 | 0.0485 |
| | | | | 农村居民点综合容积率 | 0.0896 |
| | | 土地利用效益 | 0.1572 | 地均 GDP | 0.1572 |
| 农村居民点集约利用趋势 | 0.1412 | 土地集约利用发展趋势 | 0.1412 | 规划执行程度 | 0.1412 |

**表 3－11　　指标标准化计算值**

| 指标项<br>村名（镇） | A1 | A2 | B1 | B2 | | | | B3 | C1 |
|---|---|---|---|---|---|---|---|---|---|
| | | | | B21 | B22 | B23 | B24 | | |
| 东庄（兴寿） | 0.3280 | 0.4669 | 0.0806 | 0.6292 | 0.0475 | 0.0221 | 0.0392 | 0 | 0.6667 |
| 香屯（兴寿） | 0.1694 | 0.7293 | 0.5364 | 0.2692 | 0.5621 | 0.3896 | 0.3916 | 0.1451 | 0 |
| 昭陵（长陵） | 0.8364 | 0.5477 | 0.5755 | 0.5616 | 0.6612 | 0.3017 | 0.5185 | 0.1250 | 1 |
| 老君堂（长陵） | 0.9136 | 0.2443 | 0.9456 | 0 | 0.7114 | 0.4679 | 0.4878 | 0.1941 | 1 |
| 大宫门（十三陵） | 1 | 0.6874 | 1 | 0.5731 | 0.4889 | 1 | 0.3352 | 0.2447 | 1 |
| 西山口（十三陵） | 0.5108 | 0.1370 | 0.0968 | 0.3644 | 0.4999 | 0.1166 | 0.3827 | 0.0003 | 0.6667 |
| 檀峪（南口） | 0.8068 | 0.4815 | 0.1960 | 0.6089 | 0.1719 | 0.0688 | 0.1211 | 0.2182 | 0 |
| 南流（流村） | 0.1209 | 0.7661 | 0.2052 | 0.5842 | 0.1886 | 0.1692 | 0.1304 | 0.1516 | 0.3333 |
| 北庄（流村） | 0 | 1 | 0.2985 | 0.5344 | 0 | 0.1358 | 0 | 0.1323 | 0.3333 |
| 旧县（城南） | 0.8725 | 0.3994 | 0.6760 | 0.1758 | 1 | 0.5880 | 0.6918 | 0 | 0.6667 |
| 土楼（马池口） | 0.6465 | 0.2160 | 0.1164 | 0.6751 | 0.1517 | 0.0916 | 0.1040 | 0.1522 | 0.3333 |

续 表

| 村名（镇）＼指标项 | A1 | A2 | B1 | B2 | | | | B3 | C1 |
|---|---|---|---|---|---|---|---|---|---|
| | | | | B21 | B22 | B23 | B24 | | |
| 狮子营（百善） | 0.5902 | 0.4824 | 0.1553 | 0.8476 | 0.1035 | 0.0367 | 0.0710 | 0.1788 | 0.3333 |
| 前白虎涧（阳坊） | 0.8900 | 0.2451 | 0.6297 | 0.5324 | 0.6778 | 0.2929 | 0.4894 | 1.0155 | 1 |
| 东营（南邵） | 0.5418 | 0.3047 | 0.2344 | 0.7425 | 0.1847 | 0.1107 | 0.1404 | 0.1872 | 0.3333 |
| 土沟（小汤山） | 0.3729 | 0.3050 | 0 | 0.7252 | 0.3696 | 0 | 0.2534 | 0.1552 | 0.3333 |

**表 3-12　村域农村居民点用地相对集约程度分级标准指数**　单位:%

| 综合评估值 | 80~100 | 70~80 | 55~70 | 40~55 | <40 |
|---|---|---|---|---|---|
| 评判标准 | Ⅴ | Ⅳ | Ⅲ | Ⅱ | Ⅰ |

**表 3-13　抽样农村居民点集约用地评价结果**

| 村名 | 集约约束指数 | 集约利用指数 | 集约利用趋势指数 | 集约综合指数 |
|---|---|---|---|---|
| 东庄 | 0.1019 | 0.0495 | 0.0941 | 0.2455 |
| 香屯 | 0.1208 | 0.2351 | 0 | 0.3559 |
| 昭陵 | 0.1699 | 0.2643 | 0.1412 | 0.5754 |
| 老君堂 | 0.1362 | 0.3428 | 0.1412 | 0.6202 |
| 大宫门 | 0.2077 | 0.3856 | 0.1412 | 0.7346 |
| 西山口 | 0.0762 | 0.1018 | 0.0941 | 0.2721 |
| 檀峪 | 0.1574 | 0.1245 | 0 | 0.2819 |
| 南流 | 0.1205 | 0.1217 | 0.0471 | 0.2893 |
| 北庄 | 0.1397 | 0.1141 | 0.0471 | 0.3009 |
| 旧县 | 0.1533 | 0.2989 | 0.0941 | 0.5463 |
| 土楼 | 0.1024 | 0.0977 | 0.0471 | 0.2472 |
| 狮子营 | 0.1333 | 0.1091 | 0.0471 | 0.2895 |
| 前白虎涧 | 0.1336 | 0.4129 | 0.1412 | 0.6878 |
| 东营 | 0.1031 | 0.1378 | 0.0471 | 0.2880 |
| 土沟 | 0.0843 | 0.0948 | 0.0471 | 0.2262 |

表 3－14　　抽样农村居民点集约用地程度分级

| 村名 | 所属镇 | 地理环境类型 | 集约综合指数 | 相对集约指数（%） | 集约程度等级 |
|---|---|---|---|---|---|
| 东庄 | 兴寿 | 山区 | 0.2455 | 33.41 | Ⅰ |
| 香屯 | 兴寿 | 山区 | 0.3559 | 48.45 | Ⅱ |
| 昭陵 | 长陵 | 山区 | 0.5754 | 78.34 | Ⅳ |
| 老君堂 | 长陵 | 山区 | 0.6202 | 84.43 | Ⅴ |
| 大宫门 | 十三陵 | 山区 | 0.7346 | 100 | Ⅴ |
| 西山口 | 十三陵 | 山区 | 0.2721 | 37.05 | Ⅰ |
| 檀峪 | 南口 | 山区 | 0.2819 | 38.38 | Ⅰ |
| 南流 | 流村 | 山区 | 0.2893 | 39.39 | Ⅰ |
| 北庄 | 流村 | 山区 | 0.3009 | 40.96 | Ⅱ |
| 旧县 | 城南 | 平原 | 0.5463 | 74.37 | Ⅳ |
| 土楼 | 马池口 | 平原 | 0.2472 | 33.65 | Ⅰ |
| 狮子营 | 百善 | 平原 | 0.2895 | 39.40 | Ⅰ |
| 前白虎涧 | 阳坊 | 平原 | 0.6878 | 93.63 | Ⅴ |
| 东营 | 南邵 | 平原 | 0.2880 | 39.20 | Ⅰ |
| 土沟 | 小汤山 | 平原 | 0.2262 | 30.79 | Ⅰ |

## 3.6　本章小结

农村居民点集约用地评价是一项系统工程，为农村居民点用地有效管理提供科学依据。农村居民点集约用地评价的目的在于管理，而管理的基础是农村居民点用地的现状评价和未来趋势预测，管理的任务则是农村居民点用地的现状调整及优化。

本章首先根据当前有效整合农村居民点用地的需要，分析农村居民点集约用地评价的目标；然后在遵循指标体系建立的思路基础上，明确了指标选取的7条原则，定性和定量相结合，科学选取农村居民点用地评价因素，基于层次分析法构建农村居民点集约用地评价指标体系并确认标准设置；最后在对一般土地集约评价模型评析的基础上，提出农村居民点集约用地多因素综合评价模型。该模型的评价思路是：指标体系权重采用主观分析法（成对比较法）和客观分析法（熵值法）相结合确定，数据标准化通过采用模糊隶属度函数法对各指标的“价值”进行量化，最后在单指标评价的基础上进行综合评价。

理论和实践相结合，从农村居民点用地集约利用约束程度、农村居民点用地集约利用程度、农村居民点集约利用趋势三方面对农村居民点集约利用进行单方面评价，在此基础上，采用综合评价模型评价农村居民点集约利用情况。其评价结果能比较准确地反映出农村居民点集约利用状况的优劣，同时揭示农村居民点用地集约利用的驱动机制。根据不同的研究尺度对农村居民点用地进行乡镇尺度和抽样村尺度实例集约评价，评价结果表明：相比较而言，昌平区域中心以及邻近海淀、朝阳周边区域集约程度相对较大，并且集约区域相对比较集中；抽样出的农村居民点，平原地区相对集约程度与乡镇层次分析结果基本一致，而山区各种情况兼有。这说明了研究区山区所属区域部分农村居民点用地利用的无序程度较平原地区更为复杂，而这点无疑揭示了农村居民点集约用地问题研究的复杂性和困难性。研究认为，研究区农村居民点用地利用状况很不理想，而且其利用区域差异显著，需要采取多样化的有效整合方式因地制宜逐步改变农村居民点用地的不良利用现状使其集约利用。

# 4 农村居民点集约用地模式研究

在全球可持续发展的主题下，如何合理利用有限的土地资源已成为全球可持续发展的核心问题，其中，土地利用优化配置及土地利用模式研究备受关注[306]。Gliessman 认为土地可持续利用必须保持一个能维持良好生态环境的土地利用方式[307]。农村居民点在区域不同自然因素、社会因素、经济因素等影响下逐步演化，形成多元化的农村居民点用地利用模式。在农村城镇化日益加速、现代化逐步推进过程中，传统农村逐步向现代农村转变，城乡之间的人流、物流、能流、信息流等均加速流通，农村居民点用地利用性质、形态、结构、规模以及利用程度也将呈现不断的变化和整合。

本章依据农村居民点形成、发展和土地集约利用的一般规律，同时借鉴国内外有关研究成果，探讨农村居民点集约利用的科学模式，为从总体上把握农村居民点集约用地状况，因势利导地引导农村居民点向合理的空间形态模式演进，发现并解决不同状况所要关注的主要问题等提供科学依据。

## 4.1 农村居民点集约用地模式的内涵

### 4.1.1 土地集约利用模式的内涵

所谓模式是指某些具体事物或现象在特定的属性上的抽象，是人在认识这些具体事物或现象时，按照既定的需求，从这些事物或者现象的众多属性中抽取出来的符合需求的那些属性的概括[18]。因此，模式是有特定结构、功能的物理对象或是比较抽象的信息状态，是学说、模型和程式的总和[308]。按照需求的不同，可以从众多的属性中抽取不同的共性因素，概括出不同的模式。对这些特定的事物或者现象而言，模式是一种标准形式。土地集约利用模式，是指以土地利用对社会经济的和谐发展和科学发展贡献为依据，对土地在利用过程中的各种具有正向效果的特征规律的抽象，并在此基础上完善深化后固结的理论形式[18]。

### 4.1.2　农村居民点集约用地模式的内涵

农村居民点用地利用过程是一个不断建设、更新、改造的过程，而农村居民点集约用地作为整合农村居民点用地的有效机制，是以农村建设用地高效利用为核心的一种经济活动，以实现一定的经济效益、社会效益和生态效益为综合目标。农村居民点集约用地是为合理利用土地而进行的循环动态整合过程，但每一个循环的过程都不是简单的、机械的重复，而是在前一个循环的基础上有新的转变。通过农村居民点用地的循环整合，农村居民点用地利用逐步趋于合理。根据土地集约利用模式的内涵以及农村居民点集约用地的循环整合本质特点，本研究认为农村居民点集约用地模式，是指根据农村居民点区域自然、社会、经济条件，在分析其用地的特点和问题的基础上，以土地集约利用为目标，推动农村居民点用地利用方式从粗放型向集约型方式转变，促进农村居民点用地资源优化配置的空间格局标准形式的理论归纳。

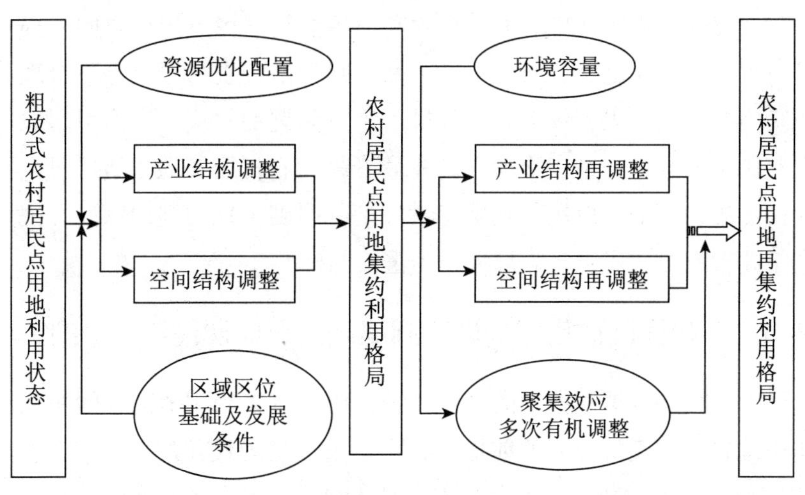


**图4－1　农村居民点集约用地模式内涵示意**

## 4.2 农村居民点集约用地标准分析

农村居民点用地集约利用是一项系统工程，通过它可以有效协调农村和城市用地和生产之间的失衡，是保障农村可持续发展的重要途径。农村居民点集约利用，要求满足农村生产功能，合理协调农村发展的社会、经济、生态效益，从而有利于人与自然协调发展。

### 4.2.1 农村生产力保持持续稳定和提高

农村居民点集约用地的首要标准就是生产力。从农村居民点用地的演变过程来看，生产力发展对农村居民点的合理空间格局的影响至关重要。因此，农村居民点集约优化配置后的空间格局应该有利于农村经济发展，即能够优先保障农村生产力发展的稳定和逐步提高。如果集约利用后农村发展延缓，则不能保障农村的可持续发展，反而成为农村发展的桎梏。

### 4.2.2 农村居民点集约用地空间格局与周围环境保持协调

农村居民点用地是人居环境的重要组成部分。农村居民点集约用地空间格局应当与周围环境保持协调一致，保持其区域范围内生态系统的平衡，创造美好的人居环境。如果集约利用后农村居民点用地空间格局不能与其周围的环境相融合，引起生态失衡，则会增加农村居民点不合理利用的风险因素，其结果不仅不利于农村居民点问题的解决，反而引起农村居民点利用现状问题的进一步加重，并最终影响农村居民的生活质量。在农村居民点集约用地中应用景观生态学理论，明确土地的利用状况，把是否有利于改善农村居民点生态环境作为重要的标准。

### 4.2.3 农村居民点集约用地空间格局应彰显现代与传统的统一

随着科技的发展和技术的进步，农村居民点集约用地的空间格局应逐步集中配置，在经济允许的前提下，应尽量满足现代化的要求（见图4－2)，避免劣势集约利用的多次循环。但在农村居民点更新实践过程中，传统聚落的空间元素和设计手法仍具有十分重要的借鉴意义（见图4－3)，例如：聚落与乡村环境肌理的和谐统一；可识别的村落景观标志；宜人的建筑和空间尺度；良好的交往空间等[24]。

### 4.2.4 农村居民点集约用地与城镇建设用地补给“挂钩”的平衡

农村居民点集约用地不仅要注意自身内部的土地利用优化配置，而且应该兼顾农村建设用地减少与城镇建设用地增加之间的“挂钩”的实现，倡导以可持续发展为基本指导理念的农村居民点建设发展方略，有效引导、协调城乡建设用地供给之间的平衡，统筹城乡和谐发展。

(a) (b)

**图 4－2 乡村建筑景观改建**

资料来源：韩选棠．中国台湾农村地区与住宅景观新风貌．中国台北：田园城市文化事业有限公司，1998.

**图 4－3 乡村更新中历史文化特性的保护**

资料来源：中国台湾大学农学院农村规划与发展中心．农村与景观［M］．中国台北：田园城市文化事业有限公司，1998.

### 4.2.5 农村居民点集约用地应在环境承载之内“精明可持续利用”

农村居民点集约用地应注意充分发挥区域经济集聚作用，实现农村居民点用地利用模式由外延粗放式增长调整为内涵集约式增长。但同时可持续发展理念决定了农村居民点集约用地不能过分追求集约利用而损害农村区域的健康发展，必须在其发展所允许的环境承载范围之内确定自身发展的极限规模和集约利用效率极值，走精明增长之路。

## 4.3 国内外相关农村居民点集约用地模式

本节对国内外相关农村居民点集约用地模式研究进行系统梳理和总结，以期为后续农村居民点集约用地模式设计提供有效理论支撑。

### 4.3.1 国外相关农村居民点集约用地模式

1. 美国

农村居民点扩张在以美国为代表的发达国家也已经出现了很长一段时间，近50年已经引起了人们的关注，人们积极寻找可持续的发展方式对其进行调控。美国地方政府、州政府和联邦政府多层级主导，利用政策、规划、经济和税收等多举措进行综合管制。美国乡村居民点的建设为“随意”发展中的“不随意”[309]，在空间布局上向着可能开发的任一方向上展开（见图4-4）。其实，美国乡村居民点的更新和开发建设是由基础设施承载能力所控制，但乡村居民点内的道路是个例外，它似乎不仅没有约束性，反倒成为了乡村居民点任意发展的动力。尽管美国的土地私有制从根本上决定了乡村居民点的土地开发，但美国乡村居民点在管理机制方面长期受到“分区规划”“宅基地规范”《清洁空气法》《清洁水法》《濒危物种法》等法规的影响，美国从区位和形体上把乡村居民点的建设限制在生态环境可以允许的范围内，因此美国乡村居民点的发展并非“无政府”（见图4-5）。不过由于早期在乡村地区的住宅建设中并没有分区规划的控制，后来制定的分区规划一般都要得到原有居民的同意，而他们必然会考虑如何保护自己的房地产，这样就形成了似乎是没有章法的村落（见图4－6）。另外，虽然美国乡村居民点从形体上几乎谈不上什么民族或地方风格，但是其实美国乡村居民点的建筑风格和布局特征受联邦政府的“贷款担保”“区位首选”和“建设标准”等政策制度与约束机制所控制。

**图4－4 美国乡村居民点空间布局随意**

资料来源：叶齐茂．美国乡村建设见闻录［J］．国际城市规划，2007.

**图4－5 农村居民点的组团式布局**

资料来源：叶齐茂．美国乡村建设见闻录［J］．国际城市规划，2007.

**图4-6　在布局上似乎没有章法的村落**

资料来源：叶齐茂．美国乡村建设见闻录［J］．国际城市规划，2007.

2. 欧盟国家

欧洲的乡村居民点建设以约束性规划为基本特征[310]。在20世纪30年代，欧洲一些国家的村落发展也曾有过一个土地扩展时期，但欧洲人通过实践逐步意识到，无约束的发展是有问题的发展、有后遗症的发展、盲目的发展和让少数人渔利而大部分人失利的发展，因此必须对这类"倒退发展"依法加以限制。如今欧洲人在做规划时，特别考虑农村扩张可供选择的地理方向，考虑他们的选择是否可以保护高质量的农田和其他自然资源，考虑哪一个村庄有发展潜力等。即：欧洲的村庄规划首先是约束性规划，把那里的乡村建设约束在自然环境可以承受的范围内，约束在基础设施可以允许的条件下，约束在传统建筑环境可以容纳的基础上，约束在社区居民可以认同的前提下，使乡村社会发展成为科学的、健康的、可持续的和社会和谐的发展。

（1）德国的村落更新规划

德国的村落更新规划[311]，是农村居民点有效整合的典范之一。德国的村落及其住屋形式有其独特的风貌。由于战后德国农村的发展片面追求"功能"的运作，乡村风貌大受损害。为此，在20世纪50年代中期，德国政府实施《土地整治法》，明确了相关村镇规划，提倡"以人为本"的村镇发展战略，规划自然保护区，改善农民生活和生态环境[312]。20世纪60年代末开始在全国范围内实施村落更新计划。在村落更新计划中，更新规划的制定是村落更新的基础，其目标是保障农业生产的保持与发展，居住与生产空间的合理布局；保障村落在建筑、经济及社会各领域的协调发展，保护村落的内在价值及自主性；维护人类赖以生存的历史文化“根本”和“母体”；强化村民的凝聚力等。德国的村落更新规划，是在政府的资助、村民的积极参与下，从经济、生态、美学、历史文化诸方面着眼，以公开透明的程序制定而成，是一种有多种选择余地的规划，纠正了第二次世界大战以后相当长一段时期内乡村建筑领域的畸形发展，为如何改善农村、保障村落健康持续地发展提供了良好的工作框架，对我国村落的健康发展具有一定的借鉴意义和指导作用。

（2）英国农村中心村的建设

英国政府从 20 世纪 50 年代起开始实施大规模的村镇“发展规划”，其具体措施就是建设中心村[313]，其目的就是希望通过加强中心村的基础设施、社会服务设施、住宅以及其他相关产业的建设，改善乡村的生活和就业的环境条件，促进乡村人口的集中，以便形成一定的规模效益。但中心村发挥积极作用的同时也存在着一些问题，为此，20 世纪 70 年代中期以后，英国的乡村政策实施由“发展规划”转向“结构规划”的重大调整，与此相对应，英国的村镇建设实现了从单一中心村建设到多元化的建设转变。

3. 亚洲国家

（1）日本的町村合并

为促进村镇的可持续发展，从 1970 年代初开始政府规划并实施了旨在改善农村生活环境，缩小城乡差别的“村镇综合建设示范工程”[314]。日本的町村发展实践就是一个具有特色的典型[315]。其实早在 1953 年，日本就出台了《町村合并法》，第二次世界大战后，日本政府在町村发展的制度变迁中，承认城乡一体化进程自发形成的制度变迁的要求，建立和规范新的制度框架，引导町村发展方向。日本政府采取町村合并、工业导入、环境改善和农地集中等措施，促进町村发展和城乡一体化进程。

（2）韩国的新村运动

20 世纪 60 年代以来，韩国在推进工业化和城市化的同时，面临工农业发展，城乡之间、区域之间的严重失衡及农村问题十分突出。1970 年开始，为解决国家面临的农村和社会瓶颈问题，韩国政府在组织实施“新村运动”，通过制定阶段目标，设计实施一系列开发项目，以政府支援、农民自主和项目开发为基本动力和纽带，带动农民自发的家乡建设活动，以此在经济、社会均衡发展和人与自然协调发展方面作了探索[316]。1973 年，政府针对不同情况将乡村分为基础村、自助村、自立村三类进行分类管理，同时针对城乡协调发展组建农村地区计划管理体系。“新村运动”在 20 世纪 70 年代的主要举措是发展农村基础设施建设，到 80 年代初转变为发展小组农业经营或联合经营和农产品合作销售。“新村运动”的内容很宽，涉及农村社会、经济和文化各个层面，不仅改善了乡村居民的生活水平，提高了经济收入，而且更重要的是改变了村庄不合理的布局，美化了村庄环境[317]。

**表 4－1　　韩国政府与地方在新农村建设中的互动**

| 政府指导的新村运动 | | 地方的新农村建设运动 |
| --- | --- | --- |
| 推行年度 | 1970 年 4 月至今 | 1998 年 1 月至今 |
| 推行主体 | 政府 | 江原道地方村庄 |
| 基本理念 | 提倡勤勉精神、自助精神、协同精神 | 贯彻实事求是、自力更生、自律竞争 |
| 执行方法 | 政府主导下向式 | 村庄自体上向式 |
| 实施方式 | 在政府计划下对各村庄实施相应的“援助” | 根据村庄实际情况制订出自己相应的发展计划 |
| 目的和措施 | 对村庄环境和村庄内部道路进行扩建、对农舍茅草屋顶进行改造、对厕所进行改良配备简易上水道的设置<br>提高农民所得的增长、实现农业基础设施的改良和粮食等作物的增产 | 提倡精神与理念的改革：实现发展意识的确立、发展目标的确定、经营观念的更新、农业经济信息的获得、高新农业技术的运用；制定经济收入成倍增长的措施：高收入作物的开发种植、良好生态环境的建设、农村观光事业的构建；确保农村环境的改善与发展目标的实现：达到农村生态环境的改善，农村文化、福利设施的建设发展，农村生活质量的稳步提高 |

资料来源：《国土资源管理与农村建设》编委会，国土资源管理与农村建设［M］. 北京：中国大地出版社，2006.

(3) 印度乡村综合开发运动

印度政府从20世纪80年代开始，就在全国范围内推行包括四项主要具体措施在内的农村综合开发运动[318]，其主要目的是缓解乡村的贫困，制止农村人口的严重外流。其具体措施涉及合理调整村庄的规模，着力解决农民的住房问题等方面。同时，政府资助农民改造住房，建设公共设施。其结果最终使近一半农民居住条件得到了有效改善。

### 4.3.2 国内相关农村居民点集约用地模式

国内农村居民点主要集约用地模式集中体现在农村居民点用地整理方面。为了缓解人地矛盾、加快工业化和城市化飞速发展的步伐，土地整理在我国应势而生并发挥了重要的作用。作为促进土地资源利用由粗放型向集约型转变的重要手段，土地整理的实质是合理组织土地利用，使土地利用方式、强度、结构、土地制度以及土地关系适应人口增长、经济社会发展的战略目标和产业结构优化的战略需求，是提高土地利用率、产出率以及载体功能，改善生产和土地利用条件、生活条件和生态环境的过程。土地整理施行“开源”和“节流”并举，对土地资源及其利用方式进行再组织和再优化，为面临资源匮乏和竞争需求双层制约的城市化、工业化的迅速发展提供了可能性，在实现土地资源优化配置、增加土地效益方面具有重要的作用，是保障国家基本安全的战略举措。农村居民点用地整理是农村社会经济发展到一定阶段的客观要求，也是实现农村城镇化，发展农村经济和现代乡村社区的必然选择[319]。

目前，我国农村居民点土地整理主要手段是运用工程技术及土地产权调整，通过村庄改造、归并和再利用，使农村建设逐步集中、集约，提高农村居民点土地利用强度，促进土地利用有序化、合理化、科学化，改善农民生产、生活条件和农村生态环境（见图4-7）[320]。我国农村居民点整理模式的理论研究从20世纪90年代开始，《2000—2010年全国土地开发整理规划》正式提出开展农村居民点整理的政策导向[321]。目前农村居民点整理表现出多样性、丰富性和差异性，整理模式随着自然、社会、经济的发展变化而逐步改进和完善[175]，但是，由于农村居民点整理开展实际难度大，与农地整理短短几年上万个项目相比，其示范性的成功模式很少[321]。

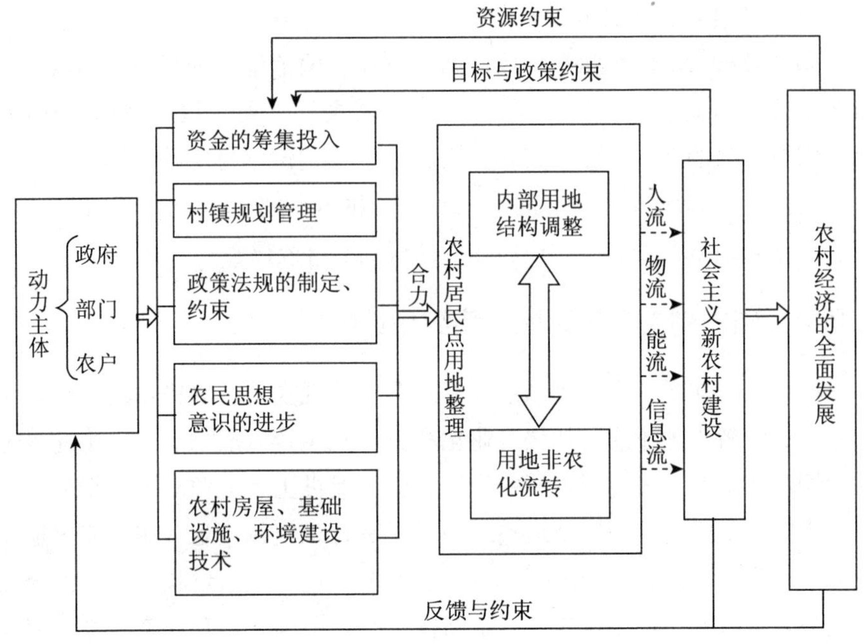


**图4－7　农村居民点用地整理系统**

资料来源：彭开丽，张安录．新农村建设中农村居民点用地整理的战略思考——以湖北省大冶市为例［J］．农业现代化研究，2007.

农村居民点土地整理已有主要模式表现在以下方面：对于受制于经济发展水平下的不同类型农村居民点，可划分资金筹集模式、作业模式和组织模式不同应用代表性模式[175]。我国区域差异明显，农村居民点整理根据区域特点可采用不同的运作模式，一般可分为农村城镇化型、自然村缩并型、中心村内调型、异地迁移型等类型作业模式；根据用地整理的内容和目标，农村居民点整理可采用包入式、迁弃式、归并式和征用式四种策略模式[171]。由于作业模式具有显著地域差异，根据整理区域区位特点、范围、规模等差异，北京市平原区可分为限制发展、滚动发展、新村建设和旧村重建四种基本整理形式[322]；根据自然条件和社会经济发展水平实际情况，西南丘陵山区可分为农林综合开发整理（见图4－8）和新村建设整理两种模式（见图4－9）[178]；与社会经济发展、耕地保护因素紧密结合，江苏省农村居民点整理模式分为村庄内部整理、村庄归并、农民社区三种类型等[323]。从组织模式方面进行分类，可划分为政府主导型、土地所有者主导型、规划主导型，但目前多为政府主导型[231]。另外，根据资金筹集模式的不同，可划分为地方政府政策引导、投资主导及企业和个人业主参与模式[178]，政府相关部门、村集体经济组织和村民共同出资共同实施的“三方共建”模式[321]（见图4－10）、“留地于民”与城乡居民联合开发、市场化运作融资模式[322]，后者还可具体划分为占补平衡指标有偿使用、土地整理证券化、BOT（见图4－11）或PPP（见图4－12）融资模式等[184]。

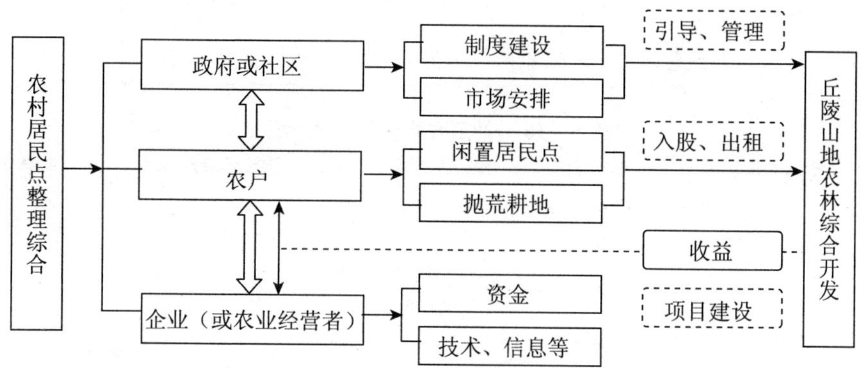


**图4－8　山地区农村居民点整理的农林综合开发模式示意**

资料来源：杨庆媛，田永中，王朝科，周滔，刘筱非．西南丘陵山地区农村居民点土地整理模式——以重庆渝北区为例［J］．地理研究，2004.

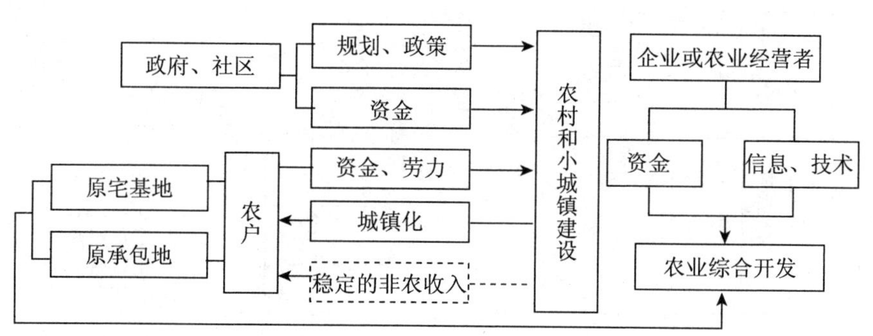


**图4－9　新村建设整理模式**

资料来源：杨庆媛，田永中，王朝科，周滔，刘筱非．西南丘陵山地区农村居民点土地整理模式——以重庆渝北区为例［J］．地理研究，2004.

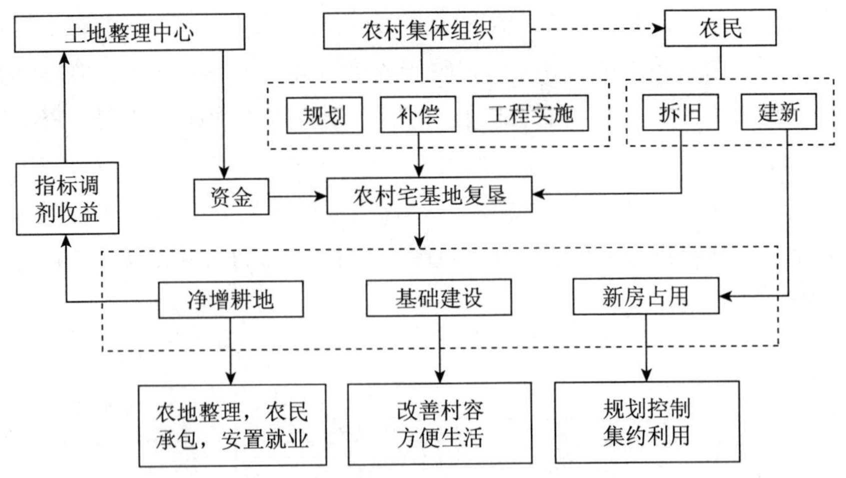


**图 4-10 "三方共建"模式示意**

资料来源：谷晓坤，陈百明，代兵．经济发达区农村居民点整理驱动力与模式——以浙江省嵊州市为例［J］．自然资源学报，2007.

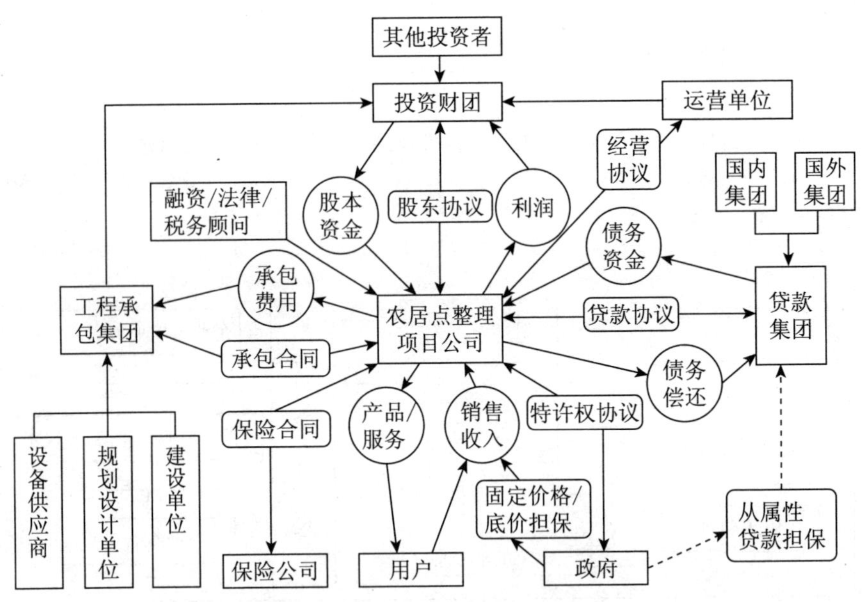


**图 4-11 农村居民点整理 BOT 项目融资的组织结构**

资料来源：吴小红．农村居民点用地整理潜力分析与模式探讨［D］．杭州：浙江大学，2006.

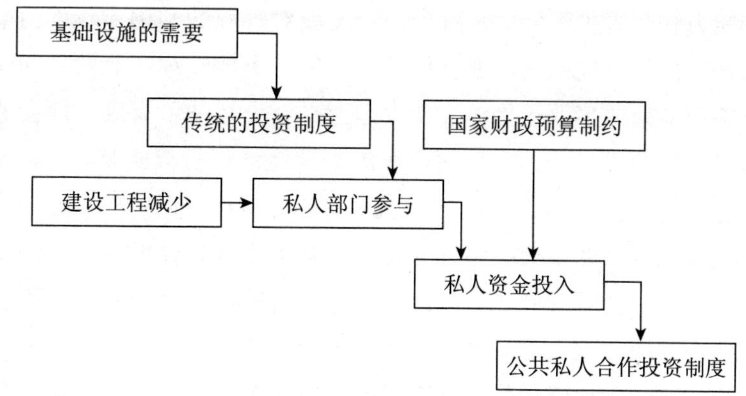


**图 4－12 农村居民点整理 PPP 融资模式的发展过程**

资料来源：吴小红．农村居民点用地整理潜力分析与模式探讨［D］．杭州：浙江大学，2006.

我国的自然和经济区域差异较大，农村居民点的类型较多，不同区域和发展阶段应采用不同的农村居民点整理模式。东部地区农村建房快、规划较健全、有资金支持，农村居民点整理动力大，而西部地区经济发展较慢，政府和集体缺乏资金，整理内在动力不足，目前针对不同地域的整理模式和规划布局研究较少[231]。而且目前我国农村居民点整理模式重点关注理论演绎分析，已有的实证研究推广性有待考证。研究认为，在制定农村居民点土地整理的目标、模式及政策的具体过程中，应充分考虑各个区域所处的农村建房用地转型阶段，既要充分了解各个区域目前所处的土地利用转型阶段，又要瞄准随着社会经济的发展其即将步入的土地利用转型阶段[324]。另外，已有土地整理实践引起的系列景观恶化、生态安全及对社会投资环境的影响等负面效应，不可避免地会产生盲目发展性问题，这对社会、经济的可持续发展和人类自身的生存带来了极大挑战，应引起高度关注。目前，虽然采取了部分措施，但是由于其施行的解决策略没有触及到问题的真正本质，因此，不仅恶化的趋势没有得到有效控制，而且破坏的范围仍在扩大，破坏程度仍在加剧。在当今倡导自然生态安全、经济生态安全和社会生态安全的时代背景下，必须树立资源资产论和资源价值观，对传统的土地整理产业进行转型消除或弱化土地整理的负外部不经济性，进一步延伸产业链，将土地整理由单纯追求经济增长转向全面提高土地生产能力和改善生态环境，减少产业发展对资源的利用和环境污染，同时将土地整理与其他产业发展有机结合，保证土地整理产业的长期化、专业化及整理结果的多效益化，实现生态上平衡、经济上有效，社会上可行和可接受。长期以来，土地整理产业的基本经济运行模式是："资源—产品—生态恶化"的线形经济运行，其结果是高消耗、低产出、强污染。目前，土地整理带来的系列问题，就是这一基本模式运作的结果。因此，必须改变传统的土地整理经济运行模式，建立新的经济运行模式，建立"资源—产业—环境"复合系统结构模型，表现为"资源—产品—再生产"的经济增长方式。土地整理新经济运行模式通过土地资源的综合整治和优化配置来保障土地资源的永续利用，它强调最有效利用资源和保护环境，以最小成本获得最满意的社会效益、经济效益和环境效益。

综上所述，迄今为止，国内外有关农村居民点集约模式的研究主要集中在村庄建设以及农村居民点的改造方面，而且还处在初级阶段，目前尚无建立系统的、为人们所接受的农村居民点集约模式理论及其指导体系，对于国内不同地区日趋多样化和复杂化的新型农村，还缺乏对其模式因地制宜、多角度的、融合多学科的深入细致的分析和研究。

## 4.4 农村居民点集约用地模式理论框架

由于土地资源利用是一个规模庞大、因素众多、功能综合、结构复杂、约束重重和动态变化的社会经济过程，因而土地资源利用优化是一个十分复杂的系统工程问题[325]。土地利用是在人类活动的持续或周期性干预下，进行土地自然再生产和经济再生产的复杂社会经济过程。在可持续发展的战略主题下，土地利用在强调土地利用方式适宜性，最大限度地挖掘土地生产潜力，从而获得土地利用最佳经济效益的同时，还必须达到区域土地供求的持续平衡，促进土地生产力的持续增长和稳定性，这是实现区域土地资源内核系统中资源、环境、经济和社会持续与协调发展的总体目标所决定的[286]。因此，针对土地资源供给约束环境，农村居民点的集约用地配置模式的研究出发点应该着眼于存量土地挖潜，追求社会、经济、生态环境效益的有机统一。

### 4.4.1 基于区域城乡整体的农村居民点宏观集约用地模式

1. 土地利用与经济发展互动规律

人类活动的空间结构是社会经济活动的反映，空间组织是社会、经济活动变动的结果。土地利用是社会的一面镜子[326]，土地利用反映了人类与自然界相互影响、相互作用的最直接、最密切的关系[327]。土地利用是一个自然生态和社会经济复合的动态系统，土地资源为社会经济发展提供了支撑基础，同时，社会经济活动对土地自然生态系统实施能动影响。社会经济系统从对土地产品或服务需求、社会群体目标和技术进步等方面对土地利用产生影响（见图4-13）[328]。可见，土地利用是人类为了经济社会目的而进行的一系列生物和技术活动，是土地在人类活动干预下进行自然、经济再生产的复杂过程。它既受自然因素的作用和制约，又受社会、经济、技术条件的重大影响[329]，而且土地作为一种重要的生产资料与资源，土地利用结构的变动既是对社会经济因素影响的响应，也是反作用于社会经济活动[284, 330, 331]。总之，区域土地利用和经济发展关系密切，社会经济演变的时空不可分离性被转移到作为一切社会经济活动载体的土地上，造就了十分复杂的土地利用格局，而该格局的变化又会影响到自然、生态、社会发展的进程[267, 268]。

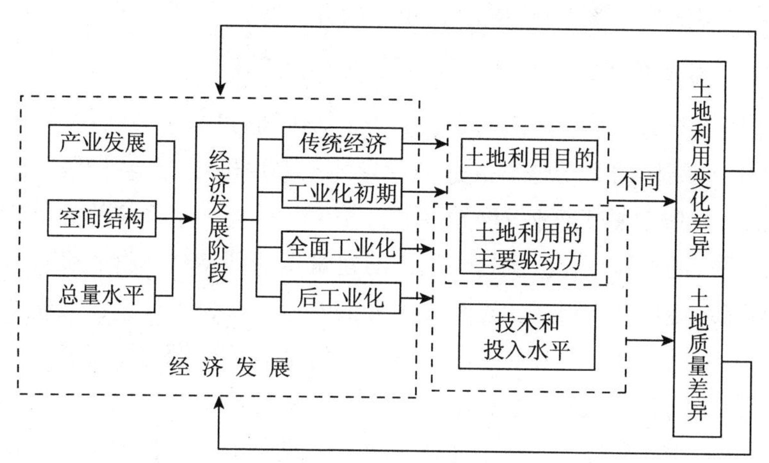


**图4-13 经济发展与土地利用相互作用框架分析**

资料来源：赵翠薇，濮励杰，孟爱云. 不同经济发展阶段地区耕地变化的对比研究——以广西江州和江苏吴江为例［J］. 资源科学，2006.

区域经济发展水平是区域研究的重要内容之一。经济发展过程中量的变化和质的飞跃使区域经济发展呈现不同的阶段性[332]。区域经济发展不平衡是一种普遍存在的社会经济现象，随着我国社会主义市场经济的不断深入发展，区域经济差异程度日益严重[333]。由于区域经济差异的大小将影响到国家综合国力提高和社会稳定[334]，所以关于区域经济阶段问题研究一直是国内外地理学家、经济学家以及政府管理者所关注的热点问题[335]。国外经典的研究理论表明[336-338]，处于不同发展阶段的区域经济有着完全不同的产业结构特征、支柱产业选择和经济发展驱动力。产业发展离不开土地资源的支撑，产业的空间结构在一定意义上是土地利用的类型结构。土地的利用状态实质上是各种要素集聚与配置的空间表现，反映了区域经济发展的空间结构、集聚特征和内在机理[66]。可见，产业发展水平和产业结构决定着土地利用方式与结构。因此，土地利用结构调整必须以产业结构优化为前提[339]。在不同的经济发展阶段，产业结构以及社会群体目标等差异，会导致土地利用变化表现出不同的特征。从土地利用与经济发展的关系来看，产业结构演变影响到土地占有方式，收入水平高低影响到消费结构，而消费结构变化又反过来对产业结构产生作用[340]。随着社会经济发展水平的提高，产业格局便发生明显的变化，产业结构呈现由低级向高级演化的趋势，伴之以土地资源在产业间重新分配，使土地资源朝着利用结构合理、利用集约度更高的方向发展[341]。

2. *农村居民点用地利用与经济发展互动规律*

不同生产力水平下的农村居民点存在不同形式的地域结构[342]，产业发展与用地结构的互动是形成这种差异的主要原因[213]。乡村居民点与自然环境、农业、农村工业发展始终紧密相关，任何一个系统的变化都会导致其他系统的相应变化。乡村居民点的建筑生活环境、乡村居民点所处的区域自然环境以及乡村居民点维系生计的农业、农村工业生产系统共同构成了乡村聚居环境（见图 4-14）[147]。农村地区的资源与要素配置、制度变迁、经济增长方式转变、社会进步、空间结构演变及与区域中城市地区的关系等在很大程度上是以工业化为导向而进行的。农村工业化是现代农村经济社会发展的主流，是广大农区发展中的重要组织过程，是农村工业的兴起与发展并推动整个农村经济和社会发展走向城市化和现代化的过程。与一般意义上的工业化相比，农村工业化是由发育于农村的各种非农产业（包括工业、建筑业、交通运输业、商业、饮食服务业等）共同推动的。农村工业化把先进的工业经济形态和工业文明植入到农村，使农村的经济结构和社会结构发生了根本性的变化，加强了农村与城市在生产领域、人员往来、技术交流、信息传递等方面的联系，同时也增强了经济和社会方面的组织联系等，建立了新型的城乡发展关联互动关系[343]。

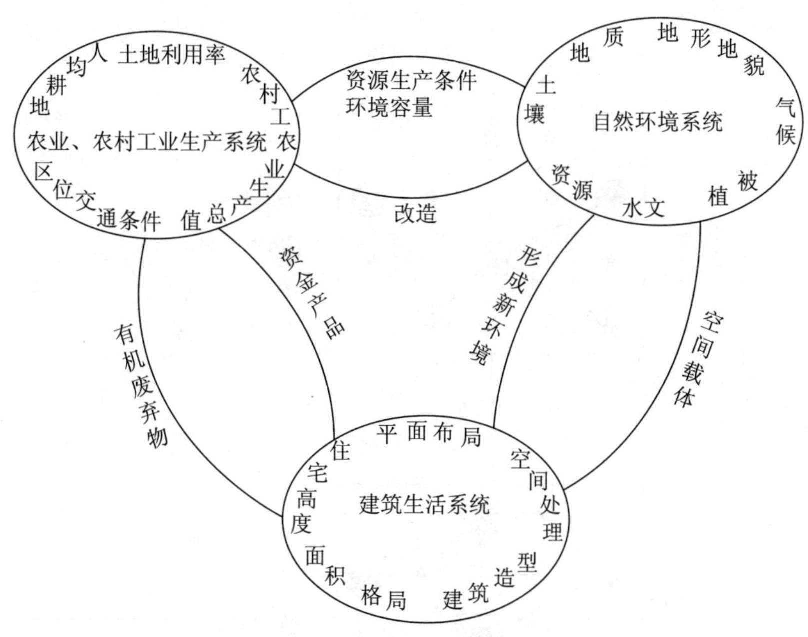


**图4－14　乡村聚居系统的结构和功能**

资料来源：陈晓键．乡村聚居环境可持续发展初探［J］．地域研究与开发，1999.

乡村聚落空间结构构建是个动态过程，在其不同发展阶段中，其空间结构构架的重心存在客观的差异。村庄经济活动总量表明乡村地域空间结构发展所处的阶段，对应于乡村地域经济的产业演变过程，地域网络呈“分散枝状单核心网络——多核心网络”的演变序列[248]。村庄的分散发展是与非农产业和农业生产的分散性相适应的，而随着农村产业结构与农民的分化重组，村庄的结构也相应走向转型。村庄集聚（见图4－15）是村庄空间发展的趋势，是农村社会各种资源要素重组和整合的要求，是农村社会发展到一定阶段的必然产物，是城市化背景下社会经济发展的一种内在要素，通过空间集聚来实现[220]。

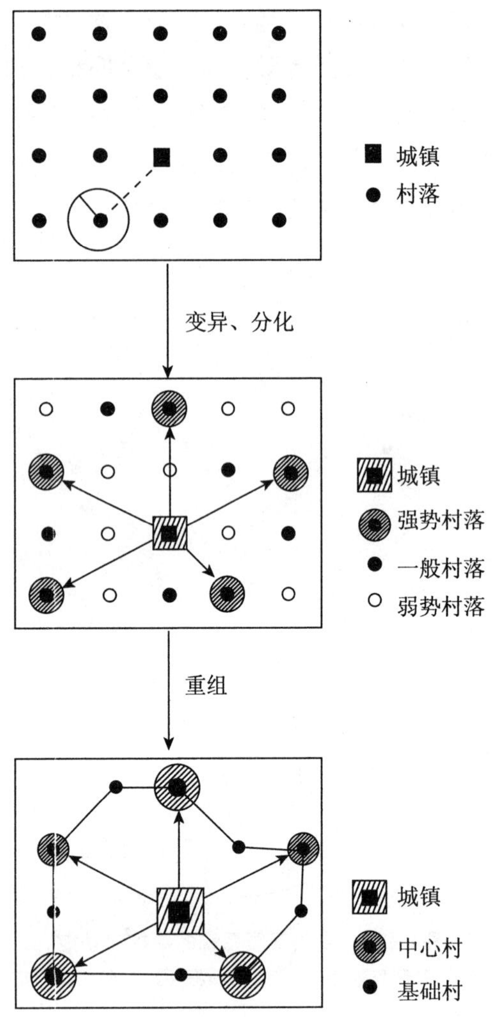


**图 4－15　城市化加速时期村庄集聚的演变示意**

资料来源：赵之枫．城市化加速时期村庄集聚及规划建设研究［D］．北京：清华大学，2001.

农村居民点用地利用水平与经济发展水平息息相关。通过分析集约用地评价综合指数与地均 GDP 之间的相互关系，可以揭示出农村居民点集约用地水平与经济发展之间的具体相关程度。根据第三章农村居民点集约用地评价实证分析结果，可以看出：无论是乡镇尺度农村居民点，还是抽样村级农村居民点，其地均 GDP 与农村居民点集约利用综合指数值的曲线走势基本吻合（见图4－16、图4－17）。研究结果表明：经济发展水平直接影响农村居民点用地利用水平，而且其集约用地水平与经济发展水平呈正相关关系。

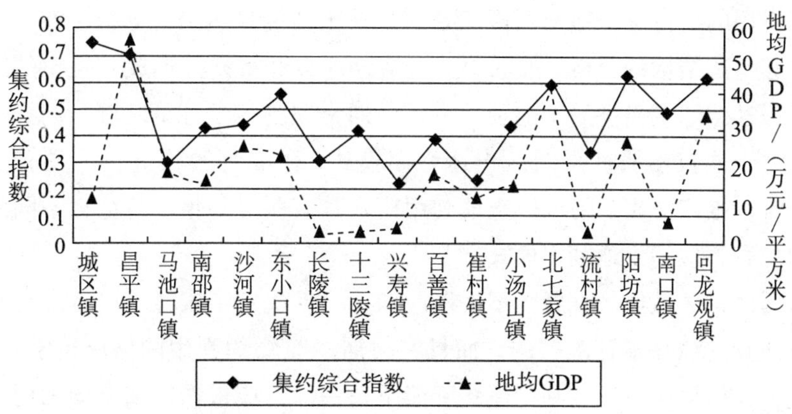


**图4－16 乡镇尺度农村居民点集约用地综合指数与地均GDP曲线比较**

资料来源：数据来自集约用地评价研究结果.

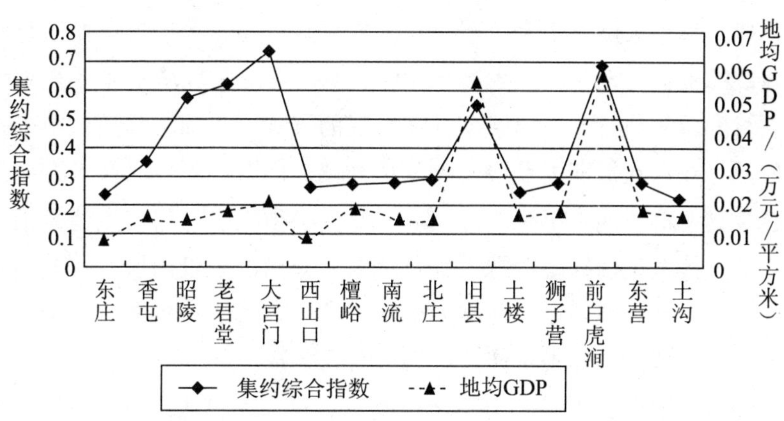


**图4－17 村级尺度农村居民点集约用地综合指数与地均GDP曲线比较**

资料来源：数据来自集约用地评价研究结果.

### 3. 农村居民点集约用地宏观控制模式

区域发展是人文过程和自然过程的时空耦合，是经济系统发展、社会系统进步、生态系统良性循环的协调统一。其中，经济系统发展是主线，社会系统进步是标志，生态系统良性循环是基础。区域发展依托于“社会—经济—自然”的复合系统与多维的空间结构，经济“力”、社会“力”和自然“力”共同作用的合力构成区域发展驱动力函数[344]。研究表明，不同自然、社会经济条件下，存在着不同的土地利用模式。但是，真正实用的可持续土地利用模式必须是在土地的自然属性分析（即土地类型及其空间结构的分析）的基础上，结合社会经济条件形成和提出的。过分考虑社会经济条件的土地利用模式，通常缺乏科学理论基础，同样，过分强调土地自然属性限制的土地利用模式，通常脱离实际，不具有实用性，难以推广应用。另外，土地利用模式具有明显的尺度特征，不同的尺度对应着相应的土地利用模式[306]。

因此，区域经济发展的不平衡性和阶段性决定了农村居民点集约利用的方向和途径是多种多样的，而且农村居民点集约利用的格局也不相同。因此，农村居民点集约利用模式不能千篇一律，应根据区域差异采用不同的集约用地模式。

区域城乡一体化是区域空间结构、社会经济关系乃至基础设施的一体化。鉴于农村将长期存在的客观现实，只有把农村和城市作为一个有机的空间整体，最大限度地集聚、整合和统筹城乡资源，才能形成城镇化和新农村建设的良性互动[249]。而传统的城市规划以及区域城镇体系规划均忽视了农村的重要地位，引起城乡空间发展的隔离。目前，我国城市的迅速发展使部分乡村在短期内发展成为卫星城镇。同时，农村居民点在一定区域内自身具有群体网络组织的特点。因此，必须将农村居民点建设纳入到城乡空间整体范围内统筹考虑，实现由城乡分离的建设向城乡统筹的建设理念的转变，从战略高度合理配置土地资源。农村居民点的建设不仅要在区域城乡整体范围内体现整体“共性”理念，而且要在其具体村落建设时体现“个性”特征，坚持严控增量、盘活存量。农村居民点集约用地的基本目的是通过土地资源的有效整合来促进土地资源优化配置，实现社会效益、经济效益、生态效益最优。因此，不提倡大规模的“新村开发建设”，而是要在尊重村落原有历史沉淀的基础上，在保障区域社会、经济、生态最优化的前提下，鼓励发展多元化的、体现地区特色的农村居民点集约用地模式。这里农村居民点集约用地宏观模式的基本思想是：以农村居民点区域用地的综合效益评估为依据，以可持续发展为导向，基于区域城乡一体化的发展目标，确立乡村增长极，逐步形成与地区产业互补的“中心城市（城区）—中心镇——般建制镇—中心村—基层村”为基本层次体系单元的空间布局集约控制模式。

### 4.4.2 基于中心地理论的中观集约用地模式

空间结构理论是研究人类活动空间分布及组织优化的科学，为农村居民点用地合理化利用提供理论和方法支持。农村居民点空间结构与形态是农村居民点建设和规划的重要依据，空间结构与形态的合理与否，直接影响到农村功能组织的合理布局，关系到农村生产、农民生活质量与农村和谐社会的构建等一系列问题。在不断重组和拓展的过程中，农村居民点空间结构与形态的规划布局将决定未来农村居民点建设的经济性。因此，在确定区域农村居民点整体框架格局的基础上，下面进一步从区域空间布局理论方面具体探讨农村居民点集约用地的中观模式。

1. 中心地理论及核心——边缘理论

地域空间布局是指经济活动空间表现在某一地点上的静态分布，但实际上它始终处于发展、演化、形成过程中[345]。地域空间布局理论是区域规划的基本理论依据。自杜能、韦伯以来形成诸多地域空间布局理论，这些理论在区域规划中应用广泛，但尚未形成理论模式，应用时亦缺乏针对性、可行性。这里主要介绍与农村居民点集约利用密切相关的中心地理论及核心——边缘理论。

（1）中心地理论

中心地理论相关研究主要聚焦在克里斯塔勒的中心地理论、廖什的中心地理论、贝利和加里森等学者中心地理论的发展和应用方面。

德国地理学家克里斯塔勒（W. Christaller，1933）在研究了德国南部的聚落分布以后，在《德国南部的中心地——关于具有城市职能聚落的分布与发展规律的经济地理学研究》（中译本《德国南部中心地原理》）中提出中心地理论（Central Place Theory）[346]。克里斯塔勒的中心地理论的最大目的在于探索“决定城市的数量、规模以及分布的规律是否存在，如果存在，那么又是怎样的规律”这一课题[347]。由于中心地理论将商业服务业的布局和中心城镇聚落地分布有机地加以统一考察，并最终推导出一定区域内中心地（或城市）职能等级、数量和空间分布的系统理论，因此也被称为聚落区位论或城市区位论，为区域规划和城市规划提供了重要的方法论依据[348]。在克里斯塔勒的中心地理论发表7年之后，德国经济学家勒施在《经济空间秩序》中提出了与克里斯塔勒的中心地理论极其相似的中心地模型[349]。勒施提出的单一职能的中心地模型与克里斯塔勒的模型非常相似。而在多种职能供给情况下，勒施的中心地系统与单一职能的均衡不同，这点同克里斯塔勒的模型差异较大，其主要原因是前提条件假设不同[350]。针对克里斯塔勒和勒施的中心地理论的缺陷，贝利和加里森等学者在其研究的基础上对中心地理论的发展和应用做出了很大贡献[351-353]。在中心地的等级衡量方面，贝利把城市人口规模和中心地等级联系起来，大大提高了克氏理论在城市系统中的研究价值。1964年，斯坦恩和施坚雅通过对朝鲜和中国成都平原的实证研究，提出了农村墟场这一周期性中心地的概念，提高了中心地理论在农业地区的应用意义[348]（见图4-18）。

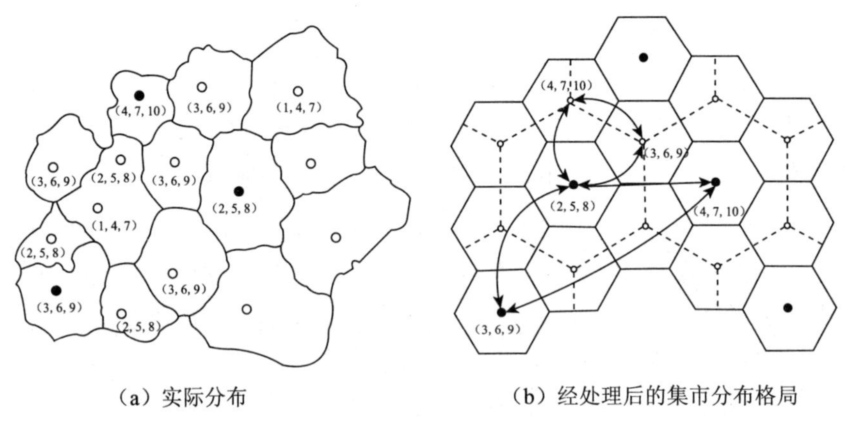


（a）实际分布　　（b）经处理后的集市分布格局

**图4-18　周期性中心地理论**

资料来源：彭震伟．区域研究与区域规划［M］．上海：同济大学出版社，1998.

中心地理论在各国的国土开发与整治中都得到了广泛应用[343]，在西德的国土与区域规划中这一理论就得到了积极的应用。1965年4月8日西德颁布了《联邦空间整治法》（BROG），其目标是实现各地区居民享受“同等的生活条件”，其中有一条“点轴开发”举措，“点”是指中心地和开发重点，“轴”是指开发轴。在空间整治中的中心地是指具有中心地意义的市镇村，开发轴是聚落轴和连接中心地的结合轴。运用中心地和开发轴进行空间整治的特点是针对不同的区域制定不同的措施。在具体应用中，区域划分是重要的一个环节。在划分好的区域类型内，由中心地和开发轴构成一个网状结构，目的是使农村区域居民以最满意的距离到达各中心地，享受到城市的服务，最终实现农村区域的生活条件和就业条件达到选择区域的水平（见图4－19）。

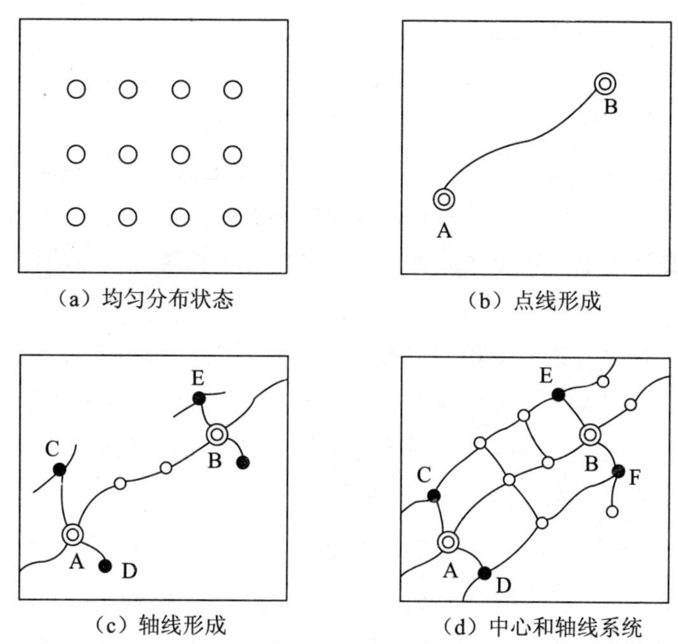


**图4－19 点—轴渐进扩散示意**

资料来源：崔功豪，魏清泉，陈宗兴．区域分析与规划［J］.1999.

（2）核心—边缘理论

核心—边缘理论[354]是解释经济空间结构演变模式的一种理论，即解释一个区域发展由互不关联、孤立发展，变成彼此联系、发展不平衡，又由极不平衡发展变为相互关联的平衡发展的区域系统。虽然普洛夫（H. Prow）、德莱西（F. Delaisi）在相关研究中有所提及，但较为系统、完整地提出“核心—边缘理论”演变模式的是美国区域发展与区域规划专家J. R. 弗里德曼（Friedmann），他于1966年提出该模式并随后进行相关修改和提炼，弗里德曼根据对委内瑞拉区域发展演变特征的研究以及K. G.

缪达尔（G. Myrdal）和 A. O. 赫希曼（Hirschman）等关于区域间经济增长和相互传递的理论，提出了核心与外围（或核心与边缘）发展模式。弗里德曼最初提出的“核心—边缘”模型，其区域空间结构和形态的变化是与经济发展阶段相联系的，而且对“核心”与“边缘”也没有明确的界定，只是一种相对的概念。但是核心—边缘理论对于经济发展与空间结构的变化都具有较高的解释价值，能够为区域规划、城市规划以及区域经济发展研究提供方法论依据。

弗里德曼的核心—边缘理论认为，核心区域与边缘区域的关系，在经济发展的不同阶段会发生转化。在发展的初级阶段，是核心区域对边缘区域的控制，边缘区域对核心区域的依赖，然后是依赖和控制关系的加强，随着社会经济的发展，随着核心扩散作用的加强，核心将带动、影响和促进边缘区域的发展，边缘区域将形成次级核心，甚至可以取代原来的核心区域的控制。

核心—边缘理论的积极意义是阐明了核心与边缘的关系：发展核心，带动边缘，发展城镇，带动周围乡村，这在规划实践中具有借鉴意义。区域规划中，针对不同地区的发展状况、存在的问题和发展的潜力，应制定不同的发展规划方案，提出不同的发展策略。

2. 农村居民点中观集约用地模式

城镇体系和乡村居民点体系是社会生产力和人口在地域空间组合的具体反映。城镇体系规划是区域生产力综合布局的进一步深化和协调各项专业规划的重要环节，由于农村居民点比较分散，点多面广，故区域规划只编织城镇体系规划。如果规划区域是县级以下的基层行政区，如乡、镇或农业地区、牧业地区，规划内容应以编织乡村居民点体系为主，规划时应注意乡村与中心城镇的关系[354]，这是由乡村聚落自身的层次性决定的。这种多层次的村镇体系，主要是由于农业生产水平不同。为了便于生产管理和经营，我国乡村居民点呈现出了人口规模较小、布局分散的特点。这个特点将在一定的时期内继续存在，只是基层村、中心村和乡镇的规模和数量随农村经济的发展会有所调整，基层村的规模或数量会适当减少，集镇的规模或数量会适当增加，这是农村商品经济发展带来的普遍性发展趋势[28]。

区域规划的目标就是确定理想的地域经济开发模式和空间经济结构框架，而乡镇村体系规划就是依托现状地域经济结构、社会结构和自然环境

（包括自然条件和自然资源）的空间特征，合理组织乡（镇）域范围内镇村群体的发展及其空间组合，以达到地域开发的经济、社会、环境效益最佳[29]。村镇总体规划不是就一个村庄和一个集镇来说的，而是把一个县范围内所有村庄和集镇作为一个有机整体，通盘考虑其地理分布、人口规模、经济发展方向、环境和相互之间的联系等因素，使村庄和城镇在总体上得到合理布局[355]。

城市与乡村之间是带动、互补、经济利益一体化、相辅相成的关系[354]。农村居民点的集约用地模式是一项基础的战略性部署，不仅有助于彻底促进城乡二元格局下的核心—边缘关系的协调发展，而且有助于逐步改变村镇和村落之间传统的空间组织行政治配原则。从形态构成的角度，形态构成包含了点、线、面三个基本要素，结构是形态在一定条件下的表现形式[24]。农村居民点的中观集约用地模式，应该在区域农村居民点整体分布宏观格局等级控制框架的基础上，进一步定位其发展轴线或者类似物上能发挥集聚和扩散双向带动作用的次级乡村增长极，进而不同程度地配置各地域的农村居民点用地，也就是遵循以为“点”区域集聚中心向次级乡村经济增长级——次级“点”集聚中心的逐级延伸，并辅以基础设施或者公共服务设施的等级配套为纽带，创造集聚条件，配合城镇合并，引导分散的居民点稳妥地逐步向城镇集中，最终形成以“点—线—面”为聚居区布局基本控制模式的农村居民点多核心分等级集约利用网络模式。农村居民点网络化集约用地模式，即通过发展经济主导使农村居民点用地利用及区域经济运行构成一个有序化的关联互动系统，并获得最佳空间集聚效应。农村居民点区域整体控制集约用地模式的施行，使一定地域内的农村居民点及其社会生产活动构成一个有机联系的运行整体，有助于其地域内的资源配置集约化、基础设施完备化、产业发展互补化。

### 4.4.3 基于社区、邻里单元有机组合的多元化微观集约用地模式

乡村聚落空间结构为多层次的空间体系，各层次间的融合势所必然。村庄用地组织的变化最终归结于院落用地和功能的变化，它是村庄用地构成的最小单元，其空间组织与乡村经济、产业结构和居民的社会文化需求密切相关，具体反映在院落区位特征、用地组织模式、地域风格、居住水

平和居住环境质量等方面[248]。

1. 邻里单位

讨论居住区就不可能离开“邻里”的概念[356]。“邻里单元”一词由克伦斯·皮雷（Clarence Perry）于1923年首次引用，有关此概念的争论颇多。皮雷引用该词的原意是指“把一般家庭生活舒适和正常发展所必需的所有公共设施与条件都涵盖在内的、以住宅为核心的区域”。按照皮雷的意思，一个邻里单元的定义必须包括以下6个要素[357]：规模（相对于一座小学）、边界（应该明显）、空地（供休闲用）、邻里区中心（一般由学校、教堂或图书馆等此类机构组成）、购物区（位于邻里区边缘地带），以及内部道路网（见图4－20）。邻里区概念在北美和英国，尤其是在英国的“新城镇”开发中使用非常广泛。从实际操作层面来说，邻里单元的概念是指按“用户的需要能够就地满足”的原则来规划土地利用，这就是使居民可以花最少的力量，在最安全的情况下获得基本设施与服务，但是人口必须达到一定规模并且集中，才能支持这些服务生存。在土地利用模式方面，如果我们按照“通达、便利、安全”、“活动空间充足”、“交通流动安全有效”、“不相容用途相互隔离”等原则来组织土地用途，就会得到与传统邻里区的平面布置非常类似的规划图。在考虑一个邻里单元时，应该明确以下几点：它是一个有相当清晰的边界，建筑规模、风格、维修状况、产权模式等呈现出一定程度均一性的地理区域。此外，在家庭规模、年龄、阶层、种族等社会属性方面也可以有一定程度的均一性，但这并不意味着不能存在功能上相互补充或相互相容的健康混合。共同归属感比实质的邻里单元规模更为重要。服务中心可以是一个，也可以是多个。

20世纪80年代，针对处理郊区蔓延城市病，新传统主义（New-traditional）邻里的概念受到某些规划工作者的推崇。被提出较多的概念有两个，一个是传统邻里区开发（Traditional Neighbourhood Development，TND），是由安德雷斯·杜安伊（Andres Duany）与伊丽莎白·普拉特—兹伊贝克（Elizabeth Plater－Zyberk）最先提出的，另外一个是彼得·卡尔索普（Peter Calthorpe）的侧重使用公共交通的邻里区开发（Transit－Oriented Development，TOD）。TND和TOD的设想和结果两方面都很相似，许多规划师和建筑师把他们的规则合在一起，统称“新城市主义”［克尔鲍夫（Kelbaugh），

1997][358]。麦克伯尼（MacBurnie）的都市小村是新城市主义的一个典型变种，该都市小村侧重使用公交，以地域为基础，通过绿带分割成由有轨交通线、公共汽车线和自行车道连接的小社区，一个小村建在一个150英亩（60公顷）的场地中，可以容纳7000居民，维持3000～4000个工作岗位，从单个分开的住宅到高密度花园公寓，有多种住房类型。

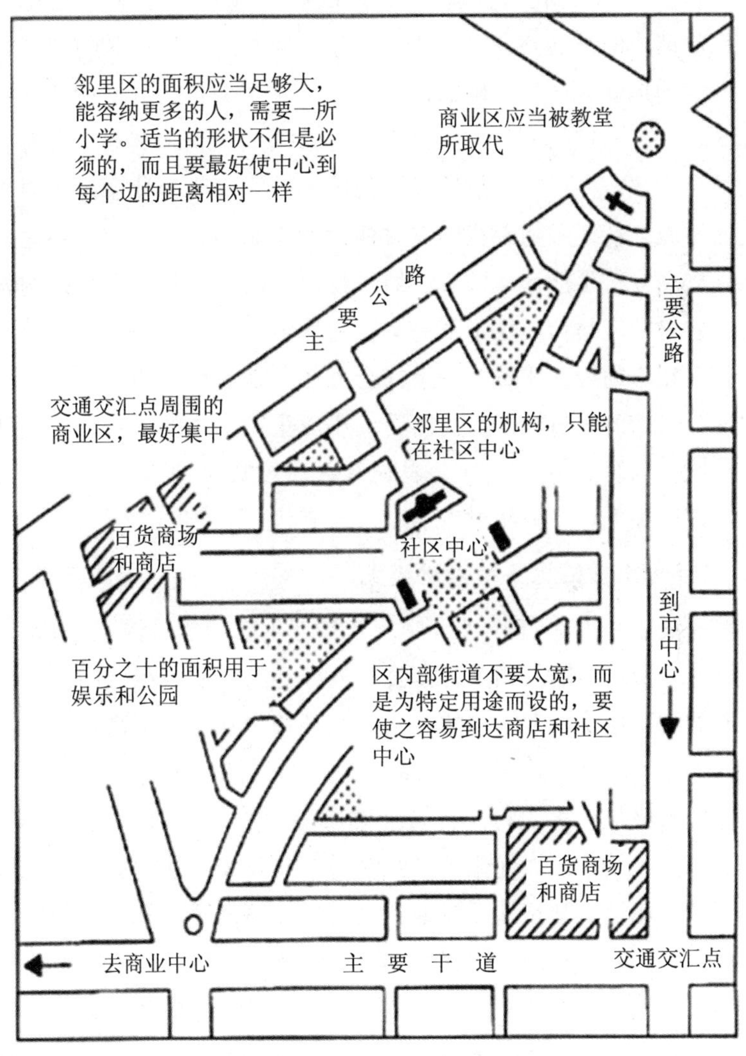


**图4－20　皮雷（Perry）的邻里区单元**

资料来源：Perry，C.（1966）．“The Neighborhood Unit Formula.”Urban Hosing. Eds. W. L. C. Wheaton et al. New York：Free Press.

在实际规划及运用方面，要重点考虑匹配性因素，应该根据邻里区的具体特质选取多样化的实操模式，而不是采用统一的模式。

2. 新农村社区

社区是一个社会学范畴的概念[359]。英国学者梅因1871年在《东西方村落社区》中首次使用了“Community”一词。较有影响的理解是德国社会学家在1887年于《礼俗社会与法理社会》中的论述：社区是基于亲族血缘关系而结成的社会联合。《中国大百科全书》中对社区的解释为：通常指以一定的地理区域为基础的社会群体。它至少包括以下特征：有一定的地理区域，有一定的人口，居民之间有共同的意识和利益，并有着较为密切的社会交往。社区与一般的社会群体不同，一般的社会群体通常都不以一定的地域为特征。随着我国农村建设的大规模开展，社区要逐渐从城市生活发展到乡村生活。从城市规划学科范围内探讨新农村社区的发展规划问题，农村社区是指居住于某一个特定区域、具有共同利益关系、社会互动并拥有相应的服务体系的一个社会群体，是农村中的一个人文和空间复合单元。目前的农村社区，仍然受到小农生产方式的影响，其发展也沿袭旧的传统。与城市社区相比，农村社区主要以从事农业生产的人口为主，人口密度和人口规模相对较小。

3. 农村居民点微观集约用地模式

农村居民点是由建筑群（居住、公共与生产等建筑群）、道路网、绿化系统、对外交通运输及相关配套公共设施等物质要素组成的复杂系统综合体，是具有多层次尺度结构的社会空间环境。从空间层次上来说，农民从事不同类型的活动，是在不同层次的空间进行的（见图4－21）。农村居民点用地调整应从地区农村经济发展的实际出发，考虑土地供给可能性，既要使内部系统结构最大优化，又要使村庄与整个农业生态系统发展相适应。既要节约用地，禁止乱占耕地，又要避免不问具体条件，用规定面积卡得过严过死，影响综合效益的发挥[339]。研究表明，村庄的可达性和居民的生活水平之间存在着极强的相关关系[360]。农村居民点集约用地实施过程中，必须考虑和统筹好配套设施一体化建设，关注公共设施空间可达性。

农村居民点微观集约用地模式的设计应该在尊重乡村原有肌理格局和

社会特征的基础上，具体分析其周围所属农村地域的经济发展实情，确立经济产业链的延续方式，将集约用地与发展农村产业有机结合，构建由社区以及配有公共设施的邻里单元有机结合的、多元化的住宅组群（团）集约用地模式。这里农村居民点微观集约用地模式的关键在于基于控制用地规模总量前提下的农村居民点的集约利用核心指标控制，而不是鼓励农村居民点重新开发建设。这里其具体集约利用核心控制指标不仅仅局限于区划指标，如：人口密度、建筑密度、容积率等，还涵盖类似投资强度、集约绩效等的反映集约效度的投入产出指标。

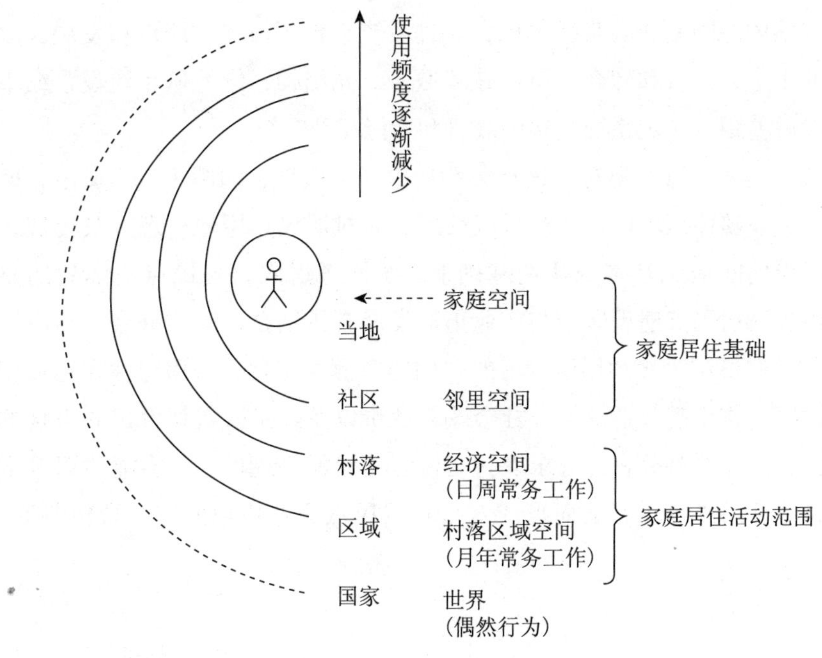


**图 4－21　村落空间层次**

资料来源：据 D. J. 沃姆斯利，G. J. 刘易斯（1988：198）修改.

## 4.4.4　农村居民点集约用地整合过程分析

### 1. 整合过程模型构建

农村居民点在历史发展过程中作为承载人类对物质、文化和精神需求的聚落形态载体，在不同阶段、不同区域，空间形态具有差异性。农村居民点用地优化整合在城乡融合系统框架内统筹实施，具体体现在空间优化过程的演进。

作为一项系统工程，农村居民点集约用地是人类立足于城乡一体化大框架内针对农村居民点区域经济、社会、空间结构的重构，是区域土地利用、经济发展、社会进步效果的实质性改变，是区域土地利用状态、格局、模式的进一步升级、完善乃至重塑，是区域产业定位调整、转型及延续产业培育的发展需要，是区域功能完善、提升及配套设施建设一体化的客观要求，是社会发展对区域土地资源进一步优化配置和可持续利用的理性价值行为。同时，根据动态循环演变过程的特点，农村居民点集约用地是系统整体协同发展的路径选择，通过系统平台的搭建、培育和发展，改善区域生态、经济和社会环境，破解城乡二元结构，统筹城乡建设，缩小区域发展差距，实现系统结构的改善和功能互补升级。

基于上述分析，农村居民点集约用地过程模型，如图 4－22 所示，即在区域城乡整体范围内，在尊重区域原有农村居民点用地形态以及传统农村居民点空间演化基本规律的基础上，统筹考虑农村居民点用地集约整合，将农村居民点建设转型与产业集群发展有机结合，以“社会—经济—生态”关联模型为集约用地发展的“门槛”测度依据，采用定性和定量相结合的办法将生态效益评价、社会效益评价以及经济效益评价建立直接的关联进行对比决策分析，寻求农村居民点建设经济能值、社会能值以及生态能值之间的平衡点，从而形成对农村居民点集约用地的综合价值判断，

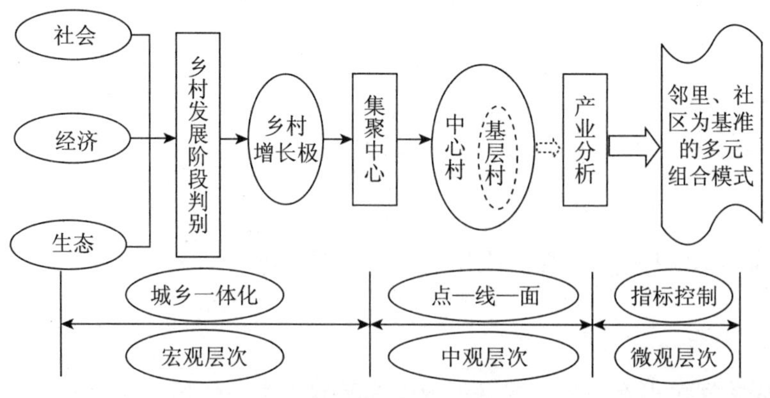


**图 4－22　农村居民点集约用地过程模型示意**

区分乡村发展类型及其社会转型方向，以“点—线—面”为聚居区布局基本控制模式，在保证产业链延续基础上以循环经济理念为基本发展导向，构建“资源—产业—环境”共赢的等级性多元化农村居民点用地配置模式，从而有效整合农村居民点用地，实现农村区域经济发展有效、生态环境良好、社会可接受。

2. 整合实施运作规划

鉴于农村居民点整合系统工程的特点，农村居民点集约用地发展依赖于区域多种要素和资源的优化配置，是一个复杂系统逐步动态演进的过程，是一个长期的过程。因此，农村居民点集约用地应在区域整体框架内统筹实施、分期推进。另外，由于农村居民点体系是个复杂的巨系统，作为其各种活动载体的土地利用具有区域差异性、不确定性、复杂性甚至矛盾性，同时当前农村社会转型过程也具有阶段性、复杂性、不稳定性等特征，因此，多种不确定性因素决定了农村居民点集约用地整合的方向、途径和格局的复杂性和多样性，应根据区域实际情况确定不同阶段的整合模式、具体策略和实施方案。

（1）运作规划总体思路

作为一项重要的社会投资，其区域用地使用规模大小、标准高低、产业及配套设施配置、采用的建筑技术及结构型式等必须合理统筹安排。美国是世界上农业机械化最发达的国家之一，它的现代农村聚落大多经过规划，在大农场中有现代化的住宅区，例如，美国俄亥俄州代顿附近的一个现代化大农场中，50hm$^2$ 耕地的一角为居住区，有住宅、储藏室、车库、农具室、各种畜舍、饲料储存库等。与农村居民点相关的村镇规划在我国的出现经历了一个较长的过程。村镇建设用地规划是在土地利用总体规划的框架控制之下组织开展的专项规划。我国现代土地利用规划起始于20世纪50年代的国营农场建设和国家工业化建设，规划的类型、要求、程序、内容和方法等基本上移植于苏联。我国20世纪50年代土地利用规划包括国营农场、农业生产合作社、城市三种类型。1958年后广泛开展了人民公社土地利用规划的制订，规划将农、林、牧、副、渔业用地统筹考虑，后来逐步发展为农田基本建设规划；20世纪80年代后，土地利用规划逐渐由农村土地利用规划转变为土地利用总体规划；20世纪90年代后，各级土地利用总体规划普遍开展，并相继开展了基本农田保护区规划、村镇建设用地规划等。作为土地利用详细规划的两种类型之一，我国目前乡村土地利用规划的主体是基本农田保护区规划和村镇建设预留地规划，以及为改善乡村生产条件、提高生产力水平和扩大耕地面积与经营规模的土地整理规划。村庄整理是土地整理中的重要内容，是通过规划的调整，逐步对布局散乱的农村村庄进行集中归并，并对村庄内部的布局进行调整，使各种建筑物布局规范整齐、村庄内部的空闲地得到充分利用，以此来减少农村居民点的用地规模，改善农村居民的居住生活环境[361]。目前关于农村居民点的专项规划比较缺乏，并且已有规划研究过于薄弱。

具体规划实施中，应结合农村居民点的现状、农村经济的发展及区域整体协调发展，对农村居民点的发展性质、类别定位、规模大小、空间布局及管理机制作出结构性安排，对农村居民点的优化调整、改造与发展作出原则性的规定。至于涉及具体的农村居民点改造、拆除、重建等规划设计，应通过详细规划或专门的规划设计加以解决。

（2）典型运作规划案例

《山东省农村新型社区和新农村发展规划（2014—2030 年）》就是将农村新型社区和新农村作为社会治理体系的基本单元，并通过农村新型社区和新农村的建设推进农村居民点空间形态重构，完成城乡一体化发展、节约集约用地、公共服务均等化等多方面的实践[362]。

规划认为“农村新型社区”是在规划引导下农村居民点的集中建设，形成具有一定规模和产业支撑、基础设施和公共设施完善、管理民主科学的农村新型聚落形态。针对农村新型社区，综合考虑地形地貌、区位特点、建设模式、空间布局和生产方式等，规划将农村新型社区划分为城镇聚合型、村庄聚集型两类。按照所处位置不同，分为城市聚合型和小城镇聚合型两种类型。城镇聚合型社区是指由几个村庄合并集中建设，在规划城镇建设用地范围内选址，并逐步纳入城镇管理的农村新型社区。人口适宜规模一般应达到 5000 人以上。人均建设用地面积按照所在地城镇规划的建设要求执行。建筑风貌按照城市居住区标准建设新型社区，建筑形式以多层或小高层为主。规划界定村庄聚集型社区是指由多个村庄合并新建，或单个较大村庄通过改造，形成具有一定规模、集中居住、设施完善的农村新型社区。按照改造动力和空间组织的不同，农村新型社区分为村企联建型、强村带动型、多村合并型、搬迁安置型和村庄直改型五种类型。人口适宜规模根据平原、丘陵、山区等地形地貌不同，一般不少于3000人。对于用地控制标准，位于平原地区的，人均建设用地面积不得超过100平方米，位于山地丘陵的，人均建设用地面积不得超过80平方米，建在盐碱地、荒滩地的，可适当放宽，但最多不得超过160平方米。建筑风格以地方特色的低层独立院落联排式、双拼式为主。

规划界定“新农村”是指除集中建设的农村新型社区以外，也包括农村地区保留的农村居民点，包括中心村和基层村。中心村连同辐射带动的基层村人口适宜规模一般在3000人左右，人口稀疏地区一般不少于1500人。中心村服务半径一般不大于2千米，村庄极稀疏地区一般不大于3千米。中心村适当预留新建用地，以建设基础设施和公共服务设施，并接纳基层村人口适度聚集。

根据“农村新型社区”及“新农村”的界定对农村新型社区及新农村建设模式分别进行分类引导，农村新型社区建设模式定位如表4－2所示。

新农村建设模式按照地域相近、规模适度、产业关联、有利于整合资源要素等原则，在服务半径合理的前提下，结合交通条件，优先选择被撤并乡镇驻地村、大村强村作为中心村，建设公共服务中心，辐射带动周边基层村发展（见图4－23）。

通过规划运作，预计规划期末，山东省将形成7000个左右“农村新型社区”和30000个左右“新农村”，具体数量预测如图4－24所示。

**表4－2　农村新型社区建设模式**

| 类型 | 分类型 | 属性 | 规划布局 |
|---|---|---|---|
| 城镇聚合型社区 | 城市聚合型 | 现状位于现状城市建成区周边，未来进入城市改造的村庄合并建设的新型社区 | 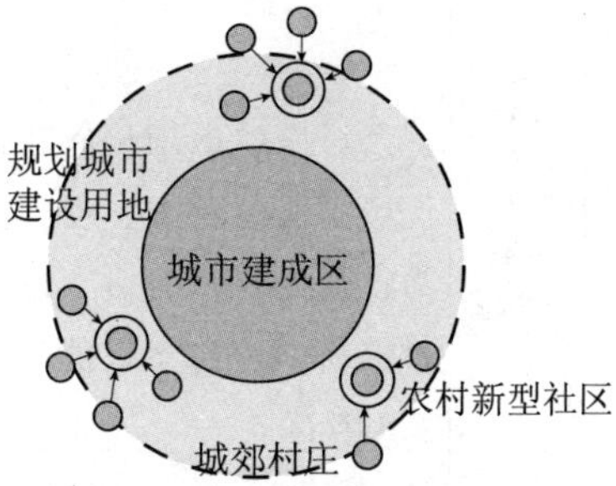 规划城市建设用地<br>城市建成区<br>农村新型社区<br>城郊村庄 |

续 表

| 类型 | 分类型 | 属性 | 规划布局 |
| --- | --- | --- | --- |
| 城镇聚合型社区 | 小城镇聚合型 | 镇驻地村及2千米范围内纳入镇驻地改造的村庄合并，集中建设的新型社区 | 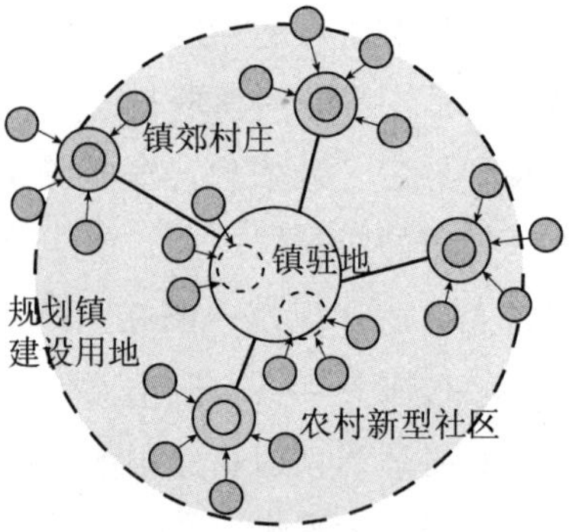 |
| 村庄聚集型社区 | 村企联建型 | 村庄周边有能够带动社区建设的工业小区、农业龙头企业、经济合作组织或者旅游开发企业，村庄与企业联合建成人口3000人以上、非农就业达到70%的新型社区 | 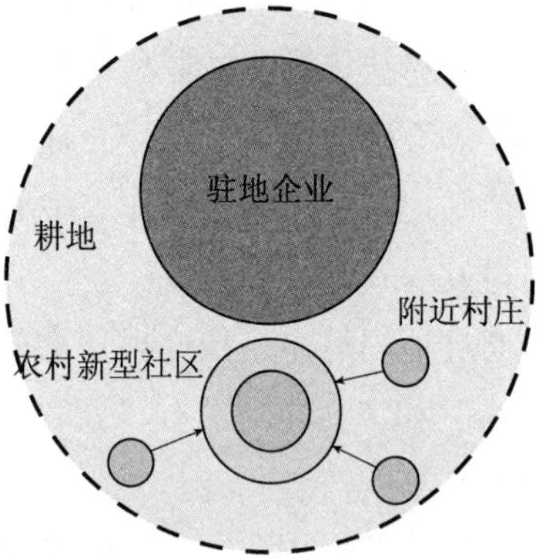 |
| | 强村带动型 | 多个村庄向地理位置较为优越、规模较大、经济实力较强的村庄合并，以强村带动周边村建设的农村新型社区 | 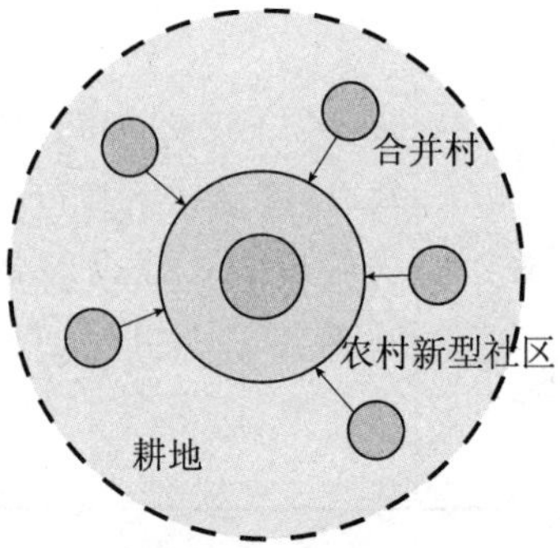 |

续 表

| 类型 | 分类型 | 属性 | 规划布局 |
|---|---|---|---|
| 村庄聚集型社区 | 多村合并型 | 多个村庄选择交通方便、用地充足、多村交界处新建农村新型社区 | 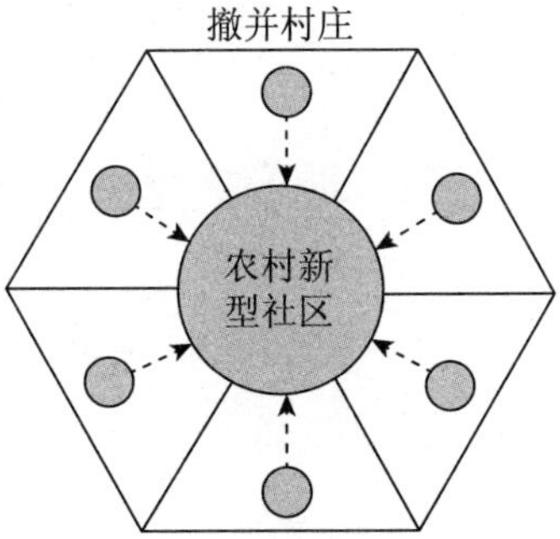  |
| | 搬迁安置型 | 现状村庄位于矿产资源压覆区、风景区、水源地保护区、黄河滩区、库区、偏僻山区、地质灾害易发区等不适宜居住的地区，规划将其搬迁至安全地域，并组建的农村新型社区 | 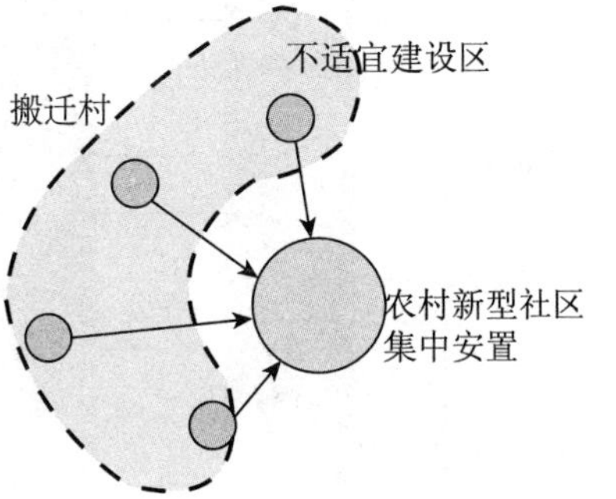  |
| | 村庄直改型 | 村庄直改型社区指村庄规模较大，且周边无可以合并的小村，或不宜合并的村庄，自身改造建设的农村新型社区 | 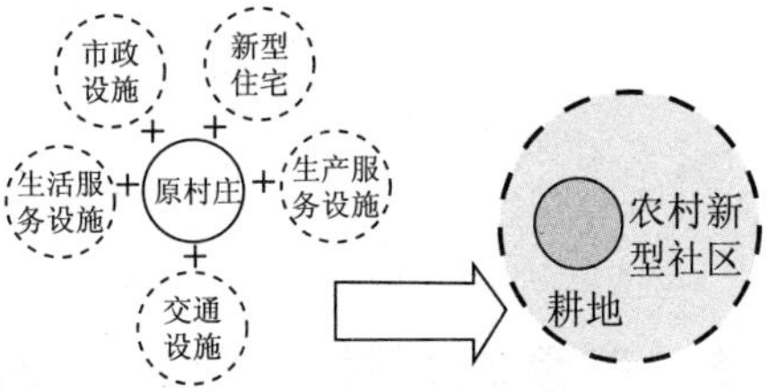  |

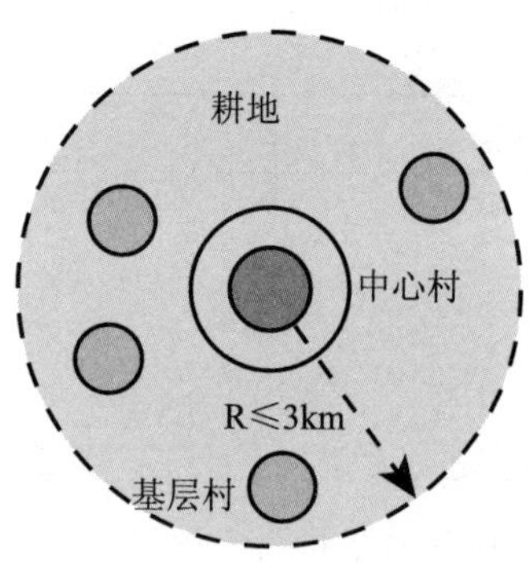


图 4-23　新农村建设模式

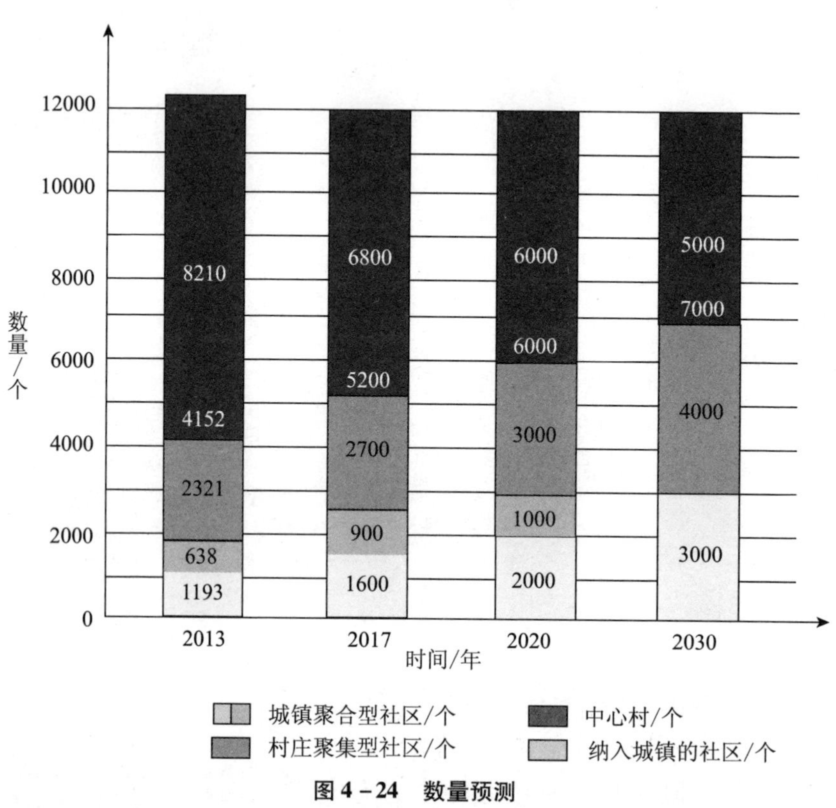


图 4-24　数量预测

## 4.5　典型农村居民点集约用地模式设计

结合前面对研究区农村居民点的演变规律和集约评价研究，本书针对性的提出农村居民点集约用地指导策略和总体模式。

### 4.5.1 研究区农村居民点集约用地的指导策略

以城乡一体化和区域可持续发展为基本目标，充分结合昌平区自身区位条件实际，有效实施“可持续发展与逐步推进、辐射带动与圈层发展模式、统一规划与因地制宜”策略，构筑与地区产业发展互补的农村居民点集约用地发展新格局。

（1）可持续发展与逐步推进

可持续发展是当今世界性的主流发展战略。可持续发展是一个综合的、动态的概念，涵盖社会经济发展的可持续能力、生态环境的承载能力和资源的永续利用等多个方面的内容，是人与自然和谐共存前提下的延续。可持续发展思想正在深刻影响着资源利用方式、方向以及时间安排等多个方面。农村居民点集约用地是一项复杂的可持续系统工程，具有过程性特点。区域发展的不均衡性（见图4－25）决定了农村居民点集约用地应该区别对待、逐步推进。

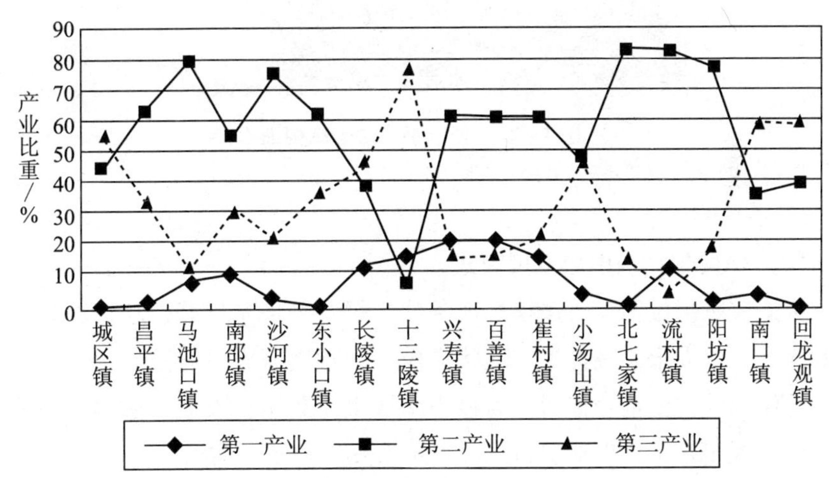


**图4－25 北京市昌平区各镇产业结构现状**

资料来源：北京市昌平区统计年鉴.

由于受土地、水资源和生态环境制约（见图4－26），目前昌平区发展与资源环境保护的矛盾日益突出，对产业发展门槛要求逐步提高。因此昌平农村居民点集约用地在安排其发展规模、空间布局及发展方向等方面应综合考虑地区产业情况，土地、水资源以及其他资源的合理承载能力及生态环境条件的制约。贯彻落实“十分珍惜、合理利用土地和切实保护耕地”的基本国策，按照“在保护中开发、在开发中保护”的基本原则，综合考虑建设时序和用地投放安排，尽量减少对农用地的占用，并避免新的城中村的出现。

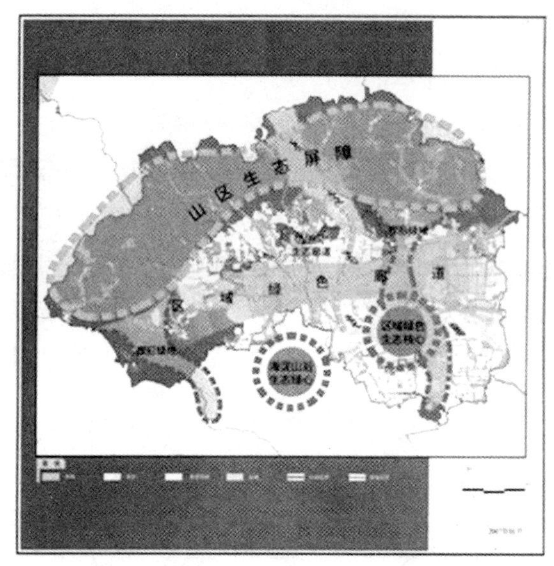


**图 4－26　区域整体生态结构图**

资料来源：昌平新城规划（2005—2020 年）.

（2）辐射带动与圈层发展模式

依据实际区位情况，选择交通条件优越、经济基础好、水资源和土地资源充足、建设限制条件少、现状规模大、对周围农村居民点有一定辐射和带动作用的村庄整合保留作为核心圈层重点集聚村发展，通过发展轴线依次向外逐步延伸，形成农村居民点集聚发展的圈层结构模式。

完善基础设施和公共服务设施，建设现代化农村新型社区，搞好新村、新社区等新型农村居民点建设。构筑城乡协调发展的空间结构，集约优化利用农村居民点用地推动产业向规模经营集中、工业向园区集中、农民向城镇集中，最终达到农村“生产发展、生活宽裕、乡风文明、村容整洁、管理民主”的要求。

(3) 统一规划与因地制宜

按照“布局集中、用地集约、产业集聚”的原则，提高村镇建设标准，提高公共设施和基础设施服务水平，提高城乡人居环境质量，科学规划农村地区产业、居住、社会、生态、基础设施用地布局。

打破城乡二元结构，大力发展农村地区特色产业、农村产业用地和平原镇的工业用地集中规划建设，同时鼓励山区乡镇下山办企业，因地制宜地推进农村城镇化进程，转变土地利用方式，高效利用土地，严格农村建设用地管理，大力进行农村居民点整合。在村民自愿的原则指导下，根据村庄的区位、规模等条件，进行统一规划，按照城市化整理、就地改造、推进撤乡并镇、迁村进镇、迁村并点以及建设中心村等的村镇重新整合办法，引导交通闭塞的向交通便捷的集中，居住分散的向居住集中的集聚，并优先充分利用存量用地，特别是规划建设区内的村庄用地。

## 4.5.2 研究区农村居民点集约用地产业发展控制模式

昌平区产业空间布局模式可以概括为“两轴一带”（见图4－27）。“两轴”是指八达岭高速公路沿线的综合产业发展轴和立汤路沿线的休闲度假和都市产业发展轴，“一带”是北部山区生态、文化、旅游休闲产业带。

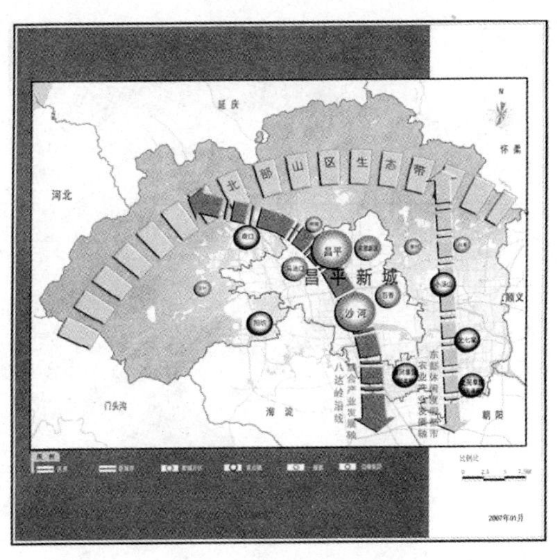


**图4－27 区域空间结构规划图**

资料来源：昌平新城规划（2005—2020年）.

农村居民点用地的调整应有利于调整农村产业结构，延长农村产业链，促进产业结构优化，并带动相关产业的发展。在规划建设中，严格控制农村居民点的边界，防止农村居民点建设的无序蔓延。与区位条件的差异性相适应，以农村居民点综合产出效益为依据，位于不同发展区域的农村居民点建设区采有不同的建设强度控制，构建以重要辐射点为集聚中心，发展“轴线、交通为主、辅纽带”的农村居民点圈层网络集约模式。

根据昌平产业布局实际情况，这里将农村居民点用地建设区域划分为限制建设区域（Ⅰ）、弱建设区域（Ⅱ）、中等建设区域（Ⅲ）、适度建设区域（Ⅳ）、强建设区域（Ⅴ）五级区来指导农村居民点集约用地（见图4－28）。位于城镇发展主轴上的建设区以中等建设强度为主、建设区核心区局部可进行高强度开发，提高土地的资源使用效率，而限制性建设区域应严格施行居民点建设规模管制且以低密度建设为主，逐步减小其现有规模，在有可能的情况下因地制宜逐步迁移至附近中心村区域范围内。位于山前的崔村、兴寿、十三陵、流村等镇的农村居民点建设区，为防止建设对周边生态敏感地区造成过大压力，应注重发展特色农村产业建设，农村居民点集约利用模式体现为以低建设强度为主的生态模式。位于区域东部平原地区的百善组团、小汤山、北七家应以中低强度建设为主。

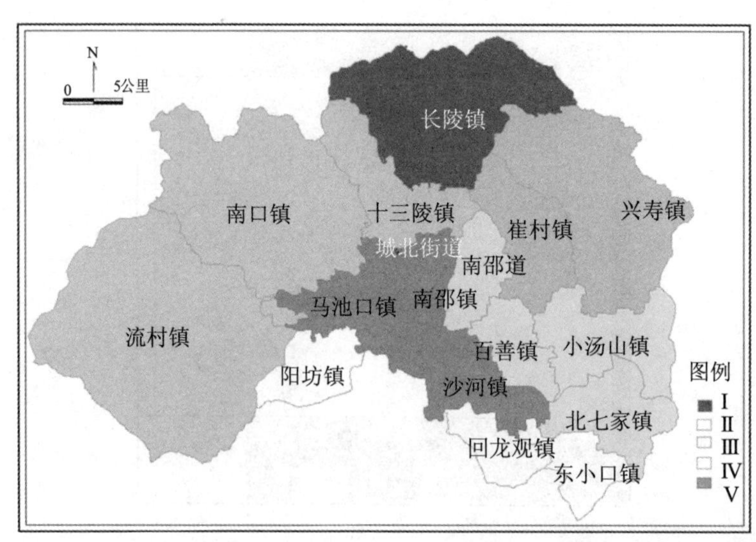


**图4－28　北京市昌平区农村居民点集约利用趋势分级示意**

对于具体各个乡镇内部农村居民点集约用地模式的设计，应该以农村产业发展指导下的农村居民点建设区域强度控制为依据，针对不同地理环境确定不同的集约策略。对于上述建设强度为Ⅰ、Ⅱ等级区域，产业布局规划主要定位为发展第一产业，应该按照发展现代化第一产业的要求使其内部农村居民点用地模式由无秩序型逐步整合为生态型集约用地模式；对于区位发展条件较好的建设强度为Ⅳ、Ⅴ等级区域，其内部农村居民点可以利用其区域优势条件逐步归并入乡镇居民点管理行列，发展为经济主导型集约用地模式；对于建设强度为Ⅲ等级区域考虑其发展承担生态、旅游、文化产业功能，其内部农村居民点应该定位发展服务型集约用地模式，如考虑发展旅游服务住房。

## 4.6　本章小结

提出科学的农村居民点集约用地模式是农村居民地集约整合中的关键。本章首先基于土地集约模式的内涵界定农村居民点集约用地模式的内涵；确认农村居民点集约利用的5条标准；在国内外相关农村居民点集约用地模式研究梳理的基础上，洞悉农村居民点用地利用与经济发展的互动规律，并结合中心地理论、核心—边缘理论以及居住区规划相关基本理论提出了农村居民点集约用地的宏观层次、中观层次和微观层次三尺度层次综合的总体模式，提炼出了农村居民点集约用地过程模型，其主线是基于区域发展的自身实际，以区域产业发展为导向，以农村居民点用地集约整合为目标的多元化农村居民点集约用地模式；最后结合实例指出了农村居民点集约用地的“可持续发展与逐步推进、辐射带动与圈层发展模式、统一规划与因地制宜”策略以及相应的具体产业发展控制模式。

# 5 农村居民点集约用地调控机制研究

土地利用是人类影响环境的主要方式之一，历史上人类最大的土地利用变化是将森林景观干扰为农业景观和居住景观。19 世纪至 20 世纪初，伴随着科学技术的发展和人口增长，人类按照自己的要求塑造环境，满足人类需求的增加[363]。当前，如何合理控制农村居民点用地使其集约利用，改善农村居民点生态环境，调整农村居民点产业结构，降低农村居民点集约利用对农村可持续发展的影响风险，是我国当前亟待解决的重要问题。农村居民点空间格局与结构配置的合理性，直接关系到农村居民点集约利用的绩效，而土地利用空间格局优化是一种过程和手段，其目的就在于把一定的土地利用方式与土地的适宜性、社会经济性进行比配，形成合理的土地利用结构，最大限度地提高土地利用的综合效益，实现一种多目标、多层次的持续拟合与决策[364]。因此，对农村居民点用地利用进行干预，进行科学的农村居民点集约用地调控研究对其合理布局、适度开发至关重要。

人类干预所形成的规模、布局、结构、功能和绩效各异的农村居民点用地空间格局表征了其产生和演变的历史足迹。然而，作为人类的有效干预机制，必须符合农村居民点用地合理利用的自然规律及社会经济发展的客观规律。这种干预机制的有效性，一方面取决于人类对农村居民点合理利用自然规律的认识水平的高低及其具体程度、干预手段的先进程度及干预机制的健全程度；另一方面又必然囿于社会经济发展状况，这样便构成了农村居民点用地演变的二重性。受农村居民点用地演变二重性的影响，农村居民点用地规模、利用方式及利用程度随社会经济的发展而不断演化，而人类对农村居民点用地利用的干预能力则随着生产力的不断进步而提高。

## 5.1 农村居民点集约用地调控的目标

受多种因素的影响，各个农村的发展思路、功能定位、产业选择等不尽相同，从而引起区域整体之间、地域内农村之间、城乡之间、资源利用和环境保护等多方面不协调之处。农村居民点集约用地是一项协调农村用地体系中社会、经济、环境等诸多因素的系统工程。目前，可持续发展思想正在逐步改变人们的价值观和生活行为，是人类的一种理性决策，其核心思想是营造人类与自然和睦相处的命运共同体，实现人与自然的和谐发展。土地资源是可持续发展中的一个核心问题，可持续思想深刻影响着其利用方向、利用方式以及利用程度。农村居民点集约利用调控的目标就是改善农村人居环境，促进城乡发展一体化，保障“农村社会—经济—环境”的协调可持续发展（见图5－1）。当前，乡镇居民点的规划建设要顺应社会主义市场经济体制的需求，为方便小区建设的商品化经营、分期滚

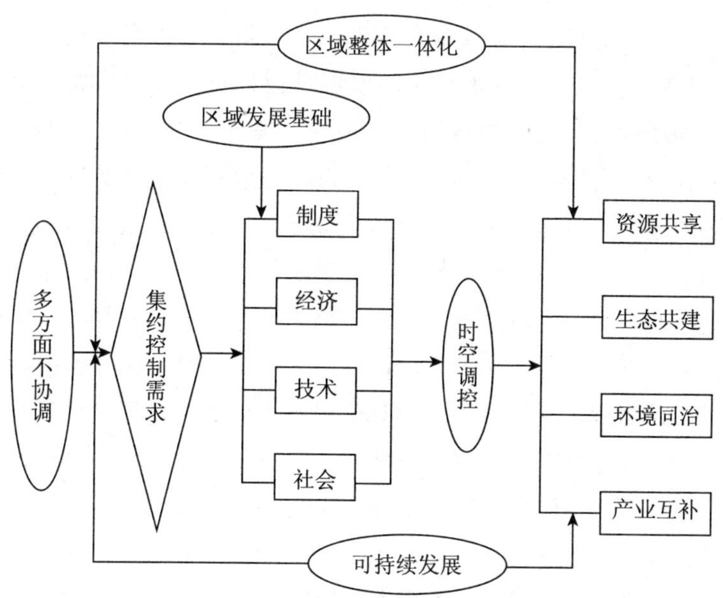


**图5－1 农村居民点集约用地调控机制**

动式开发以及社会化管理创造条件[28]。因此，为了有效促进农村区域协调发展，必须从整体出发建立健全符合当前农村社会经济发展需要的调控机制，从而引导生产要素在区域体系内的优化配置，促进区域内资源共享、生态共建、环境同治、产业互补。

## 5.2 基于行为主体决策的农村居民点集约调控运作机制

目前的研究较少从土地利用行为主体角度对农村居民点集约利用进行探讨，对各行为主体的用地心理、用地动机、用地偏好、土地利用行为决策特征以及行为机理不甚了解。这里从行为主体角度人手分析，通过对各参与主体的价值取向、行为特征及其驱动机制进行分析，研究农村居民点集约利用中各行为主体的行为决策、行为组织和行为控制，初步建立基于行为主体决策的农村居民点集约用地调控理论框架。

### 5.2.1 行为决策理论

所谓决策，就是为了解决某种问题而从多种替代方案中选择一种行动方案的过程[365]。从现代决策理论的发展过程和研究范式来看，决策理论分为两种：理性决策理论和行为决策理论。20 世纪 80 年代中期以前，在现代决策理论中占据绝对主导地位的是以期望效用理论为基础的理性决策理论。随着理性决策悖论研究和行为经济学的兴起，以人类实际决策行为为出发点，人类实际决策行为规律及其影响的行为决策理论越来越引起人们的兴趣。2002 年诺贝尔奖授予行为经济学奠基人之一的 Daniel Kahneman 和“实验经济学之父” Vernon L. Smith，反映了行为经济学和实验经济学得到主流经济学界的充分认可，同时也说明了行为决策理论已经在学术界中占据着一个不容忽视的位置。目前，行为决策理论的核心观点已经充分渗透到经济领域（行为经济学）、金融领域（行为金融学）、组织管理领域，行为决策理论的研究成果已经广泛应用于政府政策、企业管理制度的建设和金融投资决策中[366]。理性决策理论假设人们是完全理性的，告诉人们应该采用怎样的逻辑步骤或模型去决策，而行为决策是通过实证研究人们的实际决策过程，描述决策者真实的决策行为，从中归纳出行为特征并从认知和心理方面进行解释，提炼行为变量并对理性决策模型进行改进。从决策理论发展过程看，先有理性决策，然后出现行为决策；但从研究内容的逻辑关系看，以描述性研究为主要特征的行为决策应该是规范性研究（理性决策）的先行阶段。目前行为决策研究的目的不再是证明或指责理性决策的不足，而是开始将人们在直觉决策中的行为特征融入理性决策模型之中，为决策者提供更有预测力的决策工具，为解释人们决策行为、解决实际问题提供了更加行之有效的理论依据和方法[367]。

### 5.2.2 农村居民点集约调控运作机制

土地利用中的一系列宏观管理和微观利用行为都是决策行为。土地利用决策是对土地的开发强度、利用方式、分配形式等行为的选择、控制与调整过程。在我国的现实生产中，土地利用宏观管理与微观利用行为存在严重脱节，实践中土地的微观利用行为往往只顾单纯经济利益或只考虑局部问题，未能兼顾综合效益或服从整体利益。而宏观管理与控制又因缺乏合理的价值准则和评判标准，往往不具有科学指导性，或可操作性不强，结果导致大量土地利用矛盾的产生[368]，目前我国农村居民点的无序扩张正是其表现之一。农村居民点集约利用过程中涉及多方利益主体，受经济关系、利益得失、制度以及观念差异等因素的影响，各主体由互相竞争优势策略向妥协让步转变，最后达到利益得失平衡，即，农村居民点集约利用空间格局调整中各决策个体的空间行为遵循一定的准则。可见，实现农村居民点用地集约利用，其利用行为主体必须建立科学、规范的决策模式。但在目前的研究中，较少有从土地利用行为主体角度对农村居民点集约利用行为进行探讨的，对土地使用者的用地心理、用地动机、用地偏好、土地利用行为决策特征以及行为机理不甚了解。

随着市场经济的纵深发展，政府职能由传统的计划经济职能向经济调控、市场监管、社会管理和公共服务职能转型，逐渐形成民间组织、公众与政府三股相互博弈的力量[369]。而在我国目前的发展阶段，政府通过行政手段主导城镇化进程的色彩已大为淡化，更多的是扮演公共物品供应者的角色，通过规划等手段对城镇化进程进行宏观调控[370]。对一级政府来说，如果不能协调好每一个农村社区的土地利用，就无法在更大范围内实现土地资源在空间和数量上的优化配置[371]。目前中国农村微观经济组织呈现出多样性、多元化的明显特征，但家庭（农户）无疑仍是我国农村微观经济组织形式的基础与主体[372]，是农村社区中最基本的决策单元[373]。西奥多·W. 舒尔茨以大量的实证性观察论证了农户是理性的经济行为主体[374]。加里·贝克尔为代表的新家庭经济学在研究农户行为时认为，农户既是经济组织又是消费单位，故农户的决策行为是多目标分层次的[375]。作为土地利用最小的基本统计和规划单元，农村社区的土地利用状况是其所有成员（农户）在其所辖土地上生产活动总和的反映[376]。对农村土地利用中最基本决策单元的农户来说，农村社区的土地利用与其生产和生活有着直接的关系，社区的土地是他们最有愿望参与决策的共同的自然资源。同时，村民是最了解社区每一块土地的自然和社会属性及其变化的群体，农户了解的乡土知识与土地利用规划的实施有着密切的相关性。现有土地利用规划方法忽略了该知识的价值和作用，造成规划难以实施或受到各种阻碍[371]。显然，农村居民点用地各个利用行为主体的决策活动将直接影响到土地利用的方式和对土地管理措施的选择，最终影响到土地能否持续利用。在各个主体都追求利益的最大化时，就会不可避免地发生利益冲突和博弈。

博弈论是一种很好的调和理论，是研究博弈双方在一方的行为会影响其他各方行为的情况下如何行为的理论[377]。本部分通过博弈需求分析来协调农村居民点集约用地过程中各行为主体的利益得失，协调农村居民点集约用地过程中三方利益主体之间的相互关系使其均衡，实现共赢。

（1）参与人利益分析

参与人是博弈中的决策主体，其目的是通过选择有效策略来最大化自己的效用水平。

中央政府是农村居民点集约用地的决策主体和宏观调控主体。首先，农村居民点集约用地是一项扩大再生产形成新的固定资产和新的生产能力的投资建设活动。作为宏观调控主体，中央政府主要通过宏观调控建设用地规模以满足经济建设的需求；其次，农村居民点适度集约用地会加速农村城市化进程，促进农村空间结构的优化以及产业结构的调整，从而缩小城乡差距，为经济发展提供有力支持；最后，农村居民点集约用地可以改善当地的竞争环境和当地农民的生活状况，保护农民的发展权。因此，农村居民点适度集约可以使中央政府实现经济效益、社会效益、环境效益总效益最大化和最优化。

地方政府是农村居民点集约用地过程的具体指导主体。受权力、业绩、财政压力等驱动因素的影响，地方政府为实现自己的利益，考虑的经常是最大收益和最多社会产出，而不是最佳总效益和最佳总产出。农村居民点集约用地作为提供后备建设用地的重要来源和提升土地资产价值的重要筹码，不仅可以促进当地经济和相关产业的发展，给地方政府带来高额经济收益，而且也提升了其业绩。

农村居民点用地涉及农民切身利益，关系其基本生计和生活问题。农民是受农村居民点集约用地影响最大的主体。在农村居民点集约用地过程中，农民一方面担心集约用地能否带来实际利益，另一方面又怕错过农村居民点集约用地带来利益的好处。

（2）参与人成本收益分析及其策略选择

在农村居民点集约用地过程中，参与主体——中央政府面临着不采取集约化或采取集约化两种选择。若不采取集约化，中央政府不需要投入资金，但无法满足经济健康增长和工业化、城市化的稳健发展，因此，不施行集约化的收益值趋负；若采取集约化，虽然中央政府支付了成本，但存在高额潜在收益。集约化可以促进产业结构调整、改善农民生活条件、加速现代化建设，最终还是低投入、高产出、边际收益递增。通过对中央政府两种选择的投资收益分析表明，中央政府会根据国家需要采取适度集约化。

在农村居民点集约用地过程中，地方政府作为农村居民点集约用地的具体指导主体，面临不实施集约化或实施集约化两种选择。若不实施集约化，地方政府不需要投入资金，但这样不但不能满足当地经济增长的需求，延缓当地建设的步伐，而且不能达到其追求政绩的需要，因此，不实施集约化的收益值趋负；若实施集约化，地方政府凭借农村居民点集约用地的实施可以获得后备建设用地或耕地补充的来源，同时也提升了业绩。所以通过对地方政府两种选择的投资收益的分析表明，地方政府会实施集约化策略。

在农村居民点集约用地博弈模型中，参与主体农民面临反对集约化和支持集约化两种选择。若反对集约化，表面上看对农民的利益没什么损失，但由于农村居民点集约用地发展程度与经济发展水平不相适应，从而相应的产业结构调整和优化也不能同步发展，这样不仅不利于他们生活状态和生活条件的改善，而且不能受益于集约化所带来的好处；若支持集约化，首要的前提是农民的效用函数大于零，即农民所受的补偿收益应大于其集约用地的投入成本。如果收益与投入成本之差大于或等于零，农民考虑改善生活条件以及受益于集约化所带来的好处等诸多因素时，都会选择支持策略，但如果收益和投入成本相差太多，农民切身利益严重受损，农民必然反对集约化。因此，要顺利实施农村居民点集约用地，必须满足其补偿收益大于集约用地的投入成本。

（3）均衡分析

博弈分析表明，解决好农村居民点集约用地问题的实质在于协调好参与主体之间的利益关系。中央政府、地方政府与农民均是理性的利益主体，国家从宏观的角度考虑农民居民点用地避免过度扩张，当为了宏观利益而使集体经济组织的利益受到损害时，农村集体经济组织的行为会与国家行为相背离；当农村居民点集约利用带来好的收益时，农民的行为有望与国家集约用地的政策目标一致。因此，中央政府应该根据国家具体需要选取最佳的策略对农村居民点用地的市场投放总量、布局和时序等进行宏观调控，地方政府应根据中央政府宏观调控的具体指标指导实施农民的农村居民点集约用地实践活动，同时应在制度、经济、技术等方面构建相应的激励机制，切实减轻农民的负担，保障农民的利益，这样才能使农村居民点集约用地适度发展并最终使农村居民点用地利用的粗放状况得到有效控制，实现社会总效益最佳。

## 5.3 农村居民点集约用地实施与保障措施

农村居民点问题的成因是复杂的，是多方面的因素综合。虽然我国针对村镇建设颁布和实施了一系列相关国家法律、方针以及政策制定，但迄今为止，尚未有系统的针对农村建设用地如何合理利用的文件或论述，而且已有的措施也没有得到落实。农村居民点建设需要树立科学的资源利用观、管理观和环境伦理道德观，切实遵循“十分珍惜和合理利用土地，切实保护耕地”的原则。在全面科学论证的基础上积极探索和构建与市场化体系相配套的、系统的、具体的政策激励和经济约束机制、法律约束机制、技术标准等支撑体系来规范农村居民点用地利用行为，实现土地保护政策与产业、金融、财政、法律等政策协同起来促使发展模式的根本改变。

### 5.3.1 制度层次

土地资源作为一种资源性资产，它不仅是一种自然的生产要素，从文化、经济、法律和社会的角度来看，它又是“一个与人类制度紧紧交织在一起的自然元素”[51]。针对农村居民点而言，主要涉及土地产权制度、农村住房供给制度以及社会保障制度三个方面。农村居民点集约用地不仅需要制定和实施“最佳制度”，而且应该构建制度分析机制，以便科学评估农村居民点用地利用管理制度的有效性和合理性，并对其进行适时适度调整和完善使其符合社会经济可持续发展需要。

（1）土地产权制度

科斯—罗纳德的“科斯定理”证明：当交易双方交易成本为零时，产权界定清楚是实现资源配置效率优化的前提，西方国家普遍实行高不动产税政策，有效促进了土地集约利用。目前，我国土地所有权与使用权分离，产权界定不明晰，现有的税收制度、用地规划缺乏对土地集约利用的激励和引导[378]。我国农村蔓延主要是农村自身膨胀的结果，造成的原因是多方面的、综合的，包括产权的、政治的、管理的和法律的等多种因素，归根结底，问题在于土地产权制度不清晰。土地产权是以土地为财产客体的各种权利的总和，它包括土地所有权、使用权、收益权、处置权和抵押权等。农村土地的所有权、使用权以及所有权与使用权的两权关系和国家对两权的限制构成了农村土地产权制度的研究内容。当前我国集体土地产权制度存在着所有权主体不明确、农民使用权权能不完整以及城乡二元土地所有权体制下的市场无法在农村土地配置中发挥应有的作用等问题[16]。针对农村居民点产权，虽然《中华人民共和国民法通则》和《中华人民共和国土地管理法》中规定，农村宅基地属农业集体经济组织所有，集体经济组织成员有权使用宅基地，但农村居民点用地的产权问题如同我国农村普遍存在的产权制度存在的问题一样——位于主体地位的农业集体经济组织在实际操作中作用比较模糊，甚至可以说是一种缺位，同时产权界定不清，对农村宅基地使用权（包括转让权等）的责、权、利缺乏明确的界定。农村宅基地使用制度的不健全，不仅导致大量旧宅基地的闲置、抛荒，而且同时为农村宅基地流转、城乡土地置换增加了难度，严重制约了农村宅基地问题的全面解决。因此，应该在明确农村宅基地产权主体或代表的前提下，对农村宅基地的作用权做出具体的权、责、利的规定，推行有偿使用制度，建立农村宅基地的有偿流转市场，促进宅基地高效利用[60]。

在市场经济体制下，应当建立资源价格的诱导型管理体制。即，在农村居民点集约用地过程中，必须树立正确的资源产权观，明晰产权的归属和权能，建立产权变更和转移的农村宅基地市场，强化产权管理。另外，树立资源资产论和资源价值观，改变资源的非资产化行政管理。应将资源环境成本纳入生产成本，引入生态补偿机制，构建科学的农村居民点集约用地核算评估体系并将其制度化纳入国民经济核算体系，把农村居民点集约用地的社会价值、生态价值、经济价值及其潜在后续价值纳入整个经济效益中，科学核算用途转变的最佳综合效益，抑制向非效用用途转换的经济冲动。

**表 5－1　　闲置宅基地类型**

<table>
<tr><th>闲置住宅的所有者</th><th>表　象</th><th colspan="2">原　因</th></tr>
<tr><td>部分农转非人口</td><td>这些人已经成为城镇人口，在城市有自己的住宅，同时仍保留着农村宅基地</td><td>城市和农村管理不配套、不协调，造成城市住宅用地增加，农村住宅用地不减</td><td rowspan="4">根本原因是土地产权不明晰，在土地管理体制、机制、政策、规划上也存在一定的问题，导致农村宅基地无法实现合理流动</td></tr>
<tr><td rowspan="2">进城打工者</td><td>这些人租住在城市的廉价房中，工闲、农忙、过节时返回农村</td><td rowspan="2">工业化与城市化脱节；落后的户籍制度</td></tr>
<tr><td>两栖居住（户口仍然是农村户口，在城市已经有自己的住宅，农村的住宅处于闲置状态</td></tr>
<tr><td>迁往农村新居者</td><td>这些人已经住在农村的新房子里，上辈的旧房子闲置</td><td>农村土地管理体制“一户一宅”只针对新增的，有增无减</td></tr>
</table>

资料来源：《国土资源管理与农村建设》编委会，国土资源管理与农村建设［M］. 北京：中国大地出版社，2006.

（2）农村住房供给制度

农村住房供给制度主要包括农村宅基地使用制度改革以及如何有效开展和实施农村集体土地合理留转。

我国农村宅基地获取程序的不规范和监管不力造成了宅基地用地浪费和供给不足并存的局面。由于农村宅基地存在着继承和申请划拨两种方式，导致了宅基地面积标准的不一致，并且一般会超过规定标准。又由于缺乏统一的规划和管理，使得《土地管理法》中关于农村村民宅基地使用的有关规定难以落到实处，一户一宅的规定时时被打破。由于体制和管理两方面的原因，农村人口迁出后甚至新辟宅基地后，原有宅基地不能及时收回，造成宅基地闲置；而由于土地承包后村集体可支配土地减少，符合条件的新增人口所申请的宅基地难以兑现，从而造成了农村宅基地供给不足与闲置浪费并存的现象[359]。宅基地兼有资源和资产特性，但现行的政策规定宅基地不能买卖，这种计划经济下的非市场机制的配置方式已经完全不适应市场经济条件下多种要素合理流动的需求[60]。不允许农村宅基地使用权流转，就不能实现土地资源的合理配置[378]。因此，对于农村集体土地合理流转，应当采用经济、税收、法律、政策等多种手段对闲置土地依法收回和促进合理流转。土地流转的有效性取决于土地流转制度的规范与严格执行，以及土地交易市场机制的有效运转[379]。当前，需要积极探索市场化机制下农村居民点的有效供需实施机制，让农村土地入市，发挥其应有的资产本质特点。

（3）社会保障制度

土地是农民赖以生存的主要生产资料，在社会保障体系不完善的情况下，土地作为社会保障的替代物，为占中国人口多数的农民提供了基本的生活保障。土地的保障功能在于土地的自身产出和土地可以提供就业机会，土地承担着生产资料和社会保障的双层功能。土地是农民家庭保障最基本的经济基础，也是农民最后一道生活安全保障线。随着经济的发展，人地关系越发紧张，土地的社会保障功能就越大于生产功能，土地就成为维护社会稳定的一个重要因素[380]。

在社会主义和谐社会构建过程中，如何避免和减少农民在居住集中化过程中的损失，为他们提供住房保障和福利，是政府所必须加以认真研究和解决的问题。1948 年通过的《世界人权宣言》指出，拥有适当住房是享有适当生活标准这一权利的一个组成部分。但是现实生活中，农民并不拥有住房上的福利和保障。日本学者早川和男先生认为，住房福利是社会福利之最；北欧学者认为："福利从住宅开始，以住宅结束"[381]。政府应该是居住集中化过程的福利提供主体，政府必须为农民提供居住集中化过程中的住房保障。当然，如果农村居住集中化过程中农民住房福利全部由政府以货币补偿的形式承担，在目前的情况下是不现实的。因此，要动员全社会的力量，以系统的方法综合解决农民住房福利的提供和分担问题[382]。另外，宅基地的市场化运行机制需要积极推进户籍制度改革。户籍制度改革与相应的土地制度改革密切相关。农村宅基地使用权不能自由流转，根源在于现行的城乡二元户籍的管理制度。

### 5.3.2 经济层次

集约用地程度与人类社会发展的不同水平阶段相适应。根据马洛斯的"需求层次论"，人们在满足了基本生理需要后，人的本性会产生较高层次的需求，开始追求更好的生存条件。农村居民点的建设要与地方农村经济发展相适应，与产业结构调整相结合，在合理确定乡村增长极的基础上逐步推进农村居民点集聚，而不能不切实际地搞超越地方实际经济承受能力的"理想"建设。

农村居民点的集约利用程度与乡村经济的发展息息相关。经济发展水平不仅是农村居民点建设的基础，而且从某种程度上决定着农村居民点集约利用的合理程度。新型居民点的建立绝不仅仅是改善农民的居住环境，通过简单地改造传统农村居民点的基础设施来实现，也不能简单地等同于城市型的居民点，而应是为现代农村产业发展和农民度身定做的具有新型功能的居民点，体现新型的城乡关系和村庄的社会经济结构。但是，目前村庄集中多关注村庄集聚的表层——住宅建设的集中，而忽视更深层面的集聚——土地的集中，产业的升级等多方面[220]。产业集群是产业发展演化过程中的一种地缘现象，是指某一产业大量企业在地缘上的聚集，并且相互之间建立密切的合作关系，产业链各环节聚集在比较邻近的地域空间，形成专业集镇和块状经济[383]，产业集聚到一定程度，就可产生聚集规模效益，扩大经济辐射能力和吸引力，这种空间表现形式就是集约用地。我国建制镇的人均用地水平一般高于小城市 50% 左右，乡村居民点的人均用地水平一般又高于建制镇，其本质特征还是二、三产业聚集规模小[384]。

当前，中国处于经济快速发展的过程中，农村的经济结构与农业生产结构也在迅速调整，农村的经济水平有很大提高。农村居民点集约利用的空间规划要从区域范围着手合理配置第一、第二、第三产业，使规划与新农村产业发展相协调。首先，培育乡村增长极，加速农村产业结构调整，推进农村产业适度规模经营显得至关重要；其次，需要积极探索农村居民点建设的筹资运作机制以及投资方向机制；最后，要将实施农村居民点集约利用与经济因素相挂钩，因地制宜地开展经济激励集约机制。另外，还需合理进行农村居民点集约用地收益分配，缩短农村居民点集约用地的回报周期。

### 5.3.3 技术层次

研究认为，如果经济增长过分依赖土地而不是技术进步，则经济增长将降低，对于资本的情况也是类似的[385]。资源的有限性和科技进步的无限性决定了经济增长最终必定由依靠资源投入的增长转到依靠技术进步上来[386, 387]。当经济发展水平达到一定程度以后，经济发展将会由粗放型逐步转变为集约型，经济发展对土地的压力会逐步减小。但是，我们不能就此认为我们可以在经济发展中大搞建设投入，土地需求到时会自动减少。这是因为，土地投入量随经济发展呈倒“U”形曲线减少，是以土地集约利用程度的提高以及其他经济促进因素作用（城市化水平、产业升级转换程度以及科学技术发展等）的提高为前提的。只有在经济发展的过程中，合理利用土地资源，采取内涵式发展方式，通过技术进步提高土地利用能力，使原来不能利用或利用不经济的土地投入使用，增加土地经济供给量，提高土地利用效率，才会在经济发展的同时达到缓解土地压力的目的[388]。因此，科学的农村居民点用地利用管理，应当采用先进的技术手段、方法，对其利用现状进行有效监控并对其未来的发展趋势作出科学判断。

针对村镇建设，我国已初步建立并且正在逐步完善村镇规划的相关技术标准体系。各级地方政府也根据工作需要和当地情况制定了一批行政法规和技术标准，对我国村镇的规划编制和建设发挥了巨大作用。但是，截至目前，我国村庄规划没有形成统一的规划体系，并且已有的政策体制大多就事论事，并不能真正发挥功效。为迅速提高城市化水平，优化土地资源配置，许多地方开展了“拆村并点”工作，然而，取而代之的却是聚居规模日益扩大的具有城市居住小区景观特色的所谓“新村”。目前，虽然全国有 63.46% 的村庄编制了村庄总体规划，但是总体上规划水平较低[24]。现代规划设计的介入没有充分研究乡村建设的固有特点，反而造成乡村“城市病”的愈演愈烈，现有的村落规划模式逐步暴露出其自身的弊端（见图 5－2）[249]。现行的《村镇规划标准》存在的问题主要是城市规划和村镇规划两大技术标准体系没有充分衔接，尤其是村镇规划标准在规划依据、适用范围、用地分类、规划阶段等方面的规定不尽合理[389]。

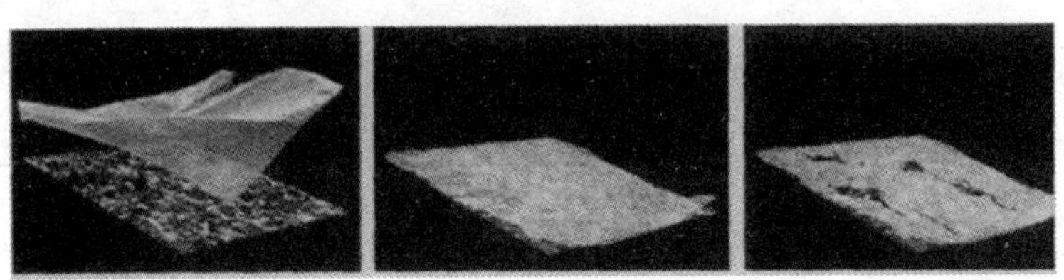

现有规划模式缺乏针对性　　方案掩盖了现实问题　　现实问题使方案出现漏洞

**图 5－2　现有村落规划模式的弊端**

资料来源：［美］普林斯顿建筑出版社编．城市极限［M］．戚珍真，译．北京：中国建筑工业出版社，2005.

一般来讲，规划和管理的有据性、有效性和可操作性随所设计的时空尺度的缩小而增大。对时空尺度较小的区域景观的持续性研究或持续管理，无疑将有益于地球表层持续发展的研究及其目标的实现[390]。农村居民点的集约利用需要赋予其全新的规划理念和实施保证机制，应尊重村庄类型的多样性和差异性，妥善考虑农村经济、产业发展和生产生活方式发展变化的需要。首先，在实践中（如村镇规划、区域规划等）通过削弱某些乡村特征，提高区域的城市性[20]，统筹城乡规划，建立区域整体发展的规划与协调机制，使具体村庄（落）规划与村镇规划、城镇规划以及土地利用规划等协调，特别要重视土地利用总体规划的主导作用。其次，城市化过程中，采取指标控制合理配置土地可以提高土地集约利用水平（见图 5－3）[391]。当前需要转变村落规划的传统思路，从整体空间布局走向建设用地控制，对村落空间及时评价[249]。村镇土地使用的经济效益一般随开发强度的提高而提高，这是规模效应、集约效应的结果，但也不是强度越高，经济效益就越好。微观经济学研究表明，随着开发总效益的递增，边际效益递减，土地超强度的开发，会带来拥挤和环境污染一系列问题，从而影响整体经济效益，同时与村镇的比例尺度不相吻合，影响村镇空间景观质量。虽然高强度的土地开发在村镇建设中并不普遍，但要防止局部地段或地区的超强度开发。因此，村镇土地使用规划要依据村镇土地使用的适度性特征，合理调控开发行为，实现适度的土地利用和开发强度，真正做到经济效益、社会效益和环境效益的整体最佳[29]。乡镇建设用地指标是显示乡镇各项建设用地在技术上达到经济合理性的依据，在具体规划设计工作中起着依据和控制作用[28]。农村居民点集约利用的规模也应该限制在其范围之内适度调整。但是农村聚落小而散、混合像元多，遥感解译受到限制，而地面调查对于农村居民点整体分布把握不足，发展综合的研究手段十分必要[231]。可见，传统的工作方式和手段已跟不上现代化农村生产和管理的需要，农村居民点集约利用需要一种更加全面、科学、合理的手段和方法进行监督和管理显得尤为重要。农村居民点集约用地的有效实施，必须借助现代高科技成果，实现数字化信息管制。农村居民点用地的信息数字化管制就是采用信息技术对农村居民点区域的用地时空变化进行有效测度和管理，揭示和掌握信息变化特征和规律，统筹静态空间特征与动态多维可视化过程，进行时间优化与空间尺度的组合，实现农村居民点用地动态监测。信息技术的发展为解决农村居民点用地问题提供了新的分析方法和技术支撑（见图5－4）。实施农村居民点信息化管理，可以将农村居民点用地的综合空间分析与决策系统相结合，分析农村居民点空间发展存在的问题，合理确定农村居民点空间发展方向，避免农村居民点空间的无序扩张，并为科学把握和预测农村居民点用地的演变发展趋势，构建农村居民点空间形态合理模式，提高决策水平服务。最后，农村居民点建设合理布局、用地优化、容积率的提高，使其适度利用需要合理借鉴国内外先进的规划理念，如“分区控制”“精明增长”“理性扩张”“生态理念”等。但村庄空间合理不等于实际的可行，因为各地具体条件不同，建设布局就会不一样，因此，对村庄的具体布局和选址也就十分重要，只有经过实地的验证，才能保证规划的可操作性[392]。

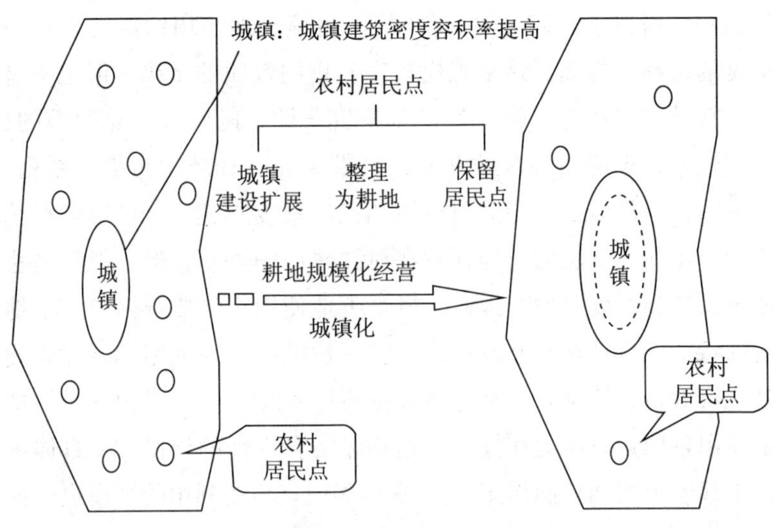


**图 5－3　城镇化过程中土地集约利用示意**

资料来源：郭文华，郝晋珉，覃丽，等. 中国城镇化过程中的建设用地评价指数探讨［J］. 资源科学，2005.

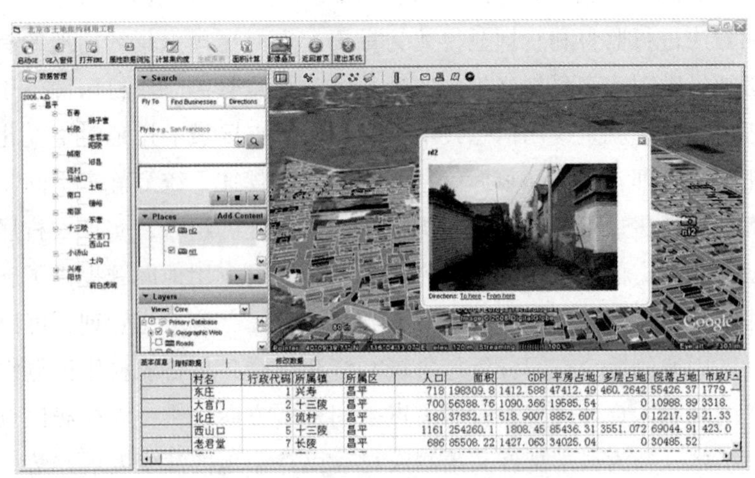


**图 5－4　农村居民点集约用地管理系统示意**

资料来源：北京市建设用地节约集约利用标准及评价研究报告，2007.

## 5.3.4　社会层次

社会公平是社会主义和谐社会的重要特征，是社会主义优越性的重要体现。当前，以“权利公平、机会公平、规则公平、分配公平”这“四个公平”为主要内容的社会公平保障体系赋予全社会各个社会主体在全面发展自己和获得自己正当权利方面机会的平等。农村居民点建设涉及社会的方方面面，农村居民点集约用地是在国家有关方针、政策以及法律法规等指导下，由地方政府部门组织实施的长期工作。因此农村居民点建设要采取多元化参与的运作模式，即，需要全社会的共同参与。公众的有效参与，在一定程度上可以积极规避农村居民点集约用地的社会风险。虽然公众参与制度自20世纪80年代末90年代初已经开始影响我国规划设计，而且目前中国规划设计领域已有一定程度的公众参与，但是尚停留在问卷调查、图样和模型展示等事后的、被动的、初级阶段的参与上，与国外相比，中国真正的“公共参与”还相差甚远[24]。相关部门政府领导的决策直接影响乡村建设的总体格局和基本走向。传统的村落孕育了方便的作业环境和务实的循环经济，并且在长期聚族而居的影响下，我国广大农村具有优秀的历史文化、淳朴的乡风民俗、深挚的伦理道德和密切的邻里关系[28]。农民作为新农村建设的主人，是新农村建设的直接受益者，农村居民点的建设首先要尊重农民实际的想法和意愿，以便最大限度地保护他们的合法利益。只有在农民的认同下，才能确保农村居民点建设的稳健发展。另外，村镇建设管理部门技术人员的素质高低在一定程度上决定着村镇建设的整体格局发展态势。显然，为了使建设真正奏效并赋予实施，需要领导、建筑师、村镇建设管理者以及农民的共同参与。

## 5.4 本章小结

农村居民点集约用地措施的有效实施离不开有效的调控策略。本章首先基于可持续发展观理论，提出农村居民点集约用地调控的“改善农村人居环境，促进城乡发展一体化，保障农村社会—经济—环境的协调发展”目标；借鉴行为决策理论探讨了农村居民点集约用地利用各主体的行为机制，即：政府规划、基层政府协调、农民实施为主，应用博弈分析方法协调农村居民点集约用地利用，从参与人利益分析、参与人成本收益分析及其策略选择以及均衡不同角度分析各主体的行为，提出了有效的协调策略：中央政府应该根据国家具体需要选取最佳的策略，对农村居民点用地的市场投放总量、布局和时序等进行宏观调控，地方政府应根据中央政府宏观调控的具体指标，指导实施农民的农村居民点集约用地实践活动，同时应在制度、经济、技术等方面构建相应的激励机制；最后从制度、经济、技术、社会四个方面较为深入地探讨了切实可行的农村居民点集约用地的实施与保障措施。

# 6 结论与展望

## 6.1 研究结论与研究成果

农村居民点集约用地是一个涉及土地、环境、生态等多学科的边缘交叉研究领域，是资源产业经济学科的重要组成部分。农村居民点集约用地研究是农村土地合理利用的一个重要领域，在我国是一个较新的研究领域，以往相关研究虽然已经较多涉及农村居民点用地问题及其整合措施，并积累了许多宝贵经验，但关于农村居民点集约用地理论和方法的系统研究，目前还是空白，国外也至今尚未形成一套完整的农村居民点集约用地理论和方法技术体系。

本研究综合采用了理论研究、方法研究、室内研究与实地调查等研究手段，尝试构建农村居民点集约用地的理论与方法体系。在国内外已有实践和成果的基础上，从资源产业经济学科出发，借鉴土地、环境、生态、经济、管理等学科的理论和方法，以农村居民点用地集约整合为目标，提出并阐明了一般农村居民点用地演变过程和发展趋势，并以此为基础，对我国当前城镇化进程中的农村居民点演变过程进行了较为深入的研究，揭示了农村居民点用地演变机理，建立了农村居民点集约用地评价方法和技术体系，并将理论和实践相融合进行了不同尺度的农村居民点集约用地评价研究，提出了农村居民点集约用地模式，并结合实际案例指出了农村居民点集约利用的指导策略和具体模式，最后较为深入地探讨了农村居民点集约用地调控机制。

本研究结论与成果（创新）主要包括以下方面：

（1）界定了农村居民点集约用地相关基本概念的内涵

以土地资源优化配置基础理论为支撑阐述了农村居民点用地优化配置的内涵；运用土地集约利用的基础理论，结合农村居民点用地特点，全面界定了农村居民点集约用地以及集约评价的内涵。

（2）揭示出农村居民点用地演变规律

农村居民点用地演变过程是人类活动及其空间分布差异的表现。农村居民点用地格局是各种复杂的自然、社会、经济等众多彼此交互、相辅相成因素综合作用的结果。作为自然、社会与经济有机融合的复杂系统，农村居民点由于土地利用形态的差异以及区域相关因素的影响，形成了不同的用地功能分区组合和地域结构体系，并且随着农村居民点用地的逐步演变，各用地功能分区组合以及地域用地内部结构体系呈现相互影响复杂化和相互关联制约性发展趋势，具有明显的时空维动态变化特征。

本节从一般农村居民点用地演变过程和当前城镇化进程中的农村居民点用地演变过程两方面相结合揭示农村居民点用地演变规律。

首先，通过探讨一般农村居民点用地的形态以及分布格局演化规律，揭示了农村居民点从传统至近代再至现代演进的历史进程中，相应的农村居民点用地模式经历了“无序自发发展→有序集中→有序集中与无序扩张共存”的共同局面。研究认为，注重农村居民点发展与乡村环境的和谐统一，依据农村居民点用地发展、演变的历史文脉，农村居民点空间布局因地制宜地逐步适当集中，农村居民点用地模式由无序发展走向有序集约无疑是现代农村居民点建设发展演变的总体方向；通过对农村居民点用地演变影响因素分析研究表明：农村居民点因其区域内自然资源要素、经济要素、社会人文因素等要素的不同形成特征各异的农村居民点用地模式。农村居民点用地演进正是在反映其自然、地理、人文、历史等外在格局特征的多元因素综合作用下孕育、产生、演变和发展的，是一个非常复杂的过程，体现了空间过程与社会过程的辩证统一。

其次，在对城镇化进程中的典型研究区进行总体用地结构及农村居民点用地变化初步分析的基础上，通过引入 4 个农村居民点演变指数定量典型农村居民点用地格局及变化，研究表明：研究区农村居民点用地总体利用很不集约，呈粗放状态，而且其区域内乡镇尺度农村居民点用地利用区域差异显著。研究认为：农村居民点的集约利用应根据区域实际，因地制宜地选取集约化策略。同时，在构建农村居民点用地演变驱动机制理论体系的基础上，选取12个定量指标，引入灰色关联分析方法模型具体研究了农村居民点用地演变驱动机理，研究表明：研究区农村居民点用地演变受到区域产业结构调整、人口因素、经济能力、生产生活的变化等众多因素的复杂影响，而且经济因素和人口因素是农村居民点用地演变的主要驱动力。

（3）提出农村居民点集约用地评价方法与模型

根据当前合理优化配置农村居民点用地的需要，分析农村居民点集约用地评价的目标，基于层次分析法构建农村居民点集约用地评价指标体系，并提出农村居民点集约用地评价综合模型。

综合考虑农村居民点集约用地的经济效益、社会效益和生态效益，从农村居民点用地集约利用约束程度、农村居民点用地集约利用程度、农村居民点集约利用趋势三方面对农村居民点集约利用进行单方面评价，最后采用综合评价模型评价农村居民点集约利用情况。其评价结果能比较准确地反映出农村居民点集约利用状况的优劣，同时揭示农村居民点用地集约利用的驱动机制。根据不同的研究尺度对农村居民点用地进行实例集约评价，研究认为：研究区集约利用状况很不理想，而且区域差异显著，揭示出需要因地制宜逐步改变农村居民点用地的不良利用现状。

（4）提出农村居民点集约用地模式

基于土地集约利用模式的内涵提出农村居民点集约用地模式的内涵，界定农村居民点集约利用的具体标准，在国内外相关农村居民点集约用地模式研究梳理的基础上，洞悉农村居民点用地利用与经济发展的互动规律，并结合中心地理论、核心—边缘理论、居住区规划理论以及生态学理论等提出了农村居民点的宏观层次、中观层次和微观层次三尺度集约用地模式，在此基础上提炼出了农村居民点集约用地过程模型，最后结合实例指出了农村居民点集约用地的策略以及具体模式。

（5）提出农村居民点集约用地调控机制

对农村居民点用地演变进行干预，进行科学的农村居民点集约利用调控研究对其合理布局、适度开发至关重要。本节提出农村居民点集约用地调控的目标，借鉴行为决策理论探讨了农村居民点集约用地利用各主体的行为，应用博弈分析方法协调农村居民点集约用地利用各主体的行为，提出了有效的协调策略，并从四个方面较为深入地探讨了切实可行的农村居民点集约用地的实施与保障措施。

## 6.2 需要进一步深入研究和解决的问题

由于农村居民点集约用地问题具有较大的复杂性，涉及政治、经济、文化、生态、环境、建筑、技术和管理诸多领域，是正在发展的综合型、实践性很强的多学科的融合，因此对农村居民点集约用地问题的研究具有较大的困难。本研究作为农村居民点集约用地理论与方法研究的初次尝试，虽然解决了农村居民点集约用地一些问题，并涵盖了农村居民点集约用地多个方面，但这仅仅还是农村居民点集约用地研究的开始，也存在研究的局限性，其他许多相关问题需要进一步研究解决。另外，农村居民点集约用地是一个长期的过程，各地区位条件千差万别，直接影响农村居民点集约用地的方向、方式、深度和广度，使农村居民点集约用地具有明显的地域差异性。因此，必须因地制宜考虑当地的实际情况，才能寻求到符合实际的集约用地方案。农村居民点集约用地很难有固定的模式和按统一的标准设计，笔者认为以下一些问题需要进一步研究：

（1）尚需加强农村居民点集约用地理论体系的进一步深入研究，使之逐渐上升到一个学科高度。

（2）农村居民点集约用地评价是一个复杂的过程，受到区域自然、社会经济以及相关方针政策等多方面因素的影响，因此农村居民点集约用地评价内容有一定的地域性，在对处于不同时期或者不同地域的其他地区进行评价时，要根据实际情况酌情适度调整其指标体系，并且在实践应用中尚需继续完善农村居民点集约用地评价方法与模型。

（3）本研究提供了农村居民点集约用地理论模式，并且结合实例进行了相关研究。但由于农村居民点集约用地模式的复杂性，在不同的区域可能是几种集约模式的有机综合，因此其集约用地模式完全向不同背景或者不同尺度的对象推广存在一定难度，要做进一步论证。另外，在认识到农村居民点集约用地的模式不可能完全一致的基础上，紧密结合研究区域区位发展条件，进一步探讨我国不同地域农村居民点集约用地的各种具体详细模式。

（4）农村居民点集约用地的规划设计、施工、项目管理以及绩效检验等后续环节的深入探讨。另外，尚需继续探讨农村居民点用地合理利用的有关管理机制。

# 参考文献

[1] 刘彦随. 中国土地资源可持续利用与新农村建设研究 [M]. 重庆：西南师范大学出版社，2008：14 – 19.

[2] 蔡运龙. 中国农村转型与耕地保护机制 [J]. 地理科学，2001，21 (1)：1 – 6.

[3] 郭怀成. 环境规划学 [M]. 北京：高等教育出版社，2001.

[4] 欧文·拉兹洛. 人类的内在限度——对当今价值、文化和政治的异端的反思 [M]. 北京：社会科学文献出版社，2004.

[5] FISCHEL W A. The Urbanization of Agriculture Land: A Review of the National Agriculturual Lands Study [J]. Land Economics, 1982, 58 (2): 236 – 259.

[6] MORI H. Land Conversion at the Urban Fringe: A Comparative Study of Japan, Britain and the Netherlands [J]. Urban Studies, 1998, 35 (9): 1541 – 1558.

[7] KETTLEWELL URSULA. Land Use Regulations as a Barrier to Business and Economic Development : Perceived vs. Actual [J]. Appraisal Journal, 1984 (3): 399 – 410.

[8] ROMER D. Advanced Macroeconomics [M]. 2nd ed. Shanghai University of Finance & Economics Press, The McGraw – Hill Companies, Inc, 2001: 37 – 41.

[9] 王梦奎. 关于统筹城乡发展和统筹区域发展 [J]. 管理世界，2004 (4)：1 – 8，29.

[10] 胡彬. 城乡统筹中的一体化地域系统构建问题研究：以苏南为例 [J]. 经济与管理研究，2008 (8)：91 – 96.

[11] 龙花楼，李秀彬. 长江沿线样带农村宅基地转型 [J]. 地理学

报，2005，60（2）：179－188.

［12］田光进，等．基于遥感与 GIS 的中国农村居民点规模分布特征［J］. 遥感学报，2002，6（4）：307－313.

［13］葛雄灿，张三庆．农村居民点用地的调查与思考［J］. 经济地理，2002，22（S1）：100－104.

［14］雷中英，杨远仁，汤小凝．平原湖区农村居民点的发展趋势研究［J］. 华中农业大学学报（社会科学版），2002（3）：44－46.

［15］杨巧玲．对城镇与农村建设用地挂钩政策的探讨［J］. 安徽农业科学，2007，35（2）：536－538.

［16］国土资源部信息中心．中国国土资源安全状况分析报告/2004—2005［R］. 北京：中国大地出版社，2006.

［17］SARGESON S. Subduing " the rural house－building craze"：attitudes towards housing construction and land－use controls in four Zhejiang villages［J］. China Quarterly，2002（172）：927－955.

［18］曲福田，等．江苏土地集约利用研究［M］. 北京：社会科学文献出版社，2008.

［19］浦善新．新农村建设导读［M］. 北京：中国社会出版社，2006.

［20］张小林．乡村概念辨析［J］. 地理学报，1998，53（4）：365－371.

［21］左大康．现代地理学辞典［M］. 北京：商务印书馆，1990.

［22］中国社会科学院语言研究所词典编辑室．现代汉语词典［M］. 北京：商务印书馆，2005.

［23］吴辉龙．乡村发展愿景与策略［EB/OL］.［2004－10－21］. http：//benz. nchu. edu. tw/～hwcheng/image /25. pdf.

［24］陈威．景观新农村：乡村景观规划理论与方法［M］. 北京：中国电力出版社，2007.

［25］金其铭．农村聚落地理［M］. 北京：科学出版社，1988.

［26］金其铭，董新，陆玉麒．中国人文地理概论［M］. 西安：陕西人民教育出版社，1990.

［27］赵荣，等．人文地理学［M］.2 版．北京：高等教育出版社，2006.

［28］骆中钊，戎安，骆伟．新农村规划、整治与管理［M］．北京：中国林业出版社，2007.

［29］金兆森，张晖．村镇规划［M］．南京：东南大学出版社，1999.

［30］刘书楷，曲福田．土地经济学［M］．北京：中国农业出版社，2004.

［31］郑新奇．城市土地资源优化配置与集约利用评价——理论、方法、技术、实证［M］．北京：科学出版社，2004.

［32］S BENABDALLAH，J R WRIGHT. Multiple Subregion allocation models［J］. Journal of Urban Planning & Development，1992，118（1）：24－40.

［33］周诚．土地经济学［M］．北京：农业出版社，1989.

［34］TOMLIN C D，JOHNSTON K M. An experiment in land use allocation with a geographic information system［C］. Technical papers ACSM－ASPRS annual convertion，St. louis，1998：23－24.

［35］倪绍祥，刘彦随．区域土地资源优化配置及其可持续利用［J］．农村生态环境，1999，15（2）：8－12，21.

［36］汪明林．城市土地资源优化配置的思考［J］．国土经济，2002（1）：30－31.

［37］YONG WOONG KIM，IAN MASSER，JEREMY ALDEN. Urban and Regional Development Strategies in an Era of Global Competition［J］. Habitat International，1996，20（4）：7－8.

［38］E KWON. Monetary Policy，Land Prices，and Collateral Effects on Economic Fluctuations：Evidence from Japan［J］. Journal of the Japanese and International Economics，1998，12（3）：175－203.

［39］TONN BRUCE E. Integrated 1000-year planning［J］. Futures，2004，36（1）：91－108.

［40］FRIEDMANN J R. Urbanization，Planning and National Development［J］. Sage：Beverly Hills，1993：68－70.

［41］M J V D VLIST. Land use planning in the Netherlands；finding a balance between rural development and protection of the environment［J］. Landscape & Urban Planning，1998，41（2）：135－144.

［42］N X THINH，G ARLT，B HEBER，et al. Evaluation of urban land－

use structures with a view to sustainable development [J]. Environmental Impact Assessment Review, 2002, 22 (5): 475 - 492.

[43] VERBURG P H, VELDKAMP T, BOUMA J. Land use change under conditions of high population pressure: the case of Java [J]. Global Environment Change, 1999, 9(4): 303 - 312.

[44] REMERO H, THL M, RIVERA A, et al. Rapid urban growth, land-use changes and air pollution in Santiago, Chile [J]. Atmospheric Environment, 1999, 33(99): 4039 - 4047.

[45] 吴旭芬，孙军．开发区土地集约利用的问题探讨 [J]. 中国土地科学，2000，14 (2)：17 - 21.

[46] 陶志红．城市土地集约利用几个基本问题的探讨 [J]. 中国土地科学，2000，14 (5)：1 - 5.

[47] 赵鹏军，彭建．城市土地高效集约化利用及其评价指标体系 [J]. 资源科学，2001，23 (5)：23 - 27.

[48] 何芳，吴正训．国内外城市土地集约利用研究综述与分析 [J]. 国土经济，2002 (3)：35 - 37.

[49] 谢正峰．浅议土地的集约利用和可持续利用 [J]. 国土与自然资源研究，2002 (4)：31 - 32.

[50] 理查德·T. 伊利，爱德华·W. 莫尔豪斯．土地经济学原理 [M]. 腾维藻，译．北京：商务印书馆，1982.

[51] 雷利·巴洛维．土地资源经济学——不动产经济学 [M]. 谷树忠，等，译．北京：北京农业大学出版社，1989.

[52] 马克伟．土地大辞典 [M]. 长春：长春出版社，1991.

[53] 丘金峰．房地产法辞典 [M]. 北京：法律出版社，1992.

[54] 毕德宝．土地经济学 [M]. 北京：中国人民大学出版社，2001.

[55] 宋春华．房地产大辞典 [M]. 北京：红旗出版社，1993.

[56] 王华春，唐任伍，杨丙见．城市化加速时期国有土地集约使用：理论与实践——兼论国有土地立体空间开发与利用 [J]. 教学与研究，2006：12 - 18.

[57]《昆山市土地集约利用与可持续发展研究》课题组．区域发展与土地利用研究 [N]. 中国国土资源报，2005 - 08 - 22.

[58] 曹建海．我国土地节约集约利用的基本思路 [J]．中国土地，2005 (10)：19－21.

[59] 肖梦．城市微观宏观经济学 [M]．北京：人民出版社，1993.

[60] 朱留华，谢俊奇．21 世纪前 20 年土地利用趋势与对策研究 [M]．北京：中国大地出版社，2007.

[61] 许学强，周一星，宁越敏．城市地理学 [M]．北京：高等教育出版社，1995.

[62] 埃比尼泽·霍华德．明日的田园城市 [M]．金经元，译．北京：中国城市规划设计研究院情报所，1987.

[63] 伊利尔·沙里宁．城市：它的发展、衰败与未来 [M]．顾启源，译．北京：中国建筑工业出版社，1986.

[64] 庄悦群．美国城市增长管理实践及其对广州城市建设的启示 [J]．探求，2005，155 (92)：62－67.

[65] H JAMES BROWN，丁成日．城市土地管理的国际经验和教训 [J]．国外城市规划，2005，20 (1)：21－23.

[66] 邵晓梅，刘庆，张衍毓．土地集约利用的研究进展及展望 [J]．地理科学进展，2006，25 (2)：85－95.

[67] 戴尔阜．土地持续利用系统分析、评价与调控机制研究 [D]．北京：北京大学，2002.

[68] 王业侨．节约和集约用地评价指标体系研究 [J]．中国土地科学，2006，20 (3)：24－31.

[69] 王国恩，黄小芬．城镇土地利用集约度综合评价方法 [J]．华中科技大学学报（城市科学版），2006，23 (3)：69－74.

[70] 姜仁荣，李满春．区域土地资源集约利用及其评价指标体系构建研究 [J]．地域研究与开发，2006，25 (4)：117－119，124.

[71] 雷国平，宋戈．城镇土地集约利用的潜力计算与宏观评价 [J]．学习与探索，2006 (6)：184－187.

[72] 王双美，张和生．基于 GIS 和 RS 技术的集约与节约利用土地研究 [J]．科技情报开发与经济，2007，17 (2)：155－157.

[73] 黄裕婕，赵晓丽，香宝．福建省的土地经济评价 [J]．资源科学，2000，22 (3)：66－69.

[74] 毛蒋兴，闫小培，王爱民，等.20世纪90年代以来我国城市土地集约利用研究述评［J］. 地理与地理信息科学，2005，21（2）：48－57.

[75] 邵华，徐国彬，张晋丽．浅议中国城市土地的集约化利用［J］. 资源科学，1999，21（3）：59－62.

[76] 侯玉亭．城市化进程中的土地集约利用［J］. 江西农业大学学报，2004，3（4）：67－69.

[77] 孙文盛．谁给我们土地——节约集约用地一百例［M］. 北京：中国大地出版社，2005.

[78] 刘伯恩．城市土地集约利用的途径与措施［J］. 国土资源，2003（2）：25－27.

[79] 吴斌．我国小城镇建设和土地的集约化利用［J］. 小城镇建设，2004（2）：84－85.

[80] 廖和平．重庆市小城镇土地利用研究［D］. 重庆：西南农业大学，2003.

[81] 倪绍祥，刘彦随，杨子生．中国土地资源态势与持续利用研究［M］. 昆明：云南科技出版社，2004.

[82] 陈美球，吴次芳．我国小城镇土地利用问题剖析及其对策探讨［J］. 中国农村经济，2002（4）：15－21.

[83] 陈美球，吴次芳．我国小城镇土地集约利用的对策探讨［J］. 国土经济，2001（3）：19－22.

[84] 薛俊菲，邱道持，卫欢，等．小城镇土地集约利用水平综合评价探讨——以重庆市北碚区为例［J］. 地域研究与开发，2002，21（4）：46－50.

[85] 王蒲吉，王占岐，任明兰．小城镇土地资源优化配置问题及对策研究［J］. 安徽农业科学，2007，35（5）：1477－1478.

[86] 石频，张安明，周超．小城镇建设中的土地节约集约利用——以重庆市黔江区为例［J］. 安徽农业科学，2006，34（14）：3444－3446.

[87] 王慎刚，夏明月．城镇化中集约用地的影响因素研究［J］. 中国国土资源经济，2007（1）：29－32，48.

[88] BHADRA D，BRANDAO A S P. Urbanization，agricultural development and land allocation［N］. World Bank Discussion Papers，1993(201)：65.

[89] 黄剑. 成都平原土地利用结构优化研究 [D]. 四川：四川农业大学，2005.

[90] MCHARG I L. Design with Nature [M]. New York: Doubleday, 1969.

[91] DAVID G R. Discussion Paper: A Theoretical Framework for Land Evaluation [J]. Geoderma, 1996 (72): 165 - 190.

[92] 刘荣霞，薛安，韩鹏，等. 土地利用结构优化方法述评 [J]. 北京大学学报（自然科学版），2005，41 (4): 655 - 662.

[93] Y YIN, J T PIERCE, E LOVE. Designing a multisector Model for Land Conversion Study [J]. Journal of environmental Mangement, 1995, 44(3): 249 - 266.

[94] SMITH C S, MCDONALD G T, THWAITES R N. TIM: Assessing the Sustainability of Agricultural Land Management [J]. Journal of Enviromental Management, 2000(60): 267 - 288.

[95] SARKER R A, QUADDUS M A. Modelling a Nationwide Crop Planning Problem Using a Multiple Criteria Decision Making Tool [J]. Computers & Industrial Engineering, 2002, 42(2): 541 - 553.

[96] ZANDER P, KACHELE H. Modeling Multiple Objectives of Land use for Sustainable Development [J]. Agricultural Systems, 1999, 59(3): 311 - 325.

[97] 王万茂，但承龙. 海门市土地利用结构优化研究 [J]. 国土与自然资源研究，2003，1 (1): 44 - 46.

[98] 王修贵，王博. 多目标决策在土地利用规划中的应用 [J]. 农业现代研究，1994，15 (4): 226 - 228.

[99] YIN Y, XU X. Applying Neural Net Technology for multi-objective Land Use Planning [J]. Journal of Enviromental Management, 1991 (32): 349 - 356.

[100] YIN Y, PIERCE J. Integrated Resource Assessment and Sustainable Land Use [J]. Environmental Management, 1993, 17(3): 319 - 327.

[101] J ANTOINE, G FICHER, M MAKOWSKI. Multiple Criteria Land Use Analysis [J]. Applied Mathematics and Computation, 1997(83): 195 -

215.

[102] KOTZE D C, BREEN C M. Development of a Wetland management decision support system for Natal, South Africa [J]. International Journal of Ecology and Envirnmental Sciences, 1994, 20(1-2): 85-195.

[103] MINOR S D, JACOBS T L. Optional land allocation for solid and hazardous-waste landfill siting [J]. Journal of Enviormental Engieering, 1994, 120(5): 1095-1108.

[104] GOODCHILD B. Land allocation for housing: a review of practice and possibilities in England [J]. Housing Studies, 1992, 7(1): 45-55.

[105] CAMPBELL J C, RADKE J. An application of linear programming and geographic information systems: Cropland allocation in Antigua [J]. Enviroment & Planning A, 1992, 24(4): 535-549.

[106] KISHINDO P. Land reform and agricultural development: the case of Lesotho [J]. Journal of Rural Development, 1994, 13(3): 319-326.

[107] 吴次芳，叶艳妹.20世纪国际土地利用规划的发展及其新世纪展望 [J]. 中国土地科学，2000，14 (1)：15-20，33.

[108] 刘彦随，倪绍祥．我国城市土地优化配置的模式、目标及实现途径探讨 [J]. 经济地理，1996，16 (4)：41-45.

[109] 朱连奇．德化县农业用地结构优化模型研究 [J]. 地域研究与开发，1995，14 (1)：55-60.

[110] 刘彦随．沿海地区土地适宜性及可持续利用模式 [J]. 经济地理，1997，17 (3)：181-184.

[111] 张素兰．四川省土地资源优化配置及其可持续利用 [J]. 西南农业学报，1999 (12)：81-84.

[112] 康慕谊，姚华荣，刘硕．陕西关中地区土地资源的优化配置 [J]. 自然资源学报，1999，14 (4)：363-367.

[113] 刘觉民，李毅，马姝玮，等．城镇化快速发展中的土地资源优化配置研究 [J]. 湖南农业大学学报（社会科学版），2006，7 (1)：10-13.

[114] 陈宁，周炳中．村工业化进程中的土地资源优化配置研究——以浙江永康市为例 [J]. 资源开发与市场，2007，23 (1)：57-61.

[115] 李兰海，章煦谷．资源配置的灰色控制模型设计及应用 [J]．自然资源学报，1992，7 (4)：45 - 49.

[116] 宇振荣，辛德惠．土地利用系统规划和设计方法探讨 [J]．自然资源学报，1994，9 (2)：176 - 184.

[117] 张光宇．土地资源的可拓扑性及优化配置系统结构模型 [J]．运筹与管理，1998，7 (1)：28 - 34.

[118] 张光宇．土地资源优化配置的物元模型 [J]．系统工程理论与实践，1998 (1)：108 - 112.

[119] 张光宇，刘永清．土地资源优化配置原理分析及分类结构模型 [J]．华南理工大学学报（自然科学版），1998，26 (5)：149 - 152.

[120] 王卫．贫困山区县级土地利用结构调整模型研究 [J]．自然资源，1993 (6)：11 - 18.

[121] 郑新奇，阎弘文，徐宗波．基于 GIS 的无棣县耕地资源优化配置 [J]．国土资源遥感，2001 (2)：53 - 56.

[122] 郑新奇，阎弘文，赵涛．基于 RS 和 GIS 支持的城市土地优化配置——以济南市为例 [J]．国土资源遥感，2001 (1)：15 - 18，53.

[123] 刘艳芳，明冬萍，杨建宇．基于生态绿当量的土地利用结构优化 [J]．武汉大学学报（信息科学版），2002，27 (5)：493 - 498，515.

[124] 陈秋计，谢宏全．利用遗传算法优化复垦土地结构 [J]．北京工业职业技术学院学报，2002，1 (2)：16 - 19.

[125] 井波，任建兰．生态位理论在土地利用结构优化中的应用——以济南市为例 [J]．山东师范大学学报（自然科学版），2006，21 (4)：79 - 81.

[126] 于苏俊，张继，夏永秋．基于遗传算法的可持续土地利用动态规划 [J]．长江流域资源与环境，2006，15 (2)：180 - 184.

[127] 于苏俊，张继．遗传算法在多目标土地利用规划中的应用 [J]．中国人口·资源与环境，2006，16 (5)：62 - 66.

[128] 宋戈，吴次芳，魏东辉．哈尔滨市城乡结合部土地利用结构成因及优化对策 [J]．经济地理，2006，26 (2)：313 - 317.

[129] 吕春艳，王静，何挺，等．土地资源优化配置模型研究现状及发展趋势 [J]．水土保持通报，2006，26 (2)：21 - 26.

[130] 刘彦随．山地土地结构格局与土地利用优化配置［J］．地理科学，1999，19（6）：504－509.

[131] 刘彦随．土地利用优化配置中系列模型的应用——以乐清市为例［J］．地理科学进展，1999，18（1）：26－31.

[132] R SEPPELT，A VOINOV. Optimization Methodology for Land Use Patterns-Evaluation Based on Multiscale Habitat Pattern Comparison [J]. Ecological Modeling，2003，168(3)：217－231.

[133] R SEPPELT，A VOINOV. Optimization Methodology for Land Use Patterns Using Spatially Explicit Landscape Models [J]. Ecological modeling，2002，151(2)：125－142.

[134] 陈述彭．遥感信息机理研究［M］．北京：科学出版社，1998.

[135] 李超，张凤荣，宋乃平，等．土地利用结构优化的若干问题研究［J］．地理与地理信息科学，2003，19（2）：52－59.

[136] FORMAN R T T，GODRON M. Landscape Ecology [M]. New York：John Wiley & Sons，1986：1－40.

[137] FORMAN R T T. Land Mosaics：the Ecology of Landscape and Regions [M]. Cambridge：Cambridge university press，1995.

[138] HABER W. Using Landscape Ecology in Planning and Management [C] //ZONNEVELD I S，FORMAN R T T，eds. Changing Landscapes：An Ecological Perspectives. New York：Springer-Verlag，1990：217－232.

[139] W N XING，ETAL. Conflit Prediction and Prevention in Rural Land-use Planning：a GIS Approach [J]. Progress in Rural Policy and Planning，1992 (2)：17－29.

[140] SHARIFI M A，VAN KEULEN H A. Decision Support System for Land Use Planning at Farm Enterprise Level [J]. Agricultural Systems，1994，45 (3)：239－257.

[141] MARLOW VESTERBY，KENNETH S KRUPA. Rural residential land use：Tracking its grows [J]. Agricultural Outlook，2002(8)：14－17.

[142] ANNA L HAINES. An innovative tool for managing rural residential development：A look at conservation subdivisions [EB/OL]. [2006－09－01]. http：//www. uwsp. edu/cnr/landcenter/tracker/Summer2002/conssubdiv. html.

[143] ANDREW J HANSEN, DANIEL G BROWN. Land – use change in rural America: Rates, drivers, and consequences [J]. Ecological Applications, 2005, 15(6): 1849 – 1850.

[144] MIRKO PAK, VALENTINA BRECKO. Problems of agriculture in Slovenia with special reference to Cirkovce [J]. GoeJournal, 1999(46): 257 – 261.

[145] CARMEN C F, ELENA G I. Determinants of residential land use conversion and sprawl at the rural – urban fringe [J]. American Agricultural Economics Association, 2004, 86(4): 889 – 904.

[146] 陈振杰. 基于 GIS 的县域农村居民点空间竞争研究——以浙江省桐庐县为例 [D]. 南京: 南京大学, 2006.

[147] 陈晓键. 乡村聚居环境可持续发展初探 [J]. 地域研究与开发, 1999, 18 (1): 30 – 33.

[148] 阿 · 德芒戎. 人文地理学问题 [M]. 北京: 商务印书馆, 1993.

[149] 张小林, 盛明. 中国乡村地理学研究的重新定向 [J]. 人文地理, 2002, 17 (1): 81 – 84.

[150] B K ROBERTS. Landscapes of settlement: prehistory to the present [M]. London: Kutledge, 1996: 25 – 72.

[151] FRED DAHMS. Settlement Evolution in the Arena Society in the Urban Field [J]. Journal of Rural Studies, 1998(11): 299 – 320.

[152] SLYVAIN PAQUETTE, G DOMON. Trends in rural landscape development and sociodemographic recomposition in southern Quebec [J]. Landscape and Urban Planning, 2001(55): 215 – 238.

[153] JERRY J, B MAXWELL. The role of the Conservation Reserve Program in controlling rural residential development [J]. Journal of Rural Studies, 2001(17): 323 – 332.

[154] W FLEMING, J RIVERA, et al. Transfer of Development Rights as an Option for Land Preservation in a Historic New Mexico Community [J]. Natural Resources Journal, 2001(41): 427 – 443.

[155] FREDRIC A DAHMS. " Dying Villages" ," Counterurbanization" and the Urban Field —a Canadian Perspective [J]. Journal of Rural Studies,

1995，11(1)：21 -33.

[156] MUSISI NKAMBWE，WOLTER AMBERG. Monitoring land use change in an African tribal village on the rural - urban fringe [J]. Applied Geography，1996，16(4)：305 -317.

[157] FRED LERISE. Centralised spatial planning practice and land development realities in rural Tanzania [J]. Habitat International，2000(24)：185 - 200.

[158] A GOBIN，P CAMPLING，et al. Spatial analysis of rural land ownership [J]. Landscape and Urban Planning，2001(55)：185 -194.

[159] 赵哲远，戴温卓，沈志勤，等．农村居民点土地合理利用初步研究——以浙江省部分县市为例 [J]．中国农村经济，1998 (5)：68 -73.

[160] 倪才英，许东风，倪旺珍．试论农村居民点的环境优化 [J]．环境与开发，2001，16 (1)：13，34 -35.

[161] 刘觉民，唐长春，金卫华．湖南省农村居民点建设用地规划管理的探讨 [J]．经济地理，2002，22 (6)：750 -753.

[162] 徐红．济南市农村居民点用地分析及节约利用政策 [J]．资源开发与市场，2006，22 (2)：164 -166.

[163] 田禾，王力，叶宋铃．农村居民点建设用地节约与集约利用研究——以重庆市黔江区为例 [J]．安徽农业科学，2006，34 (24)：6561 - 6563.

[164] 康晓琳，李世平．新农村建设中的农村居民点用地问题探讨 [J]．安徽农业科学，2007，35 (9)：2788 -2789.

[165] 张风丽．新型团场建设中的土地节约和集约利用问题研究 [J]. 资源开发与市场，2007，23 (4)：329 -331.

[166] 吕薇，杨兴礼．重庆市忠县农村居民点集约用地潜力及实现 [J]．安徽农业科学，2007，35 (5)：1434 -1435，1437.

[167] 彭开丽，张安录．新农村建设中农村居民点用地整理的战略思考——以湖北省大冶市为例 [J]．农业现代化研究，2007，28 (1)：24 -27.

[168] 薛力．城市化背景下的“空心村”现象及其对策探讨——以江苏省为例 [J]．城市规划，2001，25 (6)：8 -13.

[169] 程连生，冯文勇，蒋立宏．太原盆地东南部农村聚落空心化机理分析 [J]. 地理学报，2001，56 (4)：437 - 446.

[170] 王成新，姚士谋，陈彩虹．中国农村聚落空心化问题实证研究 [J]. 地理科学，2005，25 (3)：257 - 262.

[171] 叶艳妹，吴次芳．我国农村居民点用地整理的潜力、运作模式与政策选择 [J]. 农业经济问题，1998 (10)：54 - 57.

[172] 陈美球，吴次芳．论乡村城镇化与农村居民点用地整理 [J]. 经济地理，1999，19 (6)：97 - 100.

[173] 张保华，张二勋．农村居民点土地整理初步研究 [J]. 土壤，2002 (3)：160 - 163.

[174] 刘咏莲，曲福田，姜海．江苏省农村居民点整理潜力的评价分级 [J]. 南京农业大学学报（社会科学版），2004，4 (4)：18 - 23.

[175] 高燕，叶艳妹．农村居民点用地整理的影响因素分析及模式选择 [J]. 农村经济，2004 (3)：23 - 25.

[176] 高燕．农村居民点用地整理的适宜性评价、模式及政策选择 [D]. 杭州：浙江大学，2004.

[177] 高燕，叶艳妹．农村居民点用地整理的适宜性评价指标体系及方法研究 [J]. 土壤，2004，36 (4)：365 - 370.

[178] 杨庆媛，田永中，王朝科，等．西南丘陵山地区农村居民点土地整理模式——以重庆渝北区为例 [J]. 地理研究，2004，23 (4)：469 - 478.

[179] 张长春，陈英，许皞，等．农村居民点城镇化持续性评价方法研究 [J]. 河北农业大学学报，2004，27 (6)：93 - 96.

[180] 刘筱非，杨庆媛，廖和平，等．西南丘陵山区农村居民点整理潜力测算方法探讨——以重庆市渝北区为例 [J]. 西南农业大学学报（社会科学版），2004，2 (4)：11 - 14.

[181] 陈红宇，胡曰利，胡晓芙，等．城市化进程中的农村居民点用地变化分析——以广州市为例 [J]. 农业资源与环境科学，2005，21 (2)：300 - 304.

[182] 张占录，杨庆媛．北京市顺义区农村居民点整理的推动力分析 [J]. 农业工程学报，2005，21 (11)：49 - 53.

[183] 刘雪，刁承泰，张景芬，等．农村居民点空间分布与土地整理研

究——以重庆江津市为例 [J]. 安徽农业科学, 2006, 34 (12): 2834 - 2836.

[184] 吴小红. 农村居民点用地整理潜力分析与模式探讨 [D]. 杭州: 浙江大学, 2006.

[185] 林爱文, 庞艳. 农村居民点用地整理适宜性的递阶模糊评价模型 [J]. 武汉大学学报 (信息科学版), 2006, 31 (7): 624 - 627.

[186] 宋伟, 张凤荣, 姜广辉, 等. 自然限制性条件下天津市农村居民点整理潜力估算 [J]. 农业工程学报, 2006, 22 (9): 89 - 93.

[187] 朱玉碧, 郑财贵, 李安乐. 重庆市农村居民点整理潜力评价探讨 [J]. 西南农业大学学报 (社会科学版), 2006, 4 (3): 95 - 98.

[188] 丁恩俊, 骆云中, 谢德体. 我国农村居民点整理潜力测算方法研究进展 [J]. 资源开发与市场, 2007, 23 (1): 36 - 38, 64.

[189] 张正峰, 赵伟. 农村居民点整理潜力内涵与评价指标体系 [J]. 经济地理, 2007, 27 (1): 137 - 140.

[190] 孙钰霞. 农村居民点整理潜力分析——以重庆市合川市为例 [D]. 重庆: 西南师范大学, 2000.

[191] 肖蓓蓓. 基于农户行为的农村宅基地整理潜力调查研究——以重庆市北碚区柳荫镇麻柳河村为例 [D]. 重庆: 西南大学, 2007.

[192] 邵晓梅, 王静, 许月卿, 等. 小城镇农村居民点土地集约利用评价——以浙江省慈溪市周巷镇为例 [J]. 中国农业大学学报, 2007, 12 (3): 100 - 104.

[193] 林坚, 李尧. 北京市农村居民点用地整理潜力研究 [J]. 中国土地科学, 2007, 21 (1): 58 - 65.

[194] 姜广辉, 张凤荣, 陈军伟, 等. 基于 Logistic 回归模型的北京山区农村居民点变化的驱动力分析 [J]. 农业工程学报, 2007, 23 (5): 81 - 87.

[195] 方斌, 吴次芳, 杨遴杰. 农村居民点整理个例分析与发展思路探讨 [J]. 安徽农业科学, 2007, 35 (3): 799 - 800, 843.

[196] 宫攀. 农村居民点土地整理初步研究 [D]. 保定: 河北农业大学, 2003.

[197] 张正河, 卢向虎. 农村宅基地的整治与增值 [J]. 调研世界,

2006 (1): 19 -22, 26.

[198] 张军民. "迁村并点"的调查与分析——以山东省兖州市新兖镇寨子片区为例 [J]. 中国农村经济, 2003 (8): 57 -62.

[199] 任春洋, 姚威. 关于"迁村并点"的政策分析 [J]. 城市问题, 2000 (6): 45 -48.

[200] 叶艳妹, 彭群, 吴旭生. 农村城镇化、工业化驱动下的集体建设用地流转问题探讨——以浙江省湖州市、建德市为例 [J]. 中国农村经济, 2002 (9): 36 -42.

[201] 章波, 唐健, 黄贤金, 等. 经济发达地区农村宅基地流转问题研究——以北京市郊区为例 [J]. 中国土地科学, 2006, 20 (1): 34 -38.

[202] 顾海英, 赵德余. 农村集体建设用地流转的法律与产权问题 [J]. 农业经济问题, 2003 (10): 63 -66.

[203] 钱茜. 我国农户住房、宅基地立法的历史比较 [J]. 农业经济问题, 2005 (12): 47 -49.

[204] 赵之枫. 城市化背景下农村宅基地有偿使用和转让制度初探 [J]. 农业经济问题, 2001 (1): 42 -45.

[205] 尹怀庭, 陈宗兴. 陕西乡村聚落分布特征及其演变 [J]. 人文地理, 1995, 10 (4): 17 -23.

[206] 汤国安, 赵牡丹. 基于 GIS 的乡村聚落空间分布规律研究——以陕北榆林地区为例 [J]. 经济地理, 2000, 20 (5): 1 -4.

[207] 田光进, 刘纪远, 庄大方. 近 10 年来中国农村居民点用地时空特征 [J]. 地理学报, 2003, 58 (5): 651 -658.

[208] 蔡为民, 唐华俊, 陈佑启, 等. 近 20 年黄河三角洲典型地区农村居民点景观格局 [J]. 资源科学, 2004, 26 (5): 89 -97.

[209] 陈晓军, 张洪业, 刘庆生. 北京市房山区平原地区建设用地的空间格局分析 [J]. 资源科学, 2004, 26 (2): 129 -137.

[210] 张源, 王仰麟, 彭建, 等. 基于空间概率面的山区居民地遥感信息提取 [J]. 地理与地理信息科学, 2006, 22 (4): 6 -10.

[211] 姜广辉, 张凤荣, 秦静, 等. 北京山区农村居民点分布变化及其与环境的关系 [J]. 农业工程学报, 2006, 22 (11): 85 -92.

[212] 胡志斌, 何兴元, 李月辉, 等. 岷江上游居民点分布格局及影

响因子分析［J］. 辽宁工程技术大学学报，2006，25（4）：623－625.

［213］姜广辉，张凤荣，周丁扬，等. 北京市农村居民点用地内部结构特征的区位分析［J］. 资源科学，2007，29（2）：109－116.

［214］LONG H L，HEILIG G K，LI X B，et al. Socio-economic development and land-use change：analysis of rural housing land transition in the Transect of the Yangtse River，China［J］. Land Use Policy，2007，24（1）：141－153.

［215］龙花楼. 中国农村宅基地转型的理论与证实［J］. 地理学报，2006，61（10）：1093－1100.

［216］张同铸，宋家泰，苏永煊，等. 农村人民公社经济规划的初步经验［J］. 地理学报，1959，25（2）：107－119.

［217］曹大贵，杨山. 村庄合并规划研究——以南京市郊县冶山镇为例［J］. 地域研究与开发，2002，21（2）：36－40.

［218］曹大贵. 镇（乡）域规划中村庄合并的方法与步骤［J］. 小城镇建设，2001（3）：26－27.

［219］单德启，赵之枫. 城效视野中的乡村——芜湖市鲁港镇龙华中心村规划设计［J］. 建筑学报，1999（11）：4－8.

［220］赵之枫. 城市化加速时期村庄集聚及规划建设研究［D］. 北京：清华大学，2001.

［221］张军英. “空心村”改造的规划设计探索——以安徽省巢湖地区空心村改造为例［J］. 建筑学报，1999（11）：12－15.

［222］王雪涓. 试论村庄布局规划——以金华市婺城区村庄规划为例［J］. 小城镇建设，2005（2）：38－40.

［223］BONFIGLIO A，COSMI C. A GIS application for regional planning［J］. GIS Tech and Their Enviro Appl，GIS'98，1998：231－240.

［224］GOODCHILD M F，HAINING R P，WISE S. Integrating GIS and Spatial Data Analysis：Problem and Possiblities［J］. International Journal of Geographical Information Systems，1992，6(5)：407－423.

［225］J R RITSEMA VAN ECH，T DE JONG. Accessibility analysis and spatial competition effects in the context of GIS－supported service location planning. Computers［J］. Environment and Urban System，1999(23)：75－89.

[226] 李文实，黄民生，吴健平. 基于 GIS 的区域规划研究 [J]. 世界地理研究，2003，12 (4)：52-57.

[227] 王恒山，徐福缘，凌佩雯，等. 村庄布局决策支持系统研究 [J]. 系统工程学报，2000，15 (1)：92-98.

[228] 王恒山，浦志华. 具有 GIS 特征的村庄布局优化 DSS 的系统集成 [J]. 系统工程理论与实践，1999 (9)：109-112.

[229] 王恒山，徐福缘，浦志华，等. 村庄布局优化 DSS 与 GIS 的系统集成 [J]. 计算机工程，1999，25 (9)：71-72.

[230] 王跃，陈亚莉. 苏州城郊村镇分布特征 [J]. 地理学报，2005，60 (2)：229-236.

[231] 刘勇，吴次芳，杨志荣. 中国农村居民点整理研究进展与展望 [J]. 中国土地科学，2008，22 (3)：68-73.

[232] 王万茂，韩桐魁. 土地利用规划学 [M]. 北京：中国农业出版社，2002.

[233] 吕鸣伦，刘卫国. 区域可持续发展的理论探讨 [J]. 地理研究，1998，17 (2)：131-137.

[234] 王成，武红，徐化成，等. 太行山区河谷内居民点的特征及其分布格局的研究——以河北省阜平县为例 [J]. 地理科学，2001，21 (2)：170-176.

[235] 王智平. 不同地区村落系统的生态分布特征 [J]. 应用生态学报，1993，4 (4)：374-380.

[236] 王智平. 水与村落关系的生态学思考 [J]. 生态学杂志，2001，20 (5)：69-72.

[237] 田光进. 基于 GIS 的中国农村居民点用地分析 [J]. 遥感信息，2003 (2)：32-35.

[238] 张风丽，赵俊，赵雷英. 浅析新疆农村居民点的整理 [J]. 中国农学通报，2005，21 (5)：457-460.

[239] 李宪文，张军连，郑伟元，等. 中国城镇化过程中村庄土地整理潜力估算 [J]. 农业工程学报，2004，20 (4)：276-279.

[240] 马锐，韩武波，吕春娟，等. 城乡交错带居民点整理潜力研究——以山西省太原市晋源区为例 [J]. 农业工程学报，2005，21 (S1)：

192 - 194.

[241] 徐雪仁，万庆. 洪泛平原农村居民地空间分布特征定量研究及应用探讨 [J]. 地理研究，1997，16 (3)：47 - 54.

[242] 徐勇，沈洪泉，甘国辉，等. 北京丰台区农村居住用地变化及与人口相关模型 [J]. 地理学报，2002，57 (5)：569 - 576.

[243] DAVID RHIND，RAY HUDSON. Land Use [M]. London：Methuen，1980.

[244] 冯文勇，陈新莓. 晋中平原地区农村聚落扩展分析 [J]. 人文地理，2003，18 (6)：93 - 96.

[245] 金其铭. 我国农村聚落地理研究历史及其近今趋向 [J]. 地理学报，1988，43 (4)：311 - 317.

[246] 廖荣华，喻光明，刘美文. 城乡一体化过程中聚落选址和布局的演变 [J]. 人文地理，1997，12 (4)：32 - 43.

[247] 刘滨谊. 人类聚居环境剖析——聚居社区元素演化研究 [J]. 新建筑，1999 (2)：14 - 17.

[248] 范少言. 乡村聚落空间结构的演变机制 [J]. 西北大学学报（自然科学版），1994，24 (4)：295 - 298，304.

[249] 李立. 乡村聚落：形态、类型与演变——以江南地区为例 [M]. 南京：东南大学出版社，2007.

[250] 赵荣，王恩涌，张小林，等. 人文地理学 [M]. 北京：高等教育出版社，2006.

[251] 东南大学建筑系. 瞻淇 [M]. 南京：东南大学出版社，1996.

[252] 业祖润. 中国传统聚落环境空间结构研究 [J]. 北京建筑工程学院学报，2001，17 (1)：70 - 75.

[253] 李永芳. 我国乡村居民居住方式的历史变迁 [J]. 当代中国史研究，2002，9 (4)：49 - 58.

[254] ARAYAM A Y，MIYOSHI K. Regional diversity and sources of economic growth in China [J]. World Economy，2004，27(10)：1583 - 1607.

[255] HEILIG G K. Sustainable Regional and Rural Development in China：Where Do We Stand? [R]. IIASA Interim Report IR - 03 - 026，Laxenburg，2003.

[256] 欧名豪. 土地利用总量规划控制中的城乡建设用地规模问题[J]. 华中农业大学学报，2000，38（4）：51-54.

[257] 建设部村镇规划司. 中国村镇建设发展40年[J]. 城乡建设，1989（11）：8-11.

[258] XU W. The changing dynamics of land-use change in rural China: a case study of Yuhang, Zhejiang Province [J]. Environment and Planning A, 2004, 36(9): 1595-1615.

[259] YANG H, LI X B. Cultivated land and food supply in China [J]. Land Use Policy, 2000(17): 73-88.

[260] 陈百明，张凤荣. 中国土地可持续利用指标体系的理论与方法[J]. 自然资源学报，2001，16（3）：197-203.

[261] 张正河. 可持续发展与居民点演化[J]. 财经问题研究，2001（9）：74-76.

[262] 段进. 城市空间发展论[M]. 南京：江苏科学技术出版社，1999.

[263] 金其铭. 中国农村聚落地理[M]. 南京：江苏科技出版社，1989.

[264] 朱平. 乡村聚落的发展与保护[M]. 地理教育，2005（2）：21-22.

[265] 刘志玲，张丽琴. 农村居民点用地发展驱动力研究——以安徽省为例[J]. 农村经济，2006（3）：30-32.

[266] 胡贤辉，杨钢桥，张霞，等. 农村居民点用地数量变化及驱动机制研究——基于湖北仙桃市的实证[J]. 资源科学，2007，29（3）：191-197.

[267] SACK R D. Geography, geometry and explanation [J]. Annals of the Association of American Geographers, 1972(62): 61-78.

[268] 蔡运龙，陆大道，周一星，等. 中国地理科学的国家需求与发展战略[J]. 地理学报，2004，59（6）：811-819.

[269] 梁雪. 传统村镇实体环境设计[M]. 天津：天津科学技术出版社，2001.

[270] 高鸿业. 西方经济学（上册微观部分）[M]. 北京：中国经济

出版社，1998.

[271] 娄永琪．系统与生活世界理论视点下的长三角农村居住形态[J]．城市规划学刊，2005（5）：35－43.

[272] 于海．西方社会思想史［M］．上海：复旦大学出版社，1993.

[273] 林毅夫．制度、技术与中国农业发展［M］．上海：上海三联书店出版社，1991.

[274] 王跃生．家庭责任制、农户行为与农业中的环境生态问题［J］．北京大学学报（哲学社会科学版），1999，3（36）：46－48.

[275] 李屏，李秀彬，刘学军．我国现阶段土地利用变化驱动力的宏观分析［J］．地理研究，2001，20（2）：129－138.

[276] 吴隽宇．井田制与中国古代方形城制［J］．古建园林技术，2004（3）：54－57.

[277] 潘莹，施瑛．简析明清时期江西传统民居形成的原因［J］．农业考古，2006（3）：179－181.

[278] 王鲁民．中国古典建筑文化探源［M］．上海：同济大学出版社，1998.

[279] 刘森林．中国古代民居建筑等级制度［J］．上海大学学报（社会科学版），2003，10（1）：102.

[280] 王秀兰，包玉海．土地利用动态变化研究方法探讨［J］．地理科学进展，1999，18（1）：81－87.

[281] 朱会义，李秀彬，何书金，等．环渤海地区土地利用的时空变化分析［J］．地理学报，2001，56（3）：253－260.

[282] 蔡运龙．土地结构分析的方法及应用［J］．地理学报，1992，47（2）：146－156.

[283] 摆万奇，柏书琴．土地利用和覆盖变化在全球变化研究中的地位与作用［J］．地域研究与开发，1999 18（4）：13－16.

[284] 摆万奇，赵士洞．土地利用变化驱动力系统分析［J］．资源科学，2001，23（3）：39－41.

[285] 张荣群，林培．论土地利用规划的研究模式［J］．中国土地科学，2000，14（2）：22－25.

[286] 刘彦随．区域土地利用系统优化调控的机理与模式［J］．资源

科学，1999，21（4）：60－65.

［287］SCHMIDT－RENNER G. 经济地理学基础理论［M］. 经济地理研究会，译．东京：古今书院，1970.

［288］熊健．影响我国粮食生产主要因素的灰色关联动态分析［J］. 农业经济问题，1997（1）：42－44.

［289］王学萌，张继忠，王荣．灰色系统分析及实用计算程序［M］. 武汉：华中科技大学出版社，2001.

［290］傅立．灰色系统理论及其应用［M］. 北京：科学技术文献出版社，1992.

［291］戚威，李海东．中部地区县域经济发展模式成因的灰色关联分析［J］. 价值工程，2007（10）：10－13.

［292］王丽娟，陈兴鹏，庞芳兰，等．兰州市土地利用变化及其社会驱动力研究［J］. 西北师范大学学报（自然科学版），2007，43（2）：88－92.

［293］刘思峰，郭天榜，党耀国，等．灰色系统理论及其应用［M］. 北京：科学出版社，2000.

［294］蔡建明．中国城市化发展动力及发展战略研究［J］. 地理科学进展，1997，16（2）：9－14.

［295］ZHANG WENZHONG，LIU YANSUI. Study on land resource problems and countermeasures in the process of urbanization in China［J］. Regional Views，2001（14）：1－8.

［296］杨树海．城市土地集约利用的内涵及其评价指标体系构建［J］. 经济问题探索，2007（1）：27－30.

［297］李昕，曲晨晓．长葛市农村居民点土地集约利用评价研究［J］. 河南农业大学学报，2007，41（6）：684－688.

［298］陈百明．区域土地可持续利用指标体系框架的构建与评价［J］. 地理科学进展，2002，21（3）：204－215.

［299］张永明．山东省城市化区域差异特征分析［J］. 德州学院学报，2006（2）：85－88.

［300］杨崇瑞．模糊数学及其应用［M］. 北京：农业出版社，1994.

［301］倪绍祥．土地类型与土地评价概论［M］. 北京：高等教育出版社，1999.

[302] 汪波，郑家响．我国大城市土地集约利用评价研究［J］．北京科技大学学报（社会科学版），2006，22（1）：24－28.

[303] 郭显光．熵值法及其在综合评价中的应用［J］．财贸研究，1994，20（6）：56－60.

[304] 尹君，谢俊奇，王力，等．基于RS的城市土地集约利用评价方法研究［J］．自然资源学报，2007，22（5）：775－782.

[305] 方创琳．区域发展规划论［M］．北京：科学出版社，2000.

[306] 罗格平，张百平．干旱区可持续土地利用模式分析——以天山北坡为例［J］．地理学报，2006，61（11）：1160－1170.

[307] GLIESSMAN S R. Agroecology: Researching the Ecological Basis for Sustainable Agriculture [M]. Ecological Studies Series No. 78. New York: Springer－Verlag, 1990.

[308] 傅京孙．模式识别应用［M］．北京：北京大学出版社，1990.

[309] 叶齐茂．美国乡村建设见闻录［J］．国际城市规划，2007，22（3）：95－100.

[310] 叶齐茂．欧盟十国乡村建设见闻录之二——那里的乡村社区发展有四条边界［J］．国外城市规划，2006，21（5）：106－113.

[311] 王路．农村建筑传统村落的保护与更新——德国村落更新规划的启示［J］．建筑学报，1999（11）：16－21.

[312] 刘英杰．德国农业和农村发展政策特点及其启示［J］．世界农业，2004（2）：36－39.

[313] 王宝刚．国外小城镇建设经验探讨［J］．规划师，2003，19（11）：96－99.

[314] 有田博之，王宝刚．日本的村镇建设［J］．小城镇建设，2002（6）：86－89.

[315] 王月东，郭又铭．从日本町村看我国小城镇发展的政策取向［J］．小城镇建设，2002（9）：66－69.

[316] 李水山．韩国的新村运动［J］．中国改革（农村版），2004（4）：56－57.

[317] 韩立民．韩国的“新村运动”及其启示［J］．中国农村观察，1996（4）：62－64.

［318］张如林．国内外农村居民点发展模式的评述与启示［J］．小城镇建设，2008（7）：73－75.

［319］吴次芳，陈美球．土地整理：理论、模式与政策，土地用途管制与耕地保护［M］．北京：北京大学出版社，1997：182－186.

［320］陈百明．土地资源学概论［M］．北京：中国环境科学出版社，1999.

［321］谷晓坤，陈百明，代兵．经济发达区农村居民点整理驱动力与模式——以浙江省嵊州市为例［J］．自然资源学报，2007，22（5）：701－708.

［322］杨庆媛，张占录．大城市郊区农村居民点整理的目标和模式研究——以北京市顺义区为例［J］．中国软科学，2003（6）：115－119.

［323］宋均梅，陈利根．农村居民点用地整理与土地集约利用——江苏省农村居民点整理现状及思考［J］．农村经济，2006（3）：26－29.

［324］龙花楼．区域土地利用转型与土地整理［J］．地理科学进展，2003，22（2）：133－140.

［325］刘永清，张光宇．论土地利用系统工程——原理、方法和体系［J］．系统工程，1997，15（2）：8－12.

［326］TUAN Y F. Geography, phenomenology and the study of human nature［J］. The Canadian Geographer, 1971(15): 181－192.

［327］P H VERBURG, WELMOED S, A VELDKAMP. Modelingthe spatial dynamics of regional land use the CLUS-Smode［J］. Environmental Management, 2002, 30（3）: 391－405.

［328］李平，李秀彬，刘学军．我国现阶段土地利用变化驱动力的宏观分析［J］．地理研究，2001，20（2）：129－138.

［329］ERIC F LAMBIN, B L TURNER, et al. The causes of land-use and land-cover change: moving beyond the myths［J］. Global Environmental Change, 2001(11): 261－269.

［330］刘彦随，JAY GAO. 陕北长城沿线地区土地退化态势分析［J］．地理学报，2002，57（4）：443－450.

［331］LIU JI YUAN, LIU MING LIANG, ZHUANG DA FANG, et al. Study on spatial pattern of land use change in China during 1995—2000［J］. Science in China（Series D）, 2003, 46(4): 373－384.

[332] 李娟文，王启仿．区域经济发展阶段理论与我国区域经济发展阶段现状分析 [J]. 经济地理，2000，20 (4)：6-9.

[333] LONG GENYING. China's changing regional disparities during the reform period [J]. Economic Geography, 1999, 75 (1): 59-70.

[334] 欧向军，沈正平，王荣成．中国区域经济增长与差异格局演变探析 [J]. 地理科学，2006，26 (6)：641-648.

[335] JIAN CHEN, BELTON M FLEISHER. Regional income inequality and economic growth in China [J]. Journal of Comparative Economics, 1996, 22(2): 141-164.

[336] STEPHEN REDDING, ANTHONY J VENABLES. Economic geography and international inequality [J]. Journal of International Economics, 2004, 62(1): 53-82.

[337] IDA J TERLUIN. Differences in economic development in rural regions of advanced countries: an overview and critical analysis of theories [J]. Journal of Rural Studies, 2003, 19(3): 327-344.

[338] DAVID GIBBS. Ecological modernisation, regional economic development and regional development agencies [J]. Geoforum, 2000, 31(1): 9-19.

[339] 冯年华．略论产业结构优化与土地利用结构调整 [J]. 人文地理，1995，10 (3)：64-67.

[340] 赵翠薇，濮励杰，孟爱云，等．基于经济发展阶段理论的土地利用变化研究——以广西江州区为例 [J]. 自然资源学报，2006，21 (2)：172-179.

[341] 刘平辉，郝晋珉．北京市海淀区土地资源利用的产业格局特征 [J]. 资源科学，2003，25 (5)：46-51.

[342] 蔡渝平．地域结构的演变和预测 [J]. 地理学报，1987，42 (1)：69-81.

[343] 李小建．经济地理学 [M]. 北京：高等教育出版社，1999.

[344] 陈国阶，王青．中国山区经济发展阶段的理论模型与预测 [J]. 地理学报，2004，59 (2)：303-310.

[345] 牛文元．理论地理学 [M]. 北京：商务印书馆，1992.

[346] 沃尔特·克里斯塔勒．德国南部中心地原理 [M]. 常正文，王

兴中，等，译. 北京：商务印书馆，2010.

[347] 富田和晓. 经济区位的理论与实践 [M]. 东京：大明堂，1991.

[348] 彭震伟. 区域研究与区域规划 [M]. 上海：同济大学出版社，1998.

[349] 奥古斯特·勒施. 经济空间秩序 [M]. 王守礼，译. 北京：商务印书馆，2010.

[350] 森川洋. 中心地论 [M]. 东京：大明堂，1980.

[351] BERRY B J L, GARRISON W L. The functional bases of the central place hierarchy [J]. Economic Geography, 1958(34): 145 - 154.

[352] BERRY B J L, GARRISON W L. A note on central place theory and the range of a good [J]. Economic Geography, 1958(34): 304 - 311.

[353] BERRY BJL, GARRISON W L. Recent developments of central place theory [J]. Papers and Proceedings of Regional Science Association, 1958 (4): 107 - 120.

[354] 崔功豪，魏清泉，陈宗兴. 区域分析与规划 [M]. 北京：高等教育出版社，1999.

[355] JANKOW SKI P. Integrating geographical information systems and multiple criteria decision - making methods [J]. International Journal of Geographical Information Systems, 1995, 9(3): 251 - 273.

[356] 梁鹤年. 简明土地利用规划 [M]. 谢俊奇，等，译. 北京：地质出版社，2003.

[357] PERRY C. " The Neighborhood Unit Formula" Urban Hosing [M]. New York: Free Press, 1966: 94 - 109.

[358] KELBAUGH D. Common Place: Toward Neighborhood and Regional Design [M]. Seattle: University of Washington Press, 1997.

[359] 方明，董艳芳. 新农村社区规划设计研究 [M]. 北京：中国建筑工业出版社，2006.

[360] J C CASTELLA, P H MANH, S P KAM, et al. Analysis of village accessibility and its impact on land use dynamics in a mountainous province of northern Vietnam [J]. Applied Geography, 2005 (25): 308 - 326.

[361] 欧名豪. 土地利用管理 [M]. 北京：中国农业出版社，2002.

[362] 山东省住房城乡建设厅，山东民政厅，山东省城乡规划设计研究院．山东省农村新型社区和新农村发展规划（2014—2030）：鲁办发〔2014〕43号 [A]，2014.

[363] A LAUSCH，F HERZOG. Applicability of landscape metrics for the monitoring of landscape change ：issues of scale ，resolution and interpretability [J]. Ecological Indicators ，2002(2)：3－15.

[364] 刘彦随．土地利用优化配置中系列模型的应用——以乐清市为例 [J]. 地理科学进展，1999，18（1）：28－33.

[365] 岳超源．决策理论与方法 [M]. 北京：科学出版社，2005.

[366] 黄成．行为决策理论及决策行为实证研究方法探讨 [J]. 经济经纬，2006（5）：102－105.

[367] 邵希娟，杨建梅．行为决策及其理论研究的发展过程 [J]. 科技管理研究，2006（5）：203－205.

[368] 曲福田，谭仲春．土地可持续利用决策模式及基本原则初探 [J]. 经济地理，2002，22（2）：208－212.

[369] 喻定权，尹长林，陈群元，等．城市空间形态与动态预测系统研究 [M]. 长沙：湖南大学出版社，2008.

[370] 陈波罡，郝寿义，杨兴宪．中国城市化快速发展的动力机制 [J]. 地理学报，2004，59（6）：1068－1075.

[371] 蔡葵，朱彤，戴聪．基于 PRA 和 GIS 的农村社区土地利用规划模式探讨 [J]. 云南地理环境研究，2001，13（2）：69－77.

[372] 曹阳．外部环境约束·农户“经济人”理性行为决策 [C] //徐勇．中国农村研究．北京：中国社会科学出版社，2008：271－295.

[373] 陈佑启，唐华俊．中国农户土地利用行为可持续性的影响因素分析 [J]. 中国软科学，1998，13（2）：27－31.

[374] 西奥多·W. 舒尔茨．改造传统农业 [M]. 北京：商务印书馆，2010.

[375] 文贯中．发展经济学的新动向——农户租约与农户行为研究 [C] //汤敏，茅于轼．现代经济学前沿专题（第一集）．北京：商务印书馆，1989：138－161.

[376] CAI KUI. Changes in Land use in Response to Socio-economic

Changes in Xishuangbanna, People's Republic of China [D]. Thailand: Chiang Mai University, 1996 .

[377] 瓦尔特·J. 威赛尔斯. 经济学 [M]. 沈国华, 译. 上海: 上海人民出版社, 2004: 379.

[378] 陈建明, 陈忠浩. 关于对我国当前农村宅基地使用权流转问题的思考和建议 [EB/OL]. http: //www. zgxcfx. com.

[379] 曹建华, 王红英, 黄小梅. 农村土地流转的供求意愿及其流转效率的评价研究 [J]. 中国土地科学, 2007, 21 (5): 54 -60.

[380] 陈银蓉, 梅昀. 大中城市城乡结合部非农建设用地的扩张与调控研究 [M]. 北京: 地质出版社, 2008.

[381] 早川和男. 居住福利论 [M]. 北京: 中国建筑工业出版社, 2005.

[382] 周沛. 农村居住集中化过程中农民住房保障与福利研究 [J]. 社会科学研究, 2007 (4): 86 -90.

[383] 朱永华, 付慧娥. 中国农村剩余劳动力转移问题的思考 [J]. 安徽农业科学, 2005, 33 (5): 919 -920.

[384] 陈玮. 论集约用地与产业集聚 [J]. 中国土地科学, 2000, 14 (6): 14 -17, 30.

[385] 薛俊波, 王铮, 朱建武, 等. 中国经济增长的"尾效"分析 [J]. 财经研究, 2004, 30 (9): 5 -14.

[386] 胡均民. 国际贸易与经济增长: 一个扩展模型 [J]. 广西大学学报 (自然科学版), 2002, 27 (4): 338 -341.

[387] H. 钱纳里, S. 鲁宾逊, M. 赛尔奎因. 工业化和经济增长的比较研究 [M]. 吴奇, 王松宝, 等, 译. 上海: 上海三联书店, 1989.

[388] 苏高华, 郑新奇, 陈方正. 中国经济增长投入因子转变研究——从土地投入到技术投入的转变 [J]. 安徽农业科学, 2008, 36 (4): 1537 -1539.

[389] 吴效军. 对修订《村镇规划标准》的若干看法 [J]. 规划师, 2003, 19 (2): 62.

[390] 黄秉维, 陈传康, 蔡运龙, 等. 区域持续发展的理论基础——陆地系统科学 [J]. 地理学报, 1996, 51 (5): 445 -453.

[391] 郭文华，郝晋珉，覃丽，等. 中国城镇化过程中的建设用地评价指数探讨 [J]. 资源科学，2005，27 (3)：66－72.

[392] 王钺，张壮云. 规划可操作问题刍议 [J]. 城市规划，1999，23 (12)：50－51.